保育内容 環境の実際

伊神大四郎・小林 栄子・下平喜代子
堀田 和弘・八並 勝正・山口 久恵
共 著

建帛社
KENPAKUSHA

はしがき

　このたびの幼稚園教育要領および保育所保育指針の改訂に伴いまして，長年，領域「環境」のテキストとしてご愛読いただいておりました前著『保育環境の実際』を今回全面的に書き改めまして，新著『保育内容環境の実際』として刊行する運びとなりました。本書も前著と同様に，幼稚園の先生方やこれから保育士をめざしている学生の皆さん，また，保育の現場で保育にたずさわっておられる方々のために書かれたものです。

　今回の幼稚園教育要領および保育所保育指針の改訂は，21世紀を生きる子どもたちの「生きる力」を伸ばしていくための基盤が，幼児期にあることを明確にするために行われたものであります。例えば，幼稚園教育要領に示されている幼稚園教育の目標は，「幼児期における教育は，家庭との連携を図りながら，生涯にわたる人間形成の基礎を培うために大切なものであり，幼稚園は，幼稚園教育の基本に基づいて展開される幼稚園生活を通して，生きる力の基礎を育成するよう学校教育法第78条に規定する幼稚園教育の目標の達成に努めなければならない」とあります。

　すなわち，「生きる力の基礎を育成する」という学校教育の本質に立脚した視点から，幼稚園教育を見直した改正です。

　本書では，この幼児期における「生きる力の基礎を育成する」ためには，保育者自身が人間としてたくましく，魅力ある資質の獲得と創造的な活動の展開とが必須のものと考え，保育者自身が，頭（知識）と手（技能）を一体化するために必要な，領域「環境」の基本的な考え方を学ぶとともに，それを幼稚園の現場で具体的に展開させる実際的な方法を，多くの具体例を各章ごとにあげ，指導のポイントも具体的に述べてあります。

　従来，「環境」に関する内容は，その重要性はわかるが，実際の展開になると，どうも苦手であるということをよく耳にします。そこで本書では，そのような方々にもわかって貰えるように，各執筆担当者が十分に配慮して解説しております。

　本書によって，保育者の方々が領域「環境」のねらいである「自然の力に気付く」（季節の多様性，人間の活動と環境），「生命の尊さに気付く」（生命力の強さ，生命の不思議さ，動植物は心をいやし育ててくれる），「好奇心や探求心を育てる」（なあに？・どうして？などの疑問が大切，共同して疑問を解決する，共感して探求する），「数量・文字・標識に対する関心を育てる」（創造と工夫の楽しさを科学遊びを通して育てる）などの内容を理解され，そして実際に子どもたちと共に具体的に活動されることによって，21世紀を生きる子どもたちに「生きる力の基礎」が培われることができれば幸いと願っております。

　平成12年3月

　　　　　　　　　　　　　　　　　　　　　　　　　　　　　　　　　　　著　者　一　同

目　　次

第1章　子どもと環境　(小林)

1．子どもの教育と環境 …………………1
　1．子どもの発達特性と教育の基本 ………1
　　（1）依存から自立 …………………1
　　（2）直接的体験学習 ………………2
　　（3）他者とのかかわり ……………2
　2．子どもの環境と保育者 …………………2
　　（1）環境とは …………………2
　　（2）保育者の役割 ………………2
　3．教育の基本と重視する事項 ……………3
　4．小学校生活科との関連 …………………4
2．領域「環境」 ……………………5
　1．領域「環境」のねらい …………………5
　2．領域「環境」の内容 ……………………6

第2章　子どもの園内活動と園外活動　(小林)

1．園内の活動 ……………………11
　1．子どもの活動と保育室・遊戯室 ………11
　　（1）保育室 ……………………11
　　（2）遊戯室 ……………………12
　2．園庭と子どもの活動 ……………………13
　　（1）砂　場 ……………………13
　　（2）花　壇 ……………………15
　　（3）飼育小屋 …………………16
　3．子どもと遊具 ……………………17
　　（1）遊具の特性 ………………17
　　（2）指導上の留意点 …………18
2．園外の活動 ……………………18
　1．園外活動とは ……………………18
　2．園外活動の種類 ……………………19
　　（1）散　歩 ……………………19
　　（2）見　学 ……………………19
　　（3）遠　足 ……………………19
　3．園外活動によって育つもの …………20
　4．指導上の留意点 ……………………20
3．地域の環境と子ども ……………23
　1．地域環境と子ども ……………………23
　2．子どもと公園・野原 …………………24
　　（1）公園や野原の意義 ………24
　　（2）活動の展開例 ………………25
　3．子どもと動物園 ……………………25
　　（1）動物園の意義 ………………25
　　（2）見学の準備と計画作成 …26

第3章　季節の変化と子どもの活動　(山口)

1．季節の変化と園行事 ………………27
2．春の活動 ……………………28
　1．お花で遊ぼう ……………………28
　　〈お花の飾りの作り方〉 ……………29
　2．花まつり ……………………29
　　〈子どもたちと飾りつけ〉 …………30
　3．鯉のぼり（子どもの日） ……………30
　　〈みんなで作る鯉のぼり〉 …………31
　4．ウサギと遊ぼう ……………………31
　　〈ウサギの抱き方〉 ………………32
　　〈ウサギの折り紙〉 ………………32
3．夏の活動 ……………………32
　1．雨とカタツムリ ……………………32
　　〈雨音を楽しんでみよう〉 …………33
　2．水遊び（プール遊び） ………………33
　　〈水遊びの道具づくり〉 ……………33
　3．七夕まつり ……………………34
　　〈七夕飾りのいろいろ〉 ……………34

目　次

　　4．かみなりさま ……………………35
　　　　〈雷雲のできるまで〉 …………35
4．秋の活動 ………………………………36
　1．澄んだ青空 ……………………36
　　　　〈バッタを作ろう〉 ……………36
　2．お月見（十五夜） ………………37
　　　　〈月の形と月の呼び名〉 ………37
　3．どんぐりころころ ………………38
　　　　〈どんぐりで遊ぼう〉 …………38
　　　　〈木の実の種類〉 ………………39
　4．葉っぱの変身 ……………………39
　　　　〈いろいろな葉〉 ………………39
　　　　〈落ち葉の遊び〉 ………………40
　　　　〈落ち葉の処理方法〉 …………40
5．冬の活動 ………………………………40
　1．ことしもよろしく ………………40
　　　　〈あぶり出しの年賀状〉 ………41
　2．豆まき ……………………………41
　　　　〈いろいろな鬼の作り方〉 ……42
　3．芽が出たよ ………………………42
　　　　〈観察の方法〉 …………………43
　4．ひなまつり ………………………43
　　　　〈おひなさまつくり〉 …………44

第4章　領域「環境」の実際指導　（下平）

1．指導計画作成の要点 …………………45
　1．領域「環境」を内容とする
　　　　指導計画作成の要点 …………45
　2．指導計画作成の具体的方法 ………46
　　（1）幼児期にふさわしい生活の展開 ……46
　　（2）幼児の理解 ……………………46
　　（3）長期の指導計画と短期の指導計画 …46
　　　　飼育カレンダー ………………47
　　　　植物栽培カレンダー …………47
　　　　日案例（1）………………………48
　　　　日案例（2）………………………50
2．領域「環境」の実践例 ………………52

　1．アサガオ …………………………52
　2．シャボン玉遊び …………………54
　3．サツマイモづくり ………………57
　4．雪・氷と遊ぶ ……………………58

第5章　子どもの身近な植物　（八並）

1．子どもと花 ……………………………62
　1．アサガオ …………………………62
　　（1）教材としてのアサガオの
　　　　　長所と短所 …………………62
　　（2）アサガオの品種 ………………62
　　（3）アサガオ栽培の手順 …………63
　　（4）種まきの時期 …………………63
　　（5）種まきの用土 …………………63
　　（6）種まきの容器 …………………63
　　（7）種のまき方 ……………………63
　　（8）種子の発芽と移植 ……………64
　　（9）本鉢への定植と管理 …………65
　　（10）支柱立て ………………………65
　　（11）アサガオの花と種子 …………66
　2．チューリップ ……………………67
　　（1）教材としてのチューリップの
　　　　　長所と短所 …………………67
　　（2）チューリップの品種 …………68
　　（3）チューリップの球根の選び方 ……68
　　（4）球根を植える時期 ……………68
　　（5）チューリップの花壇栽培の方法 …68
　　（6）チューリップの鉢栽培の方法 ……69
　　（7）植え込み後の管理 ……………69
　　（8）チューリップの花の開花 ……69
　　（9）花後の管理 ……………………69
　3．ホウセンカ ………………………70
　　（1）教材としてのホウセンカの
　　　　　長所と短所 …………………70
　　（2）ホウセンカの栽培 ……………71
　　（3）アフリカホウセンカ
　　　　　（インパチェンス）………71

目　次

　　4．タンポポ …………………………72
　　　（1）幼児教育教材としてのタンポポ ……72
　　　（2）タンポポの種類 …………………72
　　　（3）タンポポの花 ……………………73
　　　（4）タンポポの花の開閉運動 …………73
　　　（5）タンポポの花茎の運動 ……………73
　　　（6）タンポポの葉―冬はロゼット葉 ……74
　　　（7）タンポポを使った遊び ……………74
　2．花壇と草花 ……………………………75
　　1．四季の草花 …………………………75
　　　（1）保育活動にのぞましい草花 ………75
　　　（2）四季を彩る主な草花 ………………76
　　2．春まき一年生草花 …………………76
　　　（1）春まき一年生草花 …………………76
　　　（2）春まき一年生草花の種まき ………77
　　　（3）購入した花苗の植え付け …………78
　　　（4）秋まき一年生草花 …………………78
　　3．球根草花 ……………………………78
　　　（1）球根草花 ……………………………78
　　　（2）球根は植物のどの部分か …………79
　　　（3）春植え球根 …………………………79
　　　（4）秋植え球根 …………………………79
　　　（5）球根の水栽培 ………………………79
　　4．宿根草 ………………………………80
　　　（1）宿根草とは …………………………80
　　　（2）宿根草の分け方 ……………………81
　　　（3）宿根草の特徴 ………………………81
　　　（4）宿根草の増やし方 …………………81
　3．野菜園 …………………………………83
　　1．野菜栽培の基礎 ……………………83
　　　（1）野菜づくりと土質 …………………83
　　　（2）土質の修正法 ………………………83
　　　（3）野菜づくりと日当たり ……………84
　　　（4）土づくり ……………………………84
　　　（5）実際の地ごしらえの方法 …………84
　　　（6）野菜栽培と肥料 ……………………84
　　　（7）野菜園向きの肥料 …………………85
　　　（8）病害虫の対策 ………………………86

　　　（9）連作障害に注意する ………………86
　　2．トマト ………………………………86
　　　（1）幼児教育教材とトマト栽培 ………86
　　　（2）トマト ………………………………87
　　　（3）トマトの容器栽培と畑栽培 ………87
　　　（4）苗の購入 ……………………………87
　　　（5）定植の準備 …………………………87
　　　（6）定植の仕方 …………………………87
　　　（7）整　枝 ………………………………88
　　　（8）追　肥 ………………………………88
　　3．サツマイモ …………………………88
　　　（1）幼児教育とサツマイモ栽培 ………88
　　　（2）サツマイモ …………………………89
　　　（3）サツマイモの品種 …………………89
　　　（4）サツマイモ栽培の特色 ……………89
　　　（5）サツマイモの苗つくり ……………89
　　　（6）サツマイモのうねつくり …………89
　　　（7）サツマイモの苗の植え付け ………89
　　　（8）サツマイモのイモ掘り ……………90
　　　（9）サツマイモの水栽培 ………………90
　　4．ジャガイモ …………………………90
　　　（1）幼児教育とジャガイモ ……………90
　　　（2）ジャガイモの来歴 …………………91
　　　（3）種イモ ………………………………91
　　　（4）イモの植え方 ………………………91
　　　（5）追肥と土寄せ ………………………91
　　　（6）手入れと収穫 ………………………92

第6章　子どもと身近な動物　（堀田）

　1．子どもと虫 ……………………………94
　　1．モンシロチョウ ……………………94
　　　（1）モンシロチョウの生態的特徴 ……94
　　　（2）モンシロチョウの季節型 …………94
　　　（3）飼育の方法 …………………………94
　　　（4）モンシロチョウの一生 ……………95
　　2．カブトムシ …………………………98
　　　（1）カブトムシの生態的特徴 …………98

　　　　　　　目　　次

　　（2）飼育の方法（幼虫） …………98
　　（3）飼育の方法（成虫） …………99
　　（4）カブトムシの一生 ……………99
　　（5）カブトムシの交尾は餌場 ……100
　　（6）カブトムシのなわばり争い …100
　　（7）カブトムシの仲間 ……………100
　3．ア　リ …………………………………101
　　（1）アリの生態的特徴 ……………101
　　（2）アリの飼育 ……………………101
　　（3）アリの社会生活 ………………101
　　（4）アリの様々な生活様式 ………102
　　（5）アリの仲間 ……………………102
2．子どもと鳥 ………………………………103
　1．ニワトリ ………………………………103
　　（1）ニワトリの生態的特徴 ………103
　　（2）飼育の方法 ……………………103
　2．ジュウシマツ …………………………106
　　（1）ジュウシマツの生態的特徴 …106
　　（2）飼育の方法 ……………………106
　　（3）鳥の飛ぶしかけ ………………108
　　（4）鳥の特徴 ………………………108
　3．ス ズ メ ………………………………109
　　（1）スズメの生態的特徴 …………109
　　（2）飼育の特性 ……………………109
　　（3）飼育の方法 ……………………109
3．子どもと動物 ……………………………111
　1．ウ サ ギ ………………………………111
　　（1）ウサギの生態的特徴 …………111
　　（2）ウサギの選び方 ………………111
　　（3）飼育の方法 ……………………112
　2．キンギョ ………………………………114
　　（1）キンギョの生態的特徴 ………114
　　（2）おもなキンギョの種類 ………114
　　（3）飼育の方法 ……………………114
　　（4）キンギョの泳ぎ方の観察 ……117
　3．カタツムリ ……………………………117
　　（1）カタツムリの生態的特徴 ……117
　　（2）名前の由来 ……………………117
　　（3）飼育の方法 ……………………117
　　（4）カタツムリの一生 ……………118
　4．ダンゴムシ ……………………………119
　　（1）ダンゴムシの生態的特徴 ……119
　　（2）ダンゴムシの飼育 ……………119
　　（3）成体の行動の調査方法 ………120
4．動物の飼育と飼育環境の整備 …………121
　1．子どもの生活に適した動物 …………121
　2．動物の飼育環境 ………………………122
　　（1）水　槽 …………………………122
　　（2）飼育箱と飼育瓶 ………………122
　　（3）飼育小屋 ………………………123
　　（4）飼育池 …………………………123

第7章　創造と工夫の遊び（科学遊び）（八並・伊神）

1．空気・水の遊び …………………………126
　1．風　　車 ……………………（八並）126
　　a．風　車 …………………………126
　　b．はがきの風車 …………………127
　　c．発泡スチロールトレイの風車 …128
　　d．板の上で回る風車 ……………129
　2．プラスチックとんぼ（竹トンボ）
　　　　　　　　　　　　……（伊神）130
　3．紙飛行機 ……………………（八並）131
　4．噴　　水 ……………………（八並）132
　5．シャボン玉 …………………（八並）133
2．音・光の遊び ………………（八並）135
　1．いろいろな笛 …………………………135
　　a．ストローの笛 …………………135
　　b．紙の笛 …………………………135
　　c．紙の笛（はがきの笛） ………136
　2．糸電話と伝声管 ………………………137
　　a．糸電話 …………………………137
　　b．聴診器 …………………………137
　　c．風船電話遊び …………………138
　3．影絵遊び ………………………………139
　　a．影踏み遊び ……………………139

目 次

   b．いろいろなものの影 …………139
   c．色の付いた動く影絵 …………140
  4．プラスチック鏡遊び ……………141
   a．左右が反対に写る …………141
   b．上下が逆になる ……………141
   c．鏡の道のドライブ …………141
   d．多面鏡で見える像の数 ………142
   e．マジックミラーで遊ぼう ……142
   f．光当て遊び …………………142
   g．半塗銀鏡で遊ぼう …………142
  5．虫めがね・レンズ ………………143
   a．虫めがね遊び ………………143
   b．カメラ遊び …………………143
 3．磁石・電気の遊び ………………………144
  1．磁石遊び ………………（八並）144
   a．砂鉄あつめ …………………144
   b．磁石に付くもの ……………144
  2．フェライト磁石遊び ……（八並）145
   a．磁石で動く人形・動物で遊ぶ …145
   b．魚釣り遊び …………………146
   c．金物の釣り上げ遊び ………146
  3．ゴム風船の静電気遊び ………（伊神）147
  4．乾電池遊び ……………（八並）148
 4．簡単なおもちゃづくり …………………149
  1．やじろべえ ……………（八並）149
   a．針金とおもりのやじろべえ …149
   b．ジャガイモとフォーク
    のやじろべえ …………………150
   c．どこにでも止まるオウム …150
   d．綱渡りするやじろべえ ……150
   e．丸い厚紙のやじろべえ ……150
  2．おきあがりこぼし ………（八並）151
   a．あき缶のおきあがりこぼし …151
   b．たわらころがし ……………151
  3．ぶらんこ3兄弟 …………（伊神）152
 5．子ども博物館 …………（八並）153
  1．子ども博物館とは ………………153
  （1）アメリカの子ども博物館 …153

  （2）子ども博物館とは …………155
  （3）わが国の子ども博物館 ……156
  2．子ども博物館の見学 ……………156

第8章　数量や図形を使った遊び （堀田・山口）

 1．数を使った遊び ………………（堀田）158
  1．すごろく遊び ……………………158
  2．カード（トランプ）遊び ………159
  3．ブランコ遊び ……………………160
  4．お店やさんごっこ ………………160
   「新数字の歌」……………………161
 2．量を使った遊び ………………（山口）162
  1．大きさくらべ ……………………162
  2．粘土遊び …………………………163
  3．色水遊び …………………………163
  4．背くらべ …………………………164
 3．図形を使った遊び ……………（山口）165
  1．パズル遊び ………………………165
  2．ままごと遊び ……………………166
  3．積み木遊び ………………………166
  4．図形のスタンピング遊び ………167
 4．時間と空間の遊び ……………（堀田）168
  1．時計遊び …………………………168
  2．福笑い（位置さがし）…………169
  3．飛行機遊び ………………………170

第9章　標識や文字を使った遊び （堀田・山口）

 1．標識を使った遊び ……………（堀田）172
  1．はて？　このマークはなんだろう ……172
  2．マークを作って遊ぼう …………173
  3．ミニ交通公園で遊ぼう …………173
 2．文字を使った遊び ……………（山口）174
  1．カルタ遊び ………………………174
  2．絵本で探そう ……………………175
  3．文字集め …………………………175
 3．国旗に親しむ …………………（堀田）176

目　次

1．国旗を作ろう ……………………………176
2．国旗を飾ろう ……………………………176

参考文献 ……………………………………177
付　録　幼稚園教育要領
　　　　〔平成20年3月28日告示〕……178

第1章 子どもと環境

1. 子どもの教育と環境

　教育は，子どもたちの「自分探しの旅」を扶ける営みである[1]といわれる。子どもが自分を探すためには大人の援助が必要であり，それが教育であるというのだ。しかし，大人が援助するきっかけは子ども自身がつくるのであり，そのきっかけの要因となるものが遊びである。

　遊びは，子どもの周囲に存在する人，物，時間などの環境に子どもがかかわって起こる活動である。環境が子どもに遊びを提供し，子どもはその環境にかかわって遊びを生み出す関係にある。このように環境は子どもにとって非常に重要な存在である。子どもは環境とのかかわりの中で，貴重な様々の体験をし，人として成長していく。

　幼児教育においては，環境という言葉が二つの意味をもって使われている。一つは「生きる力の基礎を培う」という幼児教育の目的を達成させるために，教育の基本の中に，幼児教育は「幼児期の特性を踏まえ環境を通して行う」と明示されている。もう一つは，子どもの発達の側面から五つに分けた保育内容の一つである領域「環境」である。

　この節では，教育の基本における「環境」について述べる。

　　1) 中央教育審議会第一次答申（平成8年7月19日）第1部（3）より

1．子どもの発達特性と教育の基本

　子どもの教育は「楽しい集団生活の中で，一人一人の健全な心身の発達の基礎を培う」ことを目指し，幼稚園教育要領に，教育の基本と人的環境として重要な存在である保育者の役割について下記のように示されている。

幼稚園教育の基本
　幼稚園教育は，学校教育法第22条に規定する目的を達成するため，幼児期の特性を踏まえ，環境を通して行うものであることを基本とする。

保育者の役割
　教師は幼児との信頼関係を十分に築き，幼児と共によりよい教育環境を創造するように努めるものとする。

　この基本は，子どもの発達特性を重視し，子どもの理解が保育の出発点であることを強調したところから生まれている。

　上記の基本に掲げられている「幼児期の特性」については，以下の3点があげられている。

（1）依存から自立
　幼児期は，周囲の大人の保護を中心とする依存から次第に自立に向かう時期である。3歳以前に物事を自分でしようとする気持ちは芽生えている。この時期の自立は，失敗を繰り返しながら，また，それを大人に温かく受容され，見守られる中で達成できる。保育者はそのことを踏まえて自立への援助に努めることが大切である。

（2）直接的体験学習

幼児期は好奇心が旺盛であり，子どもは自分を取り巻く様々な物事にかかわることを好む。

子どもは，こうした物事，すなわち環境との直接的かかわりの体験を通して様々な学習をするのである。保育者は，子どもが自ら遊びを生み出せる環境，つまり子どもの主体性が保証できる環境構成に努めることが重要である。

（3）他者とのかかわり

上記のように，子どもは大人との深いかかわりが中心となる生活で，次第に同年齢児に対する興味や関心をもち始め，お互いに共に活動することを求める。そして，子どもたちは相互に影響し合って「生きる力の基礎となる心情，意欲，態度」を獲得していくのである。

このように，大切な他者とのかかわりが，日常生活の中で経験できるように人的環境に十分に配慮し，人間関係の発達・成長を援助することが保育者の重要な役割である。

2．子どもの環境と保育者

（1）環境とは

幼児教育の「環境による教育」を適切に遂行するためには，環境とその構成のあり方が鍵となることはいうまでもないであろう。ここでいう環境とは，園舎，遊具，用具などのいわゆる物的環境だけでなく，子どもや保育者らの人的環境，子どもが接する自然や社会の事象，人や物がお互いにかかわりあってかもしだす雰囲気，時間や空間など子どもを取り巻くものすべてを意味している。これらの環境はそれぞればらばらに存在するのではなく，物・人・場などが互いに関連しあい，一つの環境を構成している。その環境により，子どもの自己活動に強い刺激が与えられ，遊びが展開・発展していくのである。

こうした環境の中で，各々の時期に必要な体験が得られるように配慮し，子どもの心身の発達・成長を助長することが，保育者として大切である。

以上のように考えると，環境としての保育者の役割が大きく問われるとともに，その重要性がより強調される意味が理解できる。環境の中で最も子どもに影響を与える人的環境としての保育者の日々の研鑽と自己向上の努力が求められるのである。

子どもと環境の関係を図1-1に示す。

図1-1　子どもと環境

（2）保育者の役割

次に，保育者の役割についてまとめてみよう。

第一の役割は，子どもとの人的触れ合いを通して子どもの心に触れ，その理解者として内面を適切にかつ明確にとらえて信頼関係を築くことである。これは，保育者として最も大切なことである。

第二には，子どもの主体性を保証した環境構成と保育者の援助があげられる。

第三には，生活における共同作業者としての役割がある。ここでは，教えるというより，共に生活を創る者同士として環境を構成し，必要に応じて再構成したり，遊びに参加したりする中で，一

人一人の子どもの発達に合わせた援助を行い，成長の手助けをすることが保育者に求められる。

このように，保育者の役割には，目に見えるものと見えないものがある。幼児教育では，特に目に見えないものへのかかわりを大切にすることが保育者にとって重要であることを命題としたい。

3．教育の基本と重視する事項

集団保育の中で「環境による教育」を行うにあたって重視しなければならない事項として，「幼稚園教育要領」には次の3点があげられている。

（1） 幼児は安定した情緒の下で自己を十分に発揮することにより発達に必要な体験を得ていくものであることを考慮して，幼児の主体的な活動を促し，幼児期にふさわしい生活が展開されるようにすること。

ここでいう「幼児期にふさわしい生活」については，さらに下記の3点が示されている。

① 保育者との信頼関係に支えられた生活

子どもは周囲の大人から認められることによって，情緒が安定し自己を発揮することができる。そして，主体的に活動に取り組み，発達に必要な経験を積み重ねる中で自立していく。そこには，保育者との温かいかかわりを通して信頼関係が築かれる配慮が必要である。

② 興味や関心に基づいた直接的体験が得られる生活

幼児期は子ども自身の興味や関心から遊びが生まれ展開する。その直接的体験を通して生活に必要な力を獲得する時期である。そこで集団保育においては，主体的活動が保証される環境構成に努め，充実感や満足感が得られるような配慮が必要である。

③ 友達と十分かかわって展開する生活

幼児期は友達の存在に気付き，相互に関係をもち深めることを求めるようになる。こうした人間関係の中で他者に対する思いやりや集団への参加意識などの社会性の発達がみられる時期である。また，その関係を通して興味，関心，意欲なども深められ，広まる時期でもある。保育の場にあっては，友達と自由に，そして十分に遊べる生活環境に特に配慮が必要である。

（2） 幼児の自発的な活動としての遊びは，心身の調和のとれた発達の基礎を培う重要な学習であることを考慮して，遊びを通しての指導を中心として第2章[1])に示すねらいが総合的に達成されるようにすること。

　　1）幼稚園教育要領第2章「ねらい及び内容」

ここでは，「遊びを通しての指導」について解説する。

① 幼児期の遊び

この時期の遊びとは，子どもが主体的に環境に関与し，心と体を共働させて生み出し，展開させるすべての活動を指している。子どもの生活のほとんどは，この遊びで占められる。子どもは，遊びを通して，喜び，達成感，挫折感，葛藤，充実感などを知りながら「生きる力の基礎の心情，意欲，態度」を身に付けていく。遊びには，人として育つための得難い質と内容が含まれている。

そこで保育においては，幼児が自発的に遊びを展開させることを通しての指導が必要となり，保育者にとって重要な役割となるのである。

② 総合的な指導

遊びが展開・発展する過程では，子どもの心身の発達に必要な体験が相互に関連し合い積み重ねられていく。そこで，具体的指導については，環境にかかわって生まれる遊びを通して，子どもの姿を様々な発達の面から総合的に捉え，子どもの活動が保育者の適切な援助の基に展開し，後で述べる「ねらい」が総合的に達成されるよう配慮することが大切である。そのためには，子どもの遊びにある程度時間を費やすことが必要である。

第1章　子どもと環境

（3）幼児の発達は，心身の諸側面が相互に関連し合い，多様な経過をたどって成し遂げられていくものであること，また，幼児の生活経験がそれぞれ異なることなどを考慮して，幼児一人一人の特性に応じ，発達の課題に即した指導を行うようにすること。

① 子どもの発達は，ある活動によって特定の面だけが発達するのではなく，一つの活動でも，様々な発達が相互に関連し合っていることを把握することが大切である。

② 子どもの発達の過程は，大筋では共通したものがみられる。しかし，同年齢であっても月齢の差や経験の違いなどの影響を受けて一様のものとはならない。また，同一環境にあっても個々の受け止め方やかかわり方は異なり，それぞれの子ども特有のものとなるのである。

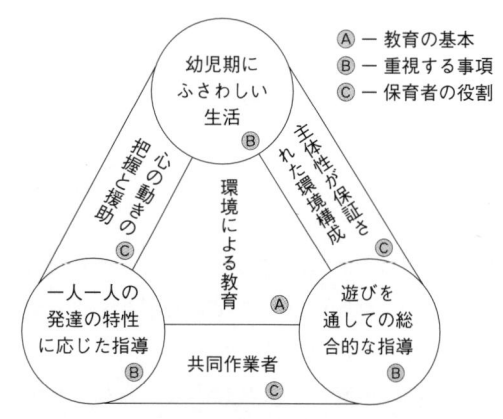

図1-2　教育の基本と重視する事項等の関係

③ 保育者は，子ども一人一人の発達する姿を捉え，個別に接することにより，それぞれの子どもの自己実現が十分にできるように努めることが必要である。

4．小学校生活科との関連

小学校は，「総合的な学習」の配慮の中で，教科に分化した学習が中心となって「生きる力」を培う教育である。一方，幼児教育は，「幼児期の特性を踏まえて環境を通して行う」と明記されているように，子どもが主体的に環境にかかわる活動に，保育者が適切な援助を与えて「生きる力の基礎」を培うものである。

このように小学校教育と幼児教育では，義務教育の理念と幼児期の遊びを主体とした活動との違いが明確にされ，それぞれの独自性が大切にされている。

では，このような両者の教育で，小・幼の関連がどのようであるか，特に領域「環境」に視点をあてて捉えることとする。

幼児教育の領域「環境」の基本は，環境に積極的にかかわり，それらを生活に取り入れる力を培うことにある。そして，それは子どもの主体的かつ具体的活動，すなわち遊びを通した保育者の総合的指導によって達成されることが求められている。

小学校教育では，「子どもは驚き，楽しみ，不思議がる心にあふれている。また，一人一人の発達に即して完成された人格である」という子ども観に立脚し，生活を授業化した教科として，生活科がある。

領域「環境」は，この生活科に深くかかわる。幼児教育において育った「環境にかかわる力」は，この生活科に発展していくのである。

生活科は，小学校の1，2年で展開され，特に幼児から児童への発達特性を考慮して，幼児教育の基本である「遊び」の要素を取り入れた教科であり，具体的な活動や実験を通して自立への基礎を培っていくものである。また，生活科の学力観は，「生活への興味をもつこと」，「考えたことを豊かに表現すること」，「自分なりに考え，気付くこと」の3点である。

生活科では，その3点の達成のために単元による活動が設定されていて，その学習を支援する環

境構成が必要となる。環境構成をする際には，その環境が，子どもの発想を基本として整備され，子ども自身が構成できるものであり，子どもと教師が共に作り出したものであることが必要となる。このような学習環境下で主体的に活動に取り組むことで，「自ら学ぶ子」の育成が達成できる。

生活科の評価内容は，「生活への関心，意欲，態度」，「活動や体験についての思考や表現」，「身近な環境や自分自身への気付き」などである。

幼児教育の基本である遊びの要素を取り入れた子どもの体験が，小学校教育の生活科の中で展開される「総合的な学習」へとつながるのである。

2．領域「環境」

子どもの心身の発達には多様な側面がある。その発達を促すためには多くの生活経験が必要となる。子どもが日常的に繰り返す経験や活動が相互に刺激しあって，発達に大きな影響を与えるのである。

日々の保育活動にあっては，子どもの心身の調和的発達を図り，「生きる力の基礎」を育むことが目的である。そこで，子どもの発達の特性やその過程などをみるとき，遊びを通して何がどのように子どもの身に付いているのか，その「視点」を明確にする必要がある。

幼稚園教育要領に示されている5領域の「ねらい及び内容」は，子どもの発達の側面からその「視点」を明確にし，五つの領域に分けたものであるといえよう。

「ねらい」は，就学前に子どもが身に付けることが期待される「生きる力の基礎となる心情，意欲，態度」を示し，「内容」は，ねらいを達成するために保育者が指導し，子どもが身に付けていくことが望まれる事項である。

この節では，領域「環境」の「ねらい」と「内容」について理解を深めると共に，「子どもが環境にかかわる力」を培うために必要な保育者にとっての実践力について考察する。

1．領域「環境」のねらい

領域「環境」においては，園及びその「周囲の様々な環境に好奇心や探究心をもってかかわり，それらを生活に取り入れていこうとする力を養う」という観点から次の三つのねらいがあげられている。

（1） 身近な環境に親しみ，自然と触れ合う中で様々な事象に興味や関心をもつ。

（2） 身近な環境に自分からかかわり，発見を楽しんだり，考えたりし，それを生活に取り入れようとする。

（3） 身近な事象を見たり，考えたり，扱ったりする中で，物の性質や数量，文字などに対する感覚を豊かにする。

この環境の三つのねらいを達成するためには，子ども自らが，身近な自然や社会の事物，事象などに直接触れることが大切であり，そのことは，五感の発達を促す意味からもたいへん意義深い。

子どもは，自然や社会環境に直接かかわるとき，その状況を情緒的に受け止める。たとえば，小動物を自分の分身のように可愛がったり，水遊びの楽しさを全身で表すなど，まず物事とのかかわりを感情移入という形で表現する。この感情移入の体験は，そのまま感動体験をも誘発させ，その感動体験の積み重ねがさらなる心の高まりと次への期待感をふくらませ，子どもは喜んで環境にかかわるようになり，より身近に環境に親しむ。また，この経験から次第に発見や考えることの楽しさを知り，そこから得たことを生活に生かす態度も養

われていく。

　領域「環境」において，指導上第一に重要なことは，保育者が子どもの感情移入を大切にし，子ども自身が得た感動を友達や保育者と共有することを通して，子どもに人と人とのつながりの大切さを知らせることである。また，子どもが身近な環境を積極的に受け止める心情を培うには，保育者の適切な環境とのかかわりが大切である。

　保育者は，子どもが扱ったり，試したり，考えたりする経験を通して，知的好奇心や探索意欲を満足させるための魅力ある環境を構成し，様々な活動体験ができるよう配慮が必要である。また，環境とのかかわりでは，物の性質，数量，文字などの活動範囲を広げる努力も欠かせない。さらに，身近な環境とのかかわりを通して，自然の神秘や摂理に触れることによって，生命ある物に対するいたわりやかかわり方を具体的な体験から気付かせることも重要である。

　生活を豊かにするために，身近な文化や公共施設に接し，それらに対する親しみや好奇心をもたせることも忘れてはならない。こうした経験はやがて，子どもが自身の生活環境を大切にしたり，よりよい環境を自らの手で作り上げていく力の芽生えを培うことにつながっていく。

　このようにねらいについての正しい知識を踏まえ，一人一人の子どもの個性を大切にする中で，領域「環境」の内容を具体的に，より充実した形で展開していくことが必要となる。

2．領域「環境」の内容

　領域「環境」の内容は，子どもが身近な環境にかかわって展開する活動を通して身に付け，教師が総合的に指導するものとして次の11項目があげられている。

（1）　自然に触れて生活し，その大きさ，美しさ，不思議さなどに気付く。

　子どもは，日常生活の中で身近な自然に直接触れ，伸び伸びと活動する体験を通して感動し，物事を認識していく。また，自然の美しさ，偉大さなど様々なことを五感により感受し，心のおおらかさを自然から受け取る。この具体的感受が幼児期には必要であり，大切なことである。

　しかし，現代社会はメディアによる情報化が進み，間接的な体験による自然認識が子どもに多くみられるようになっている。メディアからの豊富な知識の獲得はあっても，そこには，人が物を学習する際に不可欠な感動や驚きなどの心の高まりを具体的に感じる大切な経験が伴わず，子どもの発達・成長によい影響を与えない。このような子どもの知識獲得手段に視点をあてると，幼児期において自然と直接触れる生活の必要性がいかに意義深いものであるかが理解されよう。

　そこには，子どもが自然と触れ合う十分な体験活動が得られるための保育者の努力が求められるのである。たとえば，園庭の自然環境の整備，地域の自然環境の活用など，自然と直接かかわる機会を意図的に作ることも必要となる。

　子どもが感じる自然の不思議さや美しさは，ごく素朴なものである。空に浮かぶ雲にその形から名前をつけたり，園庭の片隅に集まるアリの集団をじっと見たり，しぼんだ後再び開く花に触れるなど，子どもは生活の中で様々な環境に興味をもって触れ，多くの発見をし，感動をして，好奇心を揺り動かされる。

　保育者は，自らが自然とかかわる機会を積極的に作る姿勢をもち，驚きや発見を日常の中で表現し，また，子どもが自然と出会う姿をしっかりと捉え，その時に適切な援助をすることが何よりも大切である。

　それにはまず，子どもが自然とのかかわりから得る感動，すなわち感情移入を大切にし，保育者自身が，自然に対する親しみの情や畏敬の念を育

み，そこから得た知識を自分のものとしなくてはならない。保育者の姿が，子どもの科学的思考の芽生えを培う基礎となるのである。

（2） 生活の中で，様々な物に触れ，その性質や仕組みに興味や関心をもつ。

子どもが生活する場には様々な物が存在し，子どもはその物とのかかわりの中で生活している。興味のある物に触れたり，扱ったり，確かめたり，試したりして，その物がもつ感触や楽しさを経験する。

その活動の中で，子どもは発見したり，疑問をもったりする。そして，その疑問や問題を解決する過程で，楽しさ，苦しさ，面白さを知る経験から興味や関心がより高まっていく。その興味や関心が物の性質や仕組みを気付かせる。

こうした活動の繰り返しにより経験が深まり，物の性質や仕組みを理解し，生活や遊びに生かし，知る楽しさを実感すると共に生活が豊かになっていくのである。その具体例をあげてみよう。

砂遊びの場面では，個々や集団の活動展開において，子どもは友達同士で様々な情報交換をしながら団子を作る。水と砂を混ぜると固まる，それを叩くと固くなる，水を入れすぎるとどろどろになってしまう，園庭の土の方がしっかりした固い団子ができる等々。子どもは，砂と土と水の性質に直接触れて理解するのである。この経験は，物の性質を認識し，それを遊びに生かす姿である。

このように，遊びの深まりや仲間の存在は，互いの活動を創出し，共通な興味や関心をもつ者同士が集まることによって，新しいアイディアが生まれ，物の性質や仕組みを発見する。幼児期には，このような素朴な経験が必要不可欠である。

保育者が子どもの活動をよく観察し，性質や仕組みに対する興味や関心をより高めると共に，こうした経験活動をさらに発展させる具体的活動ができる環境構成と保育者の適切な援助が必要となる。

（3） 季節により自然や人間の生活に変化のあることに気付く。

園内外の自然の事象や事物，地域の人々に接する日常的体験，特に季節の変化が実感できる多様な保育活動を通して，四季の移り変わりやそれが人間の生活に与える変化などへの子どもの興味や関心を育むことが大切である。そのためには，園内の自然環境に留意し，地域の自然環境をも生かす活動が必要となる。

園内の植物環境でその姿を捉えてみよう。

春の花壇に咲くチューリップやパンジー，木々の芽吹き，種まき。夏には，強い日差しを避け，葉の繁茂した木々の下で涼み，水遊びをする。木の葉の変化した鮮やかな紅葉とたくさんの木の実，それらを使って遊ぶ秋。冬の大空いっぱいに枝を張った落葉樹や雪を載せた常緑樹，そして木の葉の中で光る露。

子どもは，これらの季節ごとに繰り返される美しい変化に触れて，人間の生活も四季と共に変わることに気付くのである。また，季節と深い関係にある様々な行事の体験，衣服の変化，生活に必要な機器などから子ども自身が四季の変化を身近に具体的に感じ，認識することも大切である。

そこで，この経験活動をより深めるためにも，季節感が感受できる環境の整備とその活用に努め，園外の活動を意図的に計画し，子どもが積極的に活動できるよう配慮する必要がある。

（4） 自然などの身近な事象に関心をもち，取り入れて遊ぶ。

自然に関する事象には，雲・雨・目に見えない風など日常生活の中で頻繁に遭遇するものから，偶然に出会う虹や雷，また，季節の変化の中で経験できるどんぐりやまつぼっくりその他の収穫物などがある。

子どもは，こうした事物や現象を遊びに取り入れ，楽しく活動を展開する。それは，素朴なものである。

花壇のしぼんだアサガオの花を石で叩き色水を作る。冬のある日，水たまりでみつけた氷への興

味が，氷づくりへと発展する。そんなとき，子どもは身近な園内の様子をよく知っていて，氷ができる適切な場所に容器を置き，見事に氷を作る。

これらの遊びは，子どもが身近な事物や事象に関心を示している姿をよく表している。保育者は，このような子どもの興味や関心を大切にし，保育者が積極的に援助することによって，興味や関心，認識がより高まり，遊びそのものが充実するように心がけることが大切である。

また，日常あるいは偶然に経験する自然の事象は多様であり，常に保育者自身が自然に対して興味や関心を抱いて行動し，子どもの「気付き」に敏感に対応することにより，身近な事象に対する子ども自身の感覚が磨かれ，興味や関心を高めることができるのである。

保育者は，子どもの身近に存在する様々な事象に触れる機会を多くし，十分にそれとかかわる場と時を設定すると共に，共同生活者・観察者・援助者としての姿勢が大切となる。

（5）身近な動植物に親しみをもって接し，生命の尊さに気付き，いたわったり，大切にしたりする。

子どもは本来生き物が大好きである。生き物が嫌いという大多数の子どもは，周囲の大人の影響を受けて怖がったり，嫌がったりするのである。子どもにはアニミズム的思考が強い。アニミズムとは，自分の身近にある物すべてに生命があるという考え方である。この思考によって様々な物が自分と同じように生命や意思をもっていると捉え，周囲の物に積極的に興味をもち，特に動く物へ多くの関心を寄せる。

花壇の花や樹木，そこに集まる小動物，飼育している小鳥やウサギ，カメなど子どもが視聴覚教材を通して知っている生き物に直接触れる経験は，子どもにとって大きな喜びであり，学習の基礎となる意義深い活動である。こうした動植物との触れ合いを通して，生き物を身近に感じ，優しさへの刺激を受け，生き物への愛情が育まれ，生き物への適切なかかわり方を知り，動植物に関する知識も深まり，活動も盛んとなっていく。

子どもと生き物とのかかわりは，まず子どもの身近に親しみやすい動植物の生活環境，飼育・栽培の場を用意し，動植物に直接触れる体験をもたせることが大切である。そのためには，小動物や植物に直接出会う機会の多い季節をよく知ることも必要である。また，地域の環境を熟知し，園外活動へ取り入れる計画を立てる必要もある。

家庭との連携により，飼育動物を一時借用することも子どもの体験を豊かにする。その際は，特に借用動物の精選に十分留意する。

保育者は，こうした場の設定に努めると共に，それらの活動を通して生まれる動植物へのいたわり方や発見，疑問など，子どもの様子をよく観察し，具体的な場面で子どもに共感したり，共に問題を解決したりして，子どもの動植物に対する感性を大切に育てることが必要となる。

いずれにしても，保育者の生命観に基づく動植物に対する姿勢が，子どもに大きな影響を与えることは否定できない。

保育者の基礎的資質の向上を図るために，動植物の飼育・栽培の場を数多く体験し，動植物に積極的にかかわる姿勢を保育者自身が培うことが大切である。

（6）日常生活の中で，我が国や地域社会における様々な分化や伝統に親しむ。

（7）身近な物を大切にする。

子どもが生活する家庭や園には多くの物が存在し，子どもはそれを使って遊ぶ中で，遊びの楽しさを十分に知る体験を繰り返し，物への愛着が芽生え，次第に物を大切にする気持ちが育っていく。物を大切にする態度は，家庭内でのしつけに深く関係し，既に家庭生活の中で育まれている子どもも多く見受けられる。家庭で育った物を大切にする芽が，集団生活で摘み取られることもある。

ある保育者が，製作のとき使い残した折り紙をくずかごに捨てたことに対し，子どもから「もっ

2. 領域「環境」

たいない」と，抗議された話を聞いた。その後，その園では，子どもの意見から折り紙を色や大きさで分類・整理し，自由に使えるように保管したところ，製作活動が盛んとなり，作品にも子どもらしい発想の素敵な表現が見られ，子どもから教えられた，とその保育者は語った。

この事例からも伺えるように，子どもの発想から物を大切にする姿勢が生まれることも大事である。保育者には，創意工夫をして物を大切にし，形ある物を生かす姿勢が求められる。

(8) 身近な物や遊具に興味をもってかかわり，考えたり，試したりして工夫して遊ぶ。

子どもは園内や地域の公共施設などで自然物や人工物と直接触れる機会が多く，それらとかかわることに強い興味と関心を示す。子どもは，それらの物とかかわることを通して，物，遊具，用具などの特性に気付き，さらにその特性に合わせて工夫し，遊びに生かしていく。そして，遊びで試行錯誤を繰り返す中で科学的思考を発展させ，より深く遊びの楽しさを知り，豊かな生活体験へと育っていくのである。

保育者は，子どもに対して心と体を十分に共働させられる時と場とその物的・空間的環境を構成し，子どもの活動を見守り，受容し，共感して具体的援助をすることが大切である。また，物や遊具の安全にも十分に配慮し，子どもが，自ら自己課題を達成させることができる環境を整備することが必要である。物とかかわる子どもの姿の一例としてこま作りをあげてみよう。

① こま製作の意欲発生⇒② 材料の収集⇒③ 製作の手順思考⇒④ 製作活動⇒⑤ こま遊び⇒⑥ 改造・修理⇒⑤，⑥の繰り返し

子どもは，これら一連の活動体験を通して，自己目的の達成と達成感の喜びを知り，素材の特性，物の構造や使い方の工夫，作る手順，試す喜び，使った物への愛着，他者とのかかわりの楽しさ，自信，後片付けなどを得て，挑戦する意欲や知的好奇心が育まれ科学性が培われる。

(9) 日常生活の中で数量や図形などに関心をもつ。

子どもは，生活や遊びの中で，数量や図形に頻繁に出会う。たとえば，粘土を丸めたり，伸ばしたりする活動の中で，「ぼくの団子は大きい」，「ぼくのへびは長い，太い」と表現するし，クレヨンを数える，ままごと遊びでカップとスプーンを対応させる，花壇の花の形に興味をもつ，身近な動物の形や大きさに触れるなど，子どもは日常生活でごく自然に数量や図形に触れる機会をもつ。

数量や図形の活動は，自然状態での経験を大切にするものであることを踏まえ，特別の教材を使ったり，子どもの興味に関係なく強制的に活動させるのではなく，子どもの具体的活動の中から保育者が援助の場を発見する。そして，その活動を遊びに取り入れ，遊びを通して，数量・図形の必要性を認識させることが大切である。

なお，この経験の度合は個人差が大きいので，個々の興味や要求を把握し，個々の活動を中心に行う。ただし，必要に応じては，小グループ，クラス全体での活動へと発展する場合もある。

数量や図形への関心は，生活の中での必要感から，数える，量を比べる，積み木の組み合わせなどの実際の操作を経て，その楽しさを知ることで高まり，数量や図形への思考力も培われる。

保育者は，子どもがこうした経験を基に日常生活の中で物を数えたり，はかったりすることの便利さと必要性に気付き，図形に対して積極的にかかわろうとする具体的な活動を育むように環境を整え，援助することが重要である。

(10) 日常生活の中で簡単な標識や文字などに関心をもつ。

子どもの生活する環境には，標識（マーク）や文字に出会う機会が多く存在し，子ども自身も早い時期から標識や文字に興味を示すものである。

園生活の中だけでみても，保育室に貼られたひらがなで書かれたクラスの名前，下駄箱・引き出し・ロッカーなどの自分や友達の名前，絵本，誕

生日表，カレンダーなど様々な文字や標識で満ちあふれている。子どもは，無意識のうちにそれらの文字や標識を生活の中に生かし，遊びに取り入れている。

文字や標識に対する興味や経験は，兄や姉の存在によっても違ってくるし，個人差が大きい。そのことを踏まえた上で，文字や標識が素晴らしい表現力をもった記号であることを幼児期に実感させることは，保育者にとって重要なことである。子ども自身が生活や遊びの中で標識を作ったり，文字を書いたりする直接的体験を通して，文字や標識がコミュニケーションの手段の一つであることに気付くことが大切である。

子どもが文字を書くことへの興味を引き出すには，まず子どもが「書きたい」という意欲を受容し，その形や鏡文字などに神経質になってはいけない。子どもが「どう書くのか」と尋ねる瞬間を大切にして，個別に対応する姿勢が必要である。

保育者は，子どもの周囲に文字や標識が満ちあふれている中で，それらを子どもが新鮮かつ驚きをもって出会える場を工夫したり，標識や文字がもつ機能や不思議さに子どもが次第に気付くように，発達に沿って援助する。

(11) 生活に関係の深い情報や施設などに興味や関心をもつ。

子どもは，園や家庭で身近にある情報に直接的・間接的に接している。それは身近な地域の情報であったり，国内，遠く外国の情報であったりする。動物誕生のニュース，地震で困っている人々の様子，それに対し国や人々が食べ物や衣料などを送って応援している様子，様々な行事（付近のものから遠方のものまで），地域の人々の生活の様子などがあげられる。

子どもたちは，個々に得た情報を園内で交換し合うことを通して，情報を知ることに関心をもつ。そして，情報交換の楽しさを知り，次第に遊びに必要な情報を獲得し，活用するようになる。

保育者自身も情報への強い関心をもち，地域の出来事や催し物，またマスコミから得る情報を適切に選択し，子どもたちに提示していく。特に，子どもの生活と関係深い地域の公共物を様々な機会に利用し，豊かな生活体験が得られるように努めなければならない。その場合の選択する施設は，子どもの活動範囲を広げ，充実させることに適していることや子どもの探究心を満足させるものであることが大切である。

公共物利用の際は，保育者がその施設を大切に使用することは無論のこと，子どもたちにもそれが大勢の人が使うものであることなど公共心の基本を教える必要がある。また，利用は計画的に行うことが求められるが，子どもの生活や遊びの必要性から計画以外の利用もあり得る。

テレビやコマーシャルなどマスコミに触れることは，直接的体験学習の大事な時期であることを十分に配慮して，必要なもののみを選択し，活用する必要がある。

(12) 幼稚園内外の行事において国旗に親しむ。

子どもが国旗に接する機会は，園や地域の運動会，祝日に掲揚される時などであるが，他の活動に比べ少ない。しかし，子どもに将来の国民としての自覚，自国を愛する情操や意識の芽生えを培うことは必要である。園内外の少ない機会を捉え，必要に応じて自分たちで作る経験を通して，国旗に親しむ機会を増やす努力をする。また，他の国の国旗にも接する機会をもたせ，国際感覚への刺激を与えることもあわせて考えたい。

内容の取扱い

子どもが実際にいろいろな活動を通して身に付けていく内容の指導に当たっては，留意点として幼稚園教育要領では5点をあげている。「内容」の項目別の解説を具体的にしたのでここでは省略する。巻末の付録に抜粋があるので，参照されたい（p.182）。

第2章 子どもの園内活動と園外活動

1. 園内の活動

　「おはようございます」と元気よく登園する子どもを迎える園内環境は，子どもにとっては家庭環境に次ぐ最も身近に感じる場である。自分の家でも遊んだ経験のある人形・ままごとセット・三輪車，そして花壇の花々など家庭生活と連続線上にある保育環境に安心感をもって親しむことができる。その一方で，ブランコ・すべり台・砂場などがある園庭，大きなブロックや積み木，その他いろいろな遊具が置かれた保育室と遊戯室，さらに，保育者や大勢の友達など新しい物的・人的環境に接して，新鮮さと好奇心をもって，これからの集団生活への期待感を膨らます。このように，子どもの集団生活において重要な役割をもつ園内環境の中で，子どもたちは保育者や友達と共に活動を繰り返す日々を通して遊ぶ楽しさを知る。また，こうした遊びの中で発見したり，試したりする体験を通して知的好奇心が培われ，子ども自身がその経験を生かす力が養われていくのである。

　そこでこの節では，子どもの発達・成長を司る中核的位置を占める幼児期にふさわしい生活環境の展開について考察し，理解を深めていく。

1. 子どもの活動と保育室・遊戯室

（1）保育室

　保育室は多面的な機能を有し，子どもにとって大きな意義をもつ。

　まず第一に集団生活の拠点としての役割があげられる。個々の子どもが情緒的安定を得るのは，特別の場合を除き保育室である。家庭において人間関係（親子関係）が深められる場は最もくつろげる居間であり，集団生活では保育者や友達と心を開いて安心して活動できる場が保育室である。

　保育室には，子どもの欲求に適切に対応してくれるよき理解者であり，共同作業者である保育者や共に活動し，共感をもって助け合ったり，互いの意見を交わす友達の存在が大切である。保育室に長時間いるという物理的なことだけでなく，そこからかもしだされる雰囲気や保育者・友達と交流することによって，それぞれの自己課題をもって活動の模索がはじまる。課題に夢中に取り組む経験を通して，課題達成の喜びや課題解決の方法，そして，精神的側面にも大きな刺激を受ける。

　二つ目の機能は，子どもの遊び場としての役割である。子どもは情緒の安定が図られると園内の様々な環境で遊びはじめる。保育室は，その遊びと遊び場を提供してくれる。そこで保育室の環境構成への配慮が必要となる。

　最近は，異年齢児の交流を図る場として，3歳以上の子どもが同じ保育室で生活する縦割りの保育形態を導入している園も多く，保育室の空間，遊具等それぞれの園で工夫がみられる。このように子どもの拠り所である保育室は家庭で経験できない面を補うなど社会状況も視野に入れた場として運営する必要がある。保育室の運営は，保育者にとって最も計画性を要求される場である。

（2）遊戯室

遊戯室は，園行事を実施する場と日常的な遊び場としての二つの機能を有している。

まず園行事として，集団生活をはじめる入園式，楽しく遊んだ園生活の修了式などの儀式，子どもの成長や生活の節目で行われる行事等が身近な遊戯室で行われることは，子どもにとって意義深い。また，日常の遊び場としての遊戯室は特に異年齢児との交流が図れる場としての機能が高い。

現代の少子社会にあっては，家庭生活での兄弟姉妹，近隣での子ども同士のかかわりが希薄になり，適切な人間関係を学ぶ場がない状況にある。こうした社会現象の中で集団保育が果たさねばならない役割の一つが，人間関係を体験する場の創出であり，そこには，保育者の適切な指導が伴わなければならない。

前述のように，縦割り保育を積極的に取り入れている園も増加しつつあるが，現状では同年齢によるクラス編成が中心のようである。そのような中で遊戯室は，横割りから縦割り活動の場として，様々な年齢層の子どもが共に遊び，交流する場となる。そこには，同年齢児のみの活動があったり，異年齢児が混合で遊ぶ場合があったりする。

たとえば，同年齢児のみの活動であっても，異年齢児と同時間に同じ場所で遊ぶことによって，相互に刺激を与え合うことができる。年少児は，年長児の遊びや話し合っている様子を見ることによって，遊び方や言葉の学習，そして人と力を合わせる楽しさや大切さに気付き，それを遊びの中に生かそうとする模倣的姿が見られる。年長児とのかかわりによって，年少児の遊びは発展し，人間関係の楽しさも知ることができる。一方，年長児は，年少児の困っている様子や何か手助けしてほしい様子に出会うことで，援助しようとする気持ちが育まれていく。

また，遊び場や遊具の確保などによるトラブルも生じるが，それを解決することによって人間関係の経験も深まる。年齢に関係なくそれぞれが役割をもつ活動が展開し，それに対し保育者の適切な援助がなされて遊びの発展や豊かな人間関係を深める経験が保証されるのである。

遊びの展開中に偶然にかかわる予期しない機会も多く，年少児はお兄さんやお姉さんのやさしさや厳しさに接して，憧れや信頼の情をもつようになる。年長児は，小さい子どもや弱い立場の人に対する気持ちの持ち方やかかわり方を具体的に身に付けていく。

このような経験は意図的にできるものではない。個々の子どもが環境に夢中にかかわり，自己表現する中で子ども自身が気付き，気付かされる体験であり，その人間関係の経験がさらなる発達を生み出す。遊戯室は，人間関係から生まれる様々な出来事を子ども自身が解決していく機能をもっているのである。

また，遊戯室はクラスで展開する遊びをより発展させる場としても必要である。子どもたちの活動は，適切な場を得ることによって，大勢の仲間と力を合わせてダイナミックに遊びが展開したり，新たな素材が加わることでより充実した活動へと変容していく。さらに，遊戯室の広い場所でなければできない活動もある。マット，トランポリン，跳び箱などの全身活動やリズムを伴う活動は伸び伸びと解放的に体験することが大事である。遊戯室は子どもの発達・成長に欠くことのできないものである。

図 2-1　遊戯室での親子の活動

1．園内の活動

2．園庭と子どもの活動

　幼稚園や保育所の園庭の環境は，広い空間の中に固定遊具，木々や草花，飼育小屋などの施設が配置され，子どもの興味や関心に対応する要素や知的好奇心を刺激して活動を誘発する要素がそろっている。また，園の外を取り巻く周囲の景色やそこに現れる自然の事象は，子どもの園生活と深くかかわる環境のひとつである。

　日常的に見ている遠くの景色も，ある時にジャングルジムの頂上で見ると，いつもより大きく全景が見えて驚き，新たな発見との出会いがある。その驚きや発見の喜びに保育者が共感し，褒め，認めることを通して，子どもが物事を正しく捉えようとする芽生えを大きく膨らませ，子どもの探究心が育まれていく。

　空に浮かぶ雲を友達と一緒に見て，雲にはいろいろな形があることに気付く。その発見や興味を保育者や友達と共有することを通し，さらに想像力を働かせて見たことや感じたことを表現し合うことにより自然の事象とのかかわりを楽しむ。

　子どもは，こうした素朴な自然とのかかわりを繰り返す中で，その美しさ，大きさ，不思議さなどに気付いていく。

　さらに園庭の機能としてあげられるものは，遊戯室と同様に異年齢児の交流の場としての役割である。広い空間で遊ぶ子どもたちは，様々な場所と方法によって，年齢の異なる子どもとの関係を深め，相互に影響し合う遊びの中で，共に育つ姿が顕著にみられる。

　保育者は，まぶしい太陽の光と自然のすがすがしい空気に触れて遊びを楽しむ園庭の環境を，幼児期に不可欠な生活空間としての機能が十分に発揮できるように整備することが必要である。

（1）砂　場

　砂は身近にある自然物であり，家庭や地域，そして保育施設など様々な場で砂遊びをする子どもの姿に出会う。素朴な砂遊びは，不思議さや面白さなどいろいろな発見と出会う場であり，子どもの探究心をくすぐる場である。集団保育において砂場は重要な保育環境のひとつとなる。

1）砂・砂場のもつ特質

　a）砂の特質　　①可塑性に富み，作り替えが自由にでき次々と新しい発見が楽しめる。②素朴さに富み，その存在は普遍的である。③安価で入手が簡単にできる。

　b）砂場の特質　　①園庭の一隅に豊富な砂をもつ空間は安定性に富む。②個々の遊びに対する許容性や自由度が高い。③イメージが容易に再現され，総合的にねらいが達成される。

2）砂場での遊びの姿

　砂場の活動は単純で，握る，掘る，叩く，積み上げる，丸める，練るなどを組み合わせて遊びが展開する。その具体的姿は，団子作り，型押し，穴やトンネル掘り，山・川やダム・基地作り，その他子どもが出会う社会的事象の再現などである。

3）砂場遊びを通して育つもの

　①砂の感触を楽しみ，解放感を味わい情緒が安定する。

　さらさらした砂，太陽の熱を受けた砂，水で湿った砂などに手で触ったり，はだしで踏んだりして，砂の感触を全身で味わう活動は，五感を刺激すると共に精神的安定が図れる。また，可塑性をもつ砂は，子どもが描くイメージを自由自在に表現したり，消したりすることができる。さらに，物を壊したいという子どもがもつ欲求を十分に満たし，解放感をもって遊べる。

　②友達関係を深め，社会性が養われる。

　砂場は，子どもの遊びに対する許容度・自由度が高く，誰からも拘束されずに遊べる環境のひとつである。同一素材と同一空間の中に，一人ある

第2章 子どもの園内活動と園外活動

図2-2 砂遊び

いはグループで遊びが展開し，偶然に他者とかかわる要素が多く内在している。

たとえば，平行遊びのA子とB子，ダム作りグループと道作りグループが無意図的に合流して，新たな遊びへと発展していく過程で，相互に共感したり，意見の相違による対立を経験したりする。遊びの対立は不可欠であり，子ども同士の話し合いで解決したり，保育者の援助の基に解決したりして，人間関係のあり方を学んでいく。

また，砂場は様々な拘束から離れ，伸び伸びとした環境の中で，異年齢児との交流や人とのコミュニケーションを深め，生活の充実を図る効果が期待される場でもある。少子化の進む現代社会では，人と人とのかかわりの体験を深めることが，集団保育の重要な役割であり，幼児期に身に付けることが求められる基礎的な保育活動である。

③ 健康増進が図られ，生活習慣が身に付く。

戸外で伸び伸び活動することは，子どもの健康づくりに良い影響を及ぼす。子どもが積極的に戸外での活動を求め飛び出す姿は健康的でほほえましく，戸外遊びを通して友達を作り，互いに励まし合う姿は，保育者として奨励すべきことである。

また，砂場遊びにふさわしい服装の準備や整え，活動後身体を清潔に保つ習慣や遊具の後片付けなど，子ども自身が生活習慣に自ら気を付けることで，自立に対する自己の役割を自覚していく。

④ 道具の使用によって創造活動が豊かになり，道具に慣れることにより正しい使い方を知る。

砂遊びは手を使うだけでも遊べるが，さらに，道具や様々な素材を使うことによって，活動の発展がみられ，充実感を知ることができる。

道具を使う保育環境は，子どもの遊びに楽しさ，深まり，広がり，ダイナミックさ，試す面白さなどを与え，創造性や好奇心への大きな刺激がある。道具を使う体験から道具の仕組みや正しい使い方を知り，その結果会得した技術や知識を生活の場に応用する生活態度が養われるのである。

⑤ 思考力や科学性が身に付く。

砂そのものの特性や砂場遊びの特質から子どもは様々な発見や感動体験の楽しさを習得することができる。サラサラした砂が握りこぶしから落ちる様子，水気のある砂の感触やそれが固まる様子などは，経験の未熟な子どもにとって素朴な発見であり，砂の生む一つひとつの現象が，不思議な世界へと子どもたちを誘う。

直接的な経験活動を基礎に，子どもは創意工夫する楽しさを知り，物を科学的に見る態度を育む。

ここで特に留意したいことは，事物や事象に対する子どもの情緒的な捉え方，すなわち，物に対する感情移入をまず大切にしたうえで，科学的思考に基づく知的好奇心を育てることである。

⑥ 造形的活動への意欲と自然や社会事象に対する興味・関心が高まる。

砂はその特性から作り替えが簡単にできるため，造形活動への意欲を育む最適な素材である。子どもの身近な自然や社会現象の再現が容易にでき，その事象への興味・関心を高め，理解しようとする意欲も増大する。それに伴って，自然や社会事象に積極的にかかわる態度が身に付いていく。

砂場は，当然数量や図形との関連性も高く，その経験は，具体的操作を積み上げていく過程において，数量・図形への興味・関心を高め，基本的な感覚を培っていく。

4）砂場遊びの指導上の留意点

① 保育者は，子どもの遊びを観察し，遊びがよ

り発展・充実するよう援助する。

個別・同年齢・異年齢グループによる活動展開の中で、まず一人一人の子どもがもつ欲求を把握し、それぞれの活動展開を予測する。そして、個々の活動に適切な助言と具体的な手助けを行い、さらに環境の再構成などを考慮して、共働する保育者としての姿勢をもつことが大切である。

② 人間関係をより深めたり、広めたりすることにより、子ども相互は無論のこと、保育者とも信頼関係が十分保てるようにする。

子どもは砂場遊びを通して様々な人間関係を体験的に修得する。その際、保育者は常に子ども相互の人間関係が平等に保たれていることに留意が必要である。そのためには、保育者が遊びに直接加わったり、見守ったり、提案者となったりして、子どもの活動を援助し、子ども一人一人が主体的・創造的に自己表現できる場の設定をする必要がある。子どもが砂場遊びの中で自己を十分に表現できる好ましい人間関係を体験的に修得できるように配慮する必要がある。

③ 用具や素材を使いやすいように整える。

砂遊びは、用具や素材を使うことによって、子どもの活動がより充実・発展した遊びへと誘導される。遊びは、造形活動や創造的活動に関連づけられ、深い意味をもたらす。保育者は、子どもの必要性に対応できるように、それらの用具、素材の適切な準備と保管が必要である。

④ 砂場の安全と清潔に注意する。

砂場は子どもが素手や素足で遊ぶ場所であるため、安全で清潔であることが求められる。腐敗の原因となる紙屑、木の葉、猫や犬の糞などを取り除いたり、砂場全体を掘り起こし天地変えをして、日光消毒をする必要がある。砂を掘り起こすことは、砂が柔らかくなり活動がしやすいという利点もある。消毒には薬品を使う方法もあるが、子どもへの影響を考えると適切な方法とはいえない。

また、危険物を取り除くことも大切である。その他、暑い時期の日除けの工夫も子どもの活動展開上非常に大切なことである。

⑤ 砂の種類と補充。

砂はじゃり砂だけでなく、粘土質の砂も用意するとよい。質の違いは、活動内容に新しい展開や発見を豊富にし、科学的思考への影響も多く受けることとなるため、遊びがより充実していく。

砂場の砂は外に運び出されることが多いので、定期的に補充する必要がある。補充時に、園の立地条件によっては砂を砂場まで運べないこともある。保育者と子どもが一緒に砂場に運び入れる活動は、砂場遊びと異なる様々な刺激をもたらし、子どもの活動に大きな意味を付加する。補充の際に、意図的に砂場より遠くに砂を置き、子どもの手を借りるなどの工夫も大切である。

（2）花　壇

保育施設にとって、花壇は重要な環境構成のひとつである。子どもを迎える園の全体景観として、また、花壇全体がかもしだす雰囲気と花壇の草花そのものが果たす役割は大きい。四季折々に咲く花や芳香を漂わす空間に触れたり、草花に語りかけることで心が自然となごみ、また、具体的行動として、水を与えるなどの活動も生まれる。

入園当初、花壇にはいっぱいにチューリップが咲き誇っている。登園した女の子がその前に立って、両手で花の形を作り、リズミカルに体を動かしながらチューリップの歌を歌いはじめた。それを見た他の子どもたちも集まって歌いはじめた。その後、保育室でクラス全員で歌うと、とてもきれいに歌え、楽しそうであった。

このように子ども自らが生み出した活動は、植物への自発的な興味の現れであり、自然の美しさへの感動のひとつである。また、それが周囲に受容された心地よさは、情緒に刺激を与える。このような素朴な経験が繰り返されることにより、植物への親しみや興味・関心が高まり、生命あるものを大切にしようとする気持ちが芽生える。

この例にみられるように、子どもと植物のかか

わりはたいへん重要である。そのため，子どもの日常生活に直接草花に触れる環境の設定が必要となる。保育の場における花壇は，専門家が造る立派なものでなくてよい。保育者と子どもとが一体となって，作成・運営することが大切である。また，その運営については，年間の保育計画を基本として，花壇活動を位置づけ，色彩豊かで，四季の変化に富む，子どものオアシスとなるような草花の栽培計画となるように心がけたい。

　花壇に関係した子どもの活動としては，種をまいたり，球根を植えたり，水をやったり，雑草を取るといったことと共に，花・種・実などを遊びに使う活動もある。また，花壇に集まる昆虫との出会いがある。これは，花壇への興味や関心を高める要因となると共に，昆虫とのかかわりも深められていく。動植物への親しみや興味を助長し，活動の充実につながる。

　それらの活動全般が，子どもたちの生き物に対するやさしさを育み，好奇心や探究心を刺激し，子どもたちが科学的に思考する楽しさを実感し，知的好奇心へと発達していくのである。

1）花壇の特性
① 植物に親しみ，愛情を育てる。
② 美しい物への興味・関心を高める。
③ 四季の花に集まる昆虫に，興味をもって観察する態度を養う。
④ 疑問をもったことを質問したり，調べたりする態度を養う。

2）花壇設置および運営上の留意点
① 園全体で調和を配慮し，さらに日当たり，通風，排水などを十分に考え設定する。
② 空間での立体感に配慮して高低，池，道などを工夫する。
③ 年間計画に対する位置づけや四季の特徴が捉えられるように栽培物の選定に注意する。
④ 通路は，子どもが身近に親しむことができ，世話や観察がしやすいように広くする。
⑤ 植物は丈夫で育てやすいものを選ぶ。また，有害植物は避ける。
⑥ 花壇の管理は，子どもと共働して行い，必要に応じて保育者全員の仕事として位置づける。

（3）飼育小屋

　園庭の一角から小鳥たちの美しいさえずりが聞こえ，ウサギの姿が見られる園に子どもたちが登園してくる。ある子どもは小鳥をじっとみつめ，ある子どもは小鳥に話しかける。また，ウサギに餌を与える子どもたちもいる。

　これらの行動は，子どもの情緒的安定が得られる朝一番の活動としてほほえましい光景である。子どもたちは，飼育動物とのちょっとしたかかわりによって心を和ませ，動物に興味や関心をもつことにより身近に感じ，よく観察することで自ら知識を獲得していく。このような動物とのかかわりから生命を大切にする心情が培われていく。

1）飼育小屋の特性
① 保育活動の場に和やかさを与える。
② 動物に日々触れる活動を通して，動物に対する興味や関心が高まり，生き物を大切にする気持ちが育つ。
③ 動物によって，その行動・形態・食性が異なることを知ると共に，動物と交流できる楽しさや面白さを知り，すすんで世話をしたり，観察したりする心情が育つ。
④ 動物との継続的な触れ合いの場において，素朴な驚きや疑問をもち，動物に適切に対応する行動が常にできることを通して，自然環境を大切にする気持ちや自然の事象や事物に対する科学的な考え方や見方が芽生える。
⑤ 飼育動物に対する意図的・計画的な活動の中で，生き物全般に観察や世話をする積極的な意欲や態度が育つ。

2）飼育小屋設置および運営上の留意点
① 園全体の調和を考慮し，子どもが観察や世話のしやすい構造と日当たりのよい場所を選ぶ。飼育動物を守るため，小屋の構造を工夫し丈夫に作

② 飼育動物は，丈夫で育てやすく，人工的飼育下でよく繁殖するものを選び，なるべく多くの種類を収容する。
③ 飼育動物は，危険性のないものを選ぶ。
④ 飼育活動を適切に運営するためには，保育者の飼育動物に対する態度が子どもに大きく影響する。保育者は，実践的姿勢をもって飼育に臨むことが求められる。
⑤ 保育者は，飼育動物の管理や観察を通して，日々の様子や変化をよく把握し，子どもの疑問などに的確に対応できるように努める。
⑥ 動物の産卵や出産時は特に注意し，飼育環境の整備に努める。
⑦ 生き物の管理はたいへんだが，長期休暇中の管理をはじめ，日々の餌，掃除などの生命維持に対する基本的作業を全教職員が協力して行い，子どもによい生命体環境を与える努力が必要である。

3．子どもと遊具

　遊具は子どもの園生活と切り離すことのできない遊ぶ環境の一部を構成し，重要である。遊具や用具を必要としない遊びもたくさんあるが，遊具を媒介することで生まれる遊びは，その展開・発展に楽しさが倍増され，活動の豊かさと子どもの発達・成長がそこにみられる。
　遊具は固定遊具と移動遊具に大別することができ，それぞれが特有の機能をもって，子どもの遊び環境の役割を果たしている。園庭に設置されている様々な固定遊具は，それぞれの本来の遊具としての運動機能が生かされた遊びが日々展開され，子どもの運動能力の発達に大きな影響を与えている。その一方では，遊具の運動機能とは関係なく，子どもの発想や創造力による遊びも展開される。たとえば，ジャングルジムの運動機能を生かした上る・降りる・横に歩く・頂上に立つ・ぶらさがる・くぐる・飛び降りるなどの遊びではなく，集団遊びの基地ごっこの基地としての役目をもって遊びが展開されることもある。固定遊具には大きな集団が形成され，人間関係の体験を深めることのできる遊びがしばしば見られる。
　移動遊具は，跳び箱・平均台・マットのように大きく全身を使って遊ぶ物から，ままごと道具・小さな積み木・ブロックなど数量や図形に深く関係する遊具と多種多様のものが存在している。
　これらの子どもを取り巻く遊具は，子どもの活動をより豊かにし，遊びに楽しさをもたらし，身心の発達に大きな影響を及ぼしている。

（1）遊具の特性
① 遊具はそのもの自体が楽しさを内在しているので，遊びを誘発させると共に，全身や手指の運動体験を通して，各器官の機能を発達させ，体を動かす喜びが味わえる。
② 子ども自身の発想や工夫で展開する，遊具自体がもつ機能以外の遊びによって，想像力・創造力が培われる。
③ 遊具を使うことで様々な人間関係が体験でき，精神的発達に大きな影響を与える。
④ 正しい遊具の使い方を知ることにより，身の回りにある物質の性質や仕組みについて興味をも

図 2-3　遊具で遊ぶ

って，理解できる。

⑤ 基本的生活習慣が遊びを通して具体的に体験でき，意欲や態度が自然と身に付く。

(2) 指導上の留意点

① 保育者は，個々の遊具がもつ機能から生まれる遊びに適切な援助をすると共に，子どもの発想から生まれるそれ以外の遊びを大切に育てる姿勢をもつ。

② 固定遊具や移動遊具を組み合わせての活動など保育者自身が発想の転換を図り，遊びの内容を豊かにするように努める。

③ 保育者は，理解者あるいは子どもの遊びのよき協力者として，時には遊びに参加したり，見守ることを通して遊びの発展に努める。

④ 保育者は，常に遊びを注意深く観察することにより，個の成長と集団における個々の発達に留意し，個人の集団における関係を把握して，双方の発達を図るよう努める。

⑤ 楽しさを内在する遊具は，危険性も潜在させている。そこで，日々の点検を十分に行い，安全に注意する。

2．園外の活動

　園外の活動とは，園を離れて行われる保育活動全般を意味する。園外の環境要因の主なものは，それぞれの家庭と子どもが生活する地域があげられるが，ここでは主に地域を対象とした子どもの活動について考えることとする。

　園外活動の運営は，年間計画に位置づけて実施することが必要である。しかし，時によっては，子どもの日常活動から必要性が生まれ実施することもある。園内の環境と違って，園外の環境に接する体験は，子どもにとって新鮮であり，不思議さや魅力が内在し，子どもの活動に楽しさを提供してくれる。そして，園内では経験できない自然の事象や社会現象に接することにより，それらの事象や現象を扱ったり，試したりする行動が深められる。また，自然や社会を身近に感じて，自然のもつ美しさや不思議さを具体的に感受したり，身近な社会環境に親しみをもち，大切にする心が育まれていく。園外活動の貴重な経験は，園内活動に多大なる影響を与え，園生活を豊かにすると共に好奇心や探索意欲を高め，知的発達を促す。このような意義をもつ園外活動は，幼児期の体験として重要である。

　この節では，園外活動の意義，内容，方法を具体的に考察する。

1．園外活動とは

　園外活動は，先にも触れたように園から離れて行われる保育活動である。元来，好奇心の旺盛な子どもは，園内の環境からも多くの刺激を得て好奇心を養うのは当然である。しかし，時々かかわる園外環境に対しての興味や喜びは非常に大きいものであり，積極的に好奇心を働かせて様々な活動に取り組んでいく。

　園外活動は，自然や社会の事象に深くかかわる経験の場が与えられると共に，他領域の経験も深める中で，科学的思考の芽生えに大きな影響を与えるのである。

　園外活動は，日常の活動として，また，園の行事のひとつとして位置づけられる。前者は園内の日々の活動を補うためであり，後者は保育活動全体の発展性を狙う意図が高い。

　園外活動は，具体的経験を通して，領域「環境」のねらいを総合的に達成するために大きな役割を担っている。

2．園外活動の種類

園外の保育活動を大別すると散歩・見学・遠足に分けられ，保育活動の目的によってそれぞれが組み合わされるなど，様々な形態が取られるが，上記の基本となる3種類について説明する。

（1）散　歩

日常的な活動のひとつとして実施されることが多く，園周辺部を散策したり，四季折々の変化にあわせて季節感を得させるために行動するごく短時間で行う活動である。たとえば，近くの神社や公園に行く時，道端の草花や小動物，また，畑で働く人々や様々なお店や交通標識などに出会う。

当然，往復路は，交通ルールに従って歩き，列から飛び出さないなどの様々な具体的経験から子どもの活動内容が充実していく。

図2-4　散　歩

（2）見　学

近くの公共施設（駅・科学館・図書館）などに半日ほどの時間を費やして実施される活動である。見学は，園の年間計画の中で，子どもの知的欲求の解決を図り，地域の公共施設の内容に触れて親しむ必要があるところから実施され，園の豊かな生活づくりに大きな貢献をしている。

たとえば，公共施設における直接の見る・聞く・触れるなどの経験が基になって，園内の保育活動がよりリアルでダイナミックな表現に発展し，行動意欲が益々高まっていく。その効果は，絵画や造形表現，そして，話題や発想などに表れ，豊かな人間関係へと発展していく。その結果，子どもの経験に深まりや広がりが見られ，子ども一人一人が工夫したり，友達と協力して新たな環境を構成したり，あるいは，人間関係のトラブルを解決したりする。年齢による相違はみられるが，活動の総合的深まりにも大きく影響してくる。

（3）遠　足

遠足は，単独の保育活動でなく，実際に実施する場合には，散歩や見学の要素が含まれる。実施に当たってそのほとんどが，園の行事として保護者同伴で行われるが，子どもだけで実施されることもある。一日を費やすのが一般的である。

遠足のねらいは，実施時期によって異なるが，日常十分に自分の子どもとかかわれない保護者が増加しつつある今日，遠足を通して子どもを中心に一日ゆっくりと親と子が親密な時間をもつことは，親子関係によい影響を与える。さらに，子どもを媒介して親同士の関係も深まり，たいへんよい交流の場となる。その結果，子どもの成長や園運営にもよい影響をもたらす。

場所の選定には，豊かな自然の事象や現象が身近に感じられ，園では味わえない自然の大きさや不思議さ，動物の形態や生態などに出会うことのできる場を選ぶ配慮が必要である。

遠足とはやや意味を異にするが，最近，自然環境の中で宿泊を伴う保育活動が実施される。5歳児を対象としたこの保育活動は，少子化が進む中で友達と一緒に泊まる経験として意義深い。実施に当たっては，周到な計画と準備，保護者の協力を基本として，子どもたちの参加意欲によって実施効果が高められる。この体験は，子ども自身に

勇気や自信を育み，その後の園や家庭生活に大きく影響し，子どもの発達・成長に深く関与する。

3．園外活動によって育つもの

① 自然事象に親しんだり，具体的事物に触れるなどの直接的体験を通して，子どもは感動体験を深め，生活経験を豊かにすることができる。

子どもの経験活動を考えたとき，園内だけでは十分に経験できないものもある。それは，たとえば，自然事象の雄大さや美しさ，不思議さや驚き，偶然に出会う生き物に対する感動などである。こうした活動は，直接経験することによって体得でき，諸物を感情移入するという形で捉えることで，心の中にあるエネルギーの高まりを十分に燃焼させる経験活動となるのである。さらに，子ども一人一人の感動や経験に対して，保育者が適切な対応をするとき，より豊かな充実した経験が展開・発展していくのである。

② 園生活に変化をもたらし，子どもの気分転換ともなる。

日常の保育活動を行う園内環境は，活動範囲が限定されているが，日々の経験を繰り返すことによって，身近な環境に慣れ，環境に積極的にかかわる意欲を培う点で効果があるが，保育活動の広がりや深まり，また生活リズムの変化の面では制限やマンネリ化が生まれる。子どもは本来変化を求め，自分自身でも活動そのものに変化を求める。日常生活で繰り返し展開される園内活動を大切にすることを基本として，園外の事象・事物に直接触れる機会を意図的に作る必要がある。それによって，子どもたちの生活に変化をもたらし，自己の課題に積極的に取り組む姿勢が育つ。

③ 解放感を味わうと共に，保育者や友達との親しみが深まる。

好奇心旺盛な子どもは，園外活動にたいへん興味・関心をもって喜んで参加する。たとえば，入園まもない時でも，広い野原で保育者や友達と手をつないだり，花を摘んだり，小動物に接することができる。この初期的な経験を通して，子どもは解放感を味わう。他者とのかかわりを抵抗なく深めて新しい仲間づくりができるか否かは，これからの保育生活の充実と深くかかわってくる。

④ 自然の事象や社会の事物に直接触れることによって知的発達を促す。

園外活動は，園内活動と密接な連続性をもつものと，園外活動で発見したり，疑問をもったりして発展する新しい活動とがある。その新たな活動は，従来の活動を変容させ，子どもに新鮮な刺激を与え，見る・扱う・試す等の積極的な行動を喚起し，知的好奇心を誘発する。その結果として，子どもが物事と深くかかわろうとする意欲や態度が培われ，知的向上心が育成されるのである。

⑤ 公共施設の使い方，交通ルールの遵守，集団行動でのあり方などの態度や習慣が身に付く。

園外活動の実施については，園内活動の時とは異なる約束ごとや決まりが必要となる。たとえば，交通ルールを守る，合図で集まる，決められた場所を勝手に離れない，トイレは大人と行く，公共物を大切にするなどの集団活動での基本的事項である。この日常生活に必要な基本的事項を具体的体験を通して身に付け，子ども自身が生活に生かすことにより，良い生活が安全に展開できる。さらに，園外活動により，地域に対する興味・関心が高まり，地域への親しみや愛情も芽生える。

4．指導上の留意点

① 園外活動は，園全体の年間計画や領域「環境」の計画と関連させて位置づけ，ねらいや内容を明

2. 園外の活動

確にさせる。

　園外活動の実施については，園全体の年間計画を基に，季節による体験内容と子どもの実態を十分に考慮し，何を・いつ・誰に・どこで・どのように経験させるかを明確にして，目的・内容・方法を具体化する。

② 園を中心とした環境地図を作成し，それを十分に生かす。

　園を取り巻く地域環境を保育活動に取り入れ，子どもの地域への興味・関心を深め，高めることが大切である。そのためには，地域環境が一目でわかる資料が必要である。その資料の一つとして地域の自然環境や物的環境等に関する地図がある（図2-5）。それによって，何がどこにあり，いつ，どのような活動ができるかを明確にする必要がある。この地図によって，四季を通じての年間の地域環境状況が把握でき，園外活動の効果が図れる。その地図に地域の行事なども工夫して挿入しておくとよい。地域環境地図は一度作成しておくと，一部を修正することで次年度に生かされる。

③ 子どもの年齢や発達段階に即した計画を立てる。

　園外活動は，実施する時期や子どもの年齢，そして経験の実態などによって，活動の目的や内容が異なるので，それらに対する配慮が大切である。具体的な計画作成に当たっては，対象となる子どもの自然事象とのかかわり方や考え方の実態を正しく捉え，適切な実施ができるよう心がける。

④ 園外活動の目的や子どもの予想される活動を考慮して，場所・実施方法・指導内容を考える。

　事前の周到な準備が，実施効果に深く関係するので，子どもの実態に即した計画の立案が大切である。まず，園外活動の実施目的を明確にし，それが十分に達成できる場を選定する。たとえば，実施目的とそこでの活動内容との関係，行程の状況，所要時間，対象者（園全体・学年・学級・保護者の参加等），乗り物の使用などをよく検討吟味し，場所と指導内容を決定する。

⑤ 事前に下検分を行い，綿密な計画を立案する。

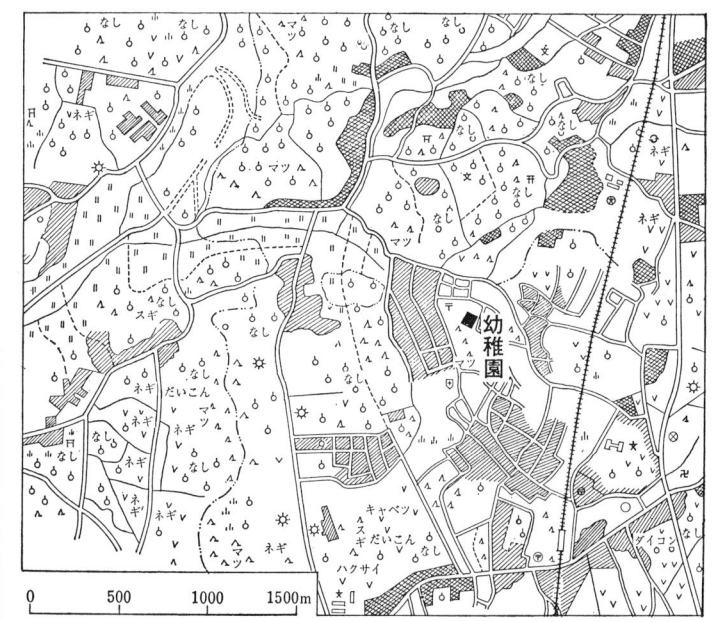

図2-5　地域環境地図

目的地の様子を事前に調べておくことは、活動を効果的に展開するために必要なことである。毎年同じ場所を選定する場合でも、毎年の気象条件と物的環境が変わるので、事前の下見が必要である。下見の条件のチェック例としては、目的達成に即した活動が可か不可か、活動目的と子どもの体力、安全性、水道やトイレの場所などであり、丁寧に把握する必要がある。また、施設見学では、日時・ねらい・見学の仕方について施設側と話し合い、施設側による指導が必要な場合は、事前指導か現地指導かを明らかにして依頼しておく。

以上のように下見により計画の綿密な立案が可能となり、園外活動の効果が図られるのである。

⑥ 事故防止に注意する。

園外に出ると子どもは解放的になり、のびのびと活動する反面、園内活動よりも危険性が多いことに留意しなければならない。また、慣れない場所は、新たなことに遭遇する。その際、子どもは、戸惑ったり、挑戦したりするが、その時保育者は適切な援助をとらねばならない。

行程の無理も事故の元となるので十分に注意したい。そして、緊急時の対応については、平素保育者自身がしっかり身に付け、子どもと共に訓練しておく必要がある。

⑦ 事前準備と事前・事後の指導を綿密に行う。

事前の準備としては、周到な実施計画の作成、教職員の綿密な打ち合わせ、保護者の理解と協力の依頼、特に注意を必要とする子どもの実態把握などがあげられる。必要に応じて医師と事前に相談をしておくこともある。さらに、救急用品・着替え・名簿・目印・ビニール袋・バケツなど当日の持ち物や子どもの活動を予測して必要と思われるものを点検、用意する。当然、子どもには、園外活動全般にわたっての適切な指導をする。この指導内容については、表2-1に事前・実施日・事後に分けて整理した。

表2-1 園外の活動における子どもへの指導内容

事前の指導	当日の指導	事後の指導
(1) 目的を幼児なりに理解し、よろこんで参加するよう配慮する。 (2) 不安や緊張感のある場合は、楽しいことを話したり、屋外でおやつや食事をしたり、園の近くを歩いたりして楽しさを伝える。 (3) 園外の活動や経験の共通化を必要に応じて図る。 (4) 経験との関係で視聴覚教材などを使って、興味・関心を高める。 (5) 目的地への子どもの期待の内容を受容し、共通化して適切に指導する。	(1) 出発に当たっては、用便・人員・視診・約束・きまり・忘れ物などの確認をする。 (2) きまりを守って楽しみながら目的地に行く。 (3) 目的地では約束を守ってのびのびと自然に触れて活動ができるよう配慮する。 ・草花を摘んだり、それを使って遊ぶ。 ・小動物を追いかけたり、捕まえたりする。 ・小動物のすんでいる場所、小動物の形・動き・色・大小などのようすを見て、気付いたことを表現できるよう配慮する。 ・必要以上に捕まえたり摘んだりしない。 ・採集の必要な場合や、多く摘んだり捕まえた場合は、生命を大事に扱うように水分を与えたり、小動物は逃がしたりするように指導する。 (4) 現地の動的活動が長いと帰りは疲れるので、特に気を付ける。 (5) 帰園・帰宅後は、休息し、楽しかったことや、気付いたことを保育者や家族に話す。	(1) 子どもは経験した感動体験を表現したいという欲求のもとにいろいろの方法で表現する。保育者はそれを受容する。 (2) 子どもの興味を中心に年齢や発達段階によって、保育に生かすようにする。 (3) 他領域との関連を留意し、総合的に指導するように努める。

3．地域の環境と子ども

　地域は，家庭や保育施設を取り巻く子どもの身近な社会を指すもので，子ども自身の人間形成に大きな影響を与える存在である。対象地域は，子どもにとって身近な所から遠い所まで範囲は広い。また，地域環境を構成する要素としては，事物・現象・社会習慣・そこに生活する人々・文化など子どもの生活や心身の発達に影響を与えるものすべてがあげられる。

　子どもが地域の環境にかかわる内容やかかわり方によって，子どもに対する影響の度合には個人差がある。そして，対象地域のすべての環境要素が均一に影響を与えるということではなく，子ども自身の興味・関心や生活体験によって影響が異なるのである。

　子どもの健全な育成は，地域に課せられている。子どもを取り巻く地域環境を保育活動の場として捉えた時，その地域を構成する環境要素と機能を痛感するのである。

　しかし，現代社会においては，核家族化による家庭内の人間関係の欠如，都市化による地域内の人間相互の交流の希薄，地域における子育て支援の低下などの状況がある。そして，少子化によって子ども同士のかかわりも皆無に等しい。そこで，地域社会に根ざした保育施設の立場としては，地域社会と連携を図り，保護者と共に地域での幼児教育の活性化に努力する重要な役目を担っている。

1．地域環境と子ども

　子どもの生活基盤は家庭である。その家庭の集合体が地域社会であり，保育施設と共に子どもたちを育成する大きな幼児教育の力をもっている。そして，その幼児教育の力は，子どもの「生きる力」を育むために欠くことのできないものである。

　子どもは家庭や地域社会での生活経験を園生活に生かし，また，園生活で培われたものを，家庭や地域社会の生活に生かすという相互関係により，子どもの活動が発展する。そこで地域の自然や人材，行事ならびに公共施設などの環境を十分に生かすことが必要である。地域社会がもっている教育力が低下しつつある現代社会にあって，地域社会の特性を子どもの経験活動にどのように取り入れるか，また，地域に欠けるものをどのように補うか，そこに保育者の力量が求められる。

　保育者は，地域環境の特性を意図的にかつ積極的に保育活動に取り入れる計画を作成し，その計画に対して具体的に取り組む姿勢と実践する実行力が必要となる。子どもたちはこうした保育環境への保育者の取り組む姿勢によって，地域に親しみを感じ，興味・関心をもつのである。

図2-6　川遊び

2．子どもと公園・野原

（1）公園や野原の意義

　都市部にある保育施設は，公園が近くにあり，都市部から離れた施設は，野原や森林に恵まれている。また，その両方の利点をあわせもつ施設もある。公園や野原における活動の実施方法としては散歩を主体にした活動が多く，子どもたちが日常生活の中で訪れることから，様々な事物との出会いや新しい発見による楽しさが味わえられる。

　たとえば，春の野原ではレンゲやタンポポ，そして初めてのたくさんの草花，またそこに集まる昆虫やカエルなどの小動物との出会いを通して，動植物への新たな興味・関心を寄せていく。さらに，子どもたちは全身で草木の香りや生き生きとした生命あふれる自然の事象に心を動かされるものを感じ，解放感に浸って活動が展開する。

　このような身近な環境の中で，四季折々の変化

表2-2　当日の活動展開と指導

	幼児の活動	指導上の留意点
出発前	(1) 保育室で保育者の周りに集まって，近くの野原に行って遊ぶことについて，話を聞く。 (2) 用便をすませる。	(1)・道の歩き方について。 ・野原での行動の仕方について。 (2) 持ち物と服装について確認する。
出　発 途　中 目的地	(3) 園庭に出て，2人ずつ手をつなぎ並んで出発する。 (4) 春の歌をうたう。 (5) 野原の草のうえに足を伸ばして座る（空を見上げる）。 (6) 保育者の話を聞く。 (7) 野原で自由に遊ぶ（草花を摘む，虫を追いかける，池のおたまじゃくしを採集するなど友達と自由に遊ぶ）	(3) 保育者はいつも行動の遅い子どもの手を組み先頭になって歩き，後尾は依頼してある保護者とする（乗り物に気をつける）。 (5) 保育者のことばにより空の青さ・雲の形，また周囲の草花などに関心をもつように指導する。 (6) 遊び方や注意事項について話す——特に一人で遠くに行かないように注意する。 (7) 保育者は子ども全体の行動が見守れる位置に立つことを原則に，一人一人の活動に留意してそれぞれの活動に参加する。
帰りの準備	(8) もとの場所に集まり，保育者の話を聞く。 ・取ってきたものをビニールの袋に入れ，帰りの準備をする。	(8) 子どもを保育者の前の草の上に腰を下ろさせる。 ・草花は輪ゴムでまとめて止めるよう助言する。 ・手を消毒綿でふくよう指導する。
帰　途	(9) 来た道を2人ずつ手をつないで帰る。	(9) 疲れているので，だらだらと歩いたり横見をしないでしっかりと歩くように励ます。
保育室	(10) 採集したものを各自のテーブルに置く。 ・手洗いと用便をすます。 ・おたまじゃくしを水槽に入れる。 ・野原や行き帰りで見たこと，聞いたこと，感じたことを話し合う。 ・楽しかったことを絵に描く。 ・摘んだ草花を花びんにさしたり，家に持ちかえる。	(10) おたまじゃくしの水槽は前もって準備しておく。 ・話し合いは保育者が子ども一人一人の体験を引き出すようにする。 ・採集した草花は花壇に植える，部屋に飾る・持ち帰る計画と共に草花を入れる水槽を用意して，生命持続の環境を用意する。 ・感動や発見したことをいろいろの方法で表現したいという欲求が満たせる環境を用意する。

を直接的体験を通し，体で感じ取る。その時子どもは，季節に適応した具体的活動から，季節の変化による人や生き物が展開する生活の変化など，園内活動では体験できないものに気付き，その体験から得たものを園の生活に生かしていく。

公園や野原での活動は，その際に採集した動植物の飼育・栽培が，園内の花壇づくりや飼育動物の世話へと発展していくなど，園内活動そのものを発展させ，子どもの活動を豊かにしていく意義ある環境である。

（2）活動の展開例

園外活動　野原で遊ぶ
ねらい　春の野原で先生や友達と遊んだり，小動物や草花と触れながら楽しく遊ぶことができる。
対象児　4歳児（2年保育）
時　期　5月
準　備　下見（道順，野原でできる活動等）。当日の持ち物（笛，救急箱，消毒綿，虫かごやビニール袋など子どもの活動に必要なもの）

当日の活動展開と指導　表2-2参照。
実践記録から：根のない草花を植えるA夫

7月中旬，2年保育の4歳児が近くの野原に散歩し，小動物を追いかけたり，住む場所を探したり，草花を摘むなどをして帰園した。子どもたちは，それぞれに持ち物を整理している。A夫が何やら物色して花壇に行き，持ち帰った草花を植えている。そこを通りかかった若い先生が「A夫君根のないものを植えてもすぐ枯れちゃうわよ」と言った。A夫はきょとんとして手の動きを止めた。しかし，担任の援助によって草花を植えて水をたっぷりかける。給食後，花壇に行ったA夫は7月の太陽ですっかりしおれた草花を見てうなだれている。担任の「元気な花をひとつ掘ってみよう」という配慮で元気のある草花には根があるという事実を知るのである。

このように子どもの知的学習は感情的欲求を基に活動が展開され，そこに現れる現象によって知識として学んでいく。また，このような体験が子どもに生き物への興味を深めさせ，身近に感じさせていく。こうしたものを受容していくことが大事である。

3．子どもと動物園

（1）動物園の意義

子どもは，テレビ・絵本・紙芝居などを通して様々な動物を知ることから，動物に対して関心が強い。特に最近は，動く映像で動物を見る機会が多く，自分の好きな動物について驚くほど豊富な知識をもっている。その視聴覚教材で得た動物の形・色・大きさなどの基本概念をもとに，動物園で実際に見たり，触ったりして具体的に確認ができ感動する体験は，子どもたちに知ることの楽しさや動物を身近に感じて親しむ心情が養われる。

この意味で動物園の見学・遠足には大きな意義がある。最近は，子どもに身近で動物に触れさせる機会をという目的で，自然動物園や子ども動物園が設けられ，内容の充実も図られている。

図2-7　動物と遊ぶ

（2）見学の準備と計画作成

① 見学時期は，動物の活動が活発な時期で繁殖期であり，植物生態に変化のある春か秋がよい。

② 事前に動物園の下見をし，その際，係の人と計画について詳細な打ち合わせをする。

③ 下見を基に事前・当日・事後の計画を立案し，保護者への連絡と協力を得る。また，必要な教材を用意し，子どもに適切な指導を行う。

計画作成の項目

① 見学の目的・方法・場所・日時，② 対象児および人数，③ 日程と内容，④ 持ち物，⑤ 注意事項

立案上の留意事項

① 見学目的は，その達成を考慮して具体的に設定する。

② 子どもが興味・関心をもつ動物を事前に把握し，その興味・関心をさらに深めると共に，他の動物への興味・関心も高めるようにする。

③ 活動時間や活動内容は，子どもの年齢や体力にあわせて考える。

④ 見学後に子どもの活動が総合的に展開できるよう配慮する。

⑤ 活動量の個人差を十分に考慮し，特にグループ編成時に個人差を配慮する。

⑥ 保護者同伴でない場合は，少数グループとし，引率者の人数に配慮する。

⑦ それぞれの動物の見学については，決められている約束を十分守るように配慮する。

動物観察の要点と留意点は表2-3にまとめた。

表2-3 動物観察の要点と留意点

一般動物		子ども動物園
(1) 形の特徴 ・大きさ，首・しっぽが長い，短い足，しっぽがない (2) 動きの特徴 ・空をとぶ，泳ぐ，木登り　歩きが早い・遅い　尾を使っての移動 (3) 色の特徴 ・1色・数色の組み合わせ，模様，美しい色 (4) 食べ物 ・草，魚，肉，穀類，雑食 (5) すむ場所 ・水中，陸，木の上	観点	(1) 動物に直接触れての感動やいたわる心。 (2) 動物の正しい扱い方。 (3) スキンシップを通して動物に対する知識の確認と新しい発見。
	留意点	(1) 汚れてもよい服装の準備をする。 (2) 動物の接し方は，指導を受けた保育者がきちんとする。 (3) 逃げる動物はむやみに追わない。 (4) 決められた餌を与える。 (5) 動物を丁寧に抱いたり，放したりする。 (6) 怖がる子どもは，無理をせず，楽しそうに抱いている友達の様子から心の動きを誘発する。 (7) 動物をひとりじめしたり，触わる動物を固定化しない。 (8) 活動後は，手洗い，服装の始末をし，ちょっとした傷も処置をする。
共通の留意点 (1) 園内を汚さないようにする。 (2) 動物をむやみに驚かさない。 (3) 保護者や保育者の近くで行動する。 (4) 金網に手を触れない。 (5) 見学の標示順に全体を見て，後に特に見たいものに時間をかけるようにする。		(6) 食事は保護者や親しい友達と一緒に食べて人間関係を深める。 (7) 危険な場所に行かない，その他約束を守る。 (8) 一般の見学者に迷惑をかけない。 (9) むやみに動物に食べ物を与えない。 (10) 周りの植物にも注意を促す。

第3章 季節の変化と子どもの活動

　季節の移り変わりによる活動は，子どものかかわりの時期，年齢や場所，それぞれの園を取り巻く地域環境や園内環境などで違ってくるが，いずれの場合も子どもたちの生活経験に大きく影響する。

　季節には動植物の成長，気象や気温の変化，人々の服装や生活，1年間の行事などの違いや特徴がある。

　春は，自然に対する認識を育むための最適な季節といっても過言ではない。

　木々や草花の芽吹きと虫たちの目覚めの時，心地よい風に色とりどりの花々で賑わい，子どもたちは，自然を満喫し躍動的に活動し，生命の息吹を体全体で感じとることができる。

　そして，5月から6月，7月へと次第に濃さを増した緑の樹木，恵みの雨である入梅，小鳥のさえずりとせみの声，ギラギラと照りつける太陽の光，絶好の水遊びの季節へと移り変わっていく。

　長い夏休みが終わり，鳴く虫たちの大合奏，どんぐり，栗の実がはぜて，木々の葉が色とりどりに染まる頃，枯れ葉が舞い散りつもる。自然からの子どもたちへの素敵なプレゼント。収穫の喜びいっぱいの秋。

　そして，いつしか冬が訪れ，いろどりの華やかさから，淋しく枝だけになった木々，白く雪化粧をした山々，冷え冷えとした日々。

　四季の変化から子どもたちは，新しい発見に目を輝かせ，大自然の生命の変化を大きく実感していく。また伝承遊びを通して知的好奇心も盛んになり，図鑑や絵本などを活用して遊びに必要な技術を生み出していくようになる。

　保育者は，四季折々に変化する中で，季節の特徴を生かした遊びや生活の様々な体験を通して，子ども自らが自然事象の変化に気付き，意欲的にかかわろうとする姿勢が身に付き，自然とじかに触れ合うなかで豊かな感性が育っていくよう子どもたちの経験活動の積み重ねを大切にしていきたい。

1．季節の変化と園行事

　日本の四季は美しく，季節の変化がはっきりしている。

　四季折々の行事や人間の生活にも，季節の変化に合わせた1年のリズムがある。地域社会や地域文化に触れることは，子どもたちにとって大切な活動と位置づけ，園生活に取り入れていきたい。

　春夏秋冬の移り変わる中で，様々な行事と出会い，実際にかかわる中で，様々な感動を通して，子どもたちなりに活動を生み出し展開させていく。「行事」のこうした活動を通して，子どもたちの日々の生活が楽しく豊かになり，園生活が充実するような配慮と工夫が必要である。

　行事による子どもへの影響は大きいので，あくまでも子どもたちの主体性を尊重し，行事のために保育活動が振り回されることのないよう，1年の保育計画を大切にし，発達に即した適切な行事計画を取り入れることが望ましい。

　表3-1に四季の変化とそれに対応した行事，活動等をまとめた。

第3章 季節の変化と子どもの活動

表3-1 季節の変化と行事計画例

	季節の変化	社会的行事	健康安全的行事	園行事	活動例	暦
春	雪どけ 芽ぶき 花便り 春風（春一番） 新緑	花まつり 子どもの日 母の日（5月第2日曜日） 愛鳥週間	体位測定(毎月) 健康診断 交通安全指導	始業式（各学期始） 入園式 お散歩 家庭訪問 父母懇談会（各学期） 誕生会（毎月）	・誕生表づくり ・新入園児へのプレゼントづくり ・鯉のぼりづくり ・お母さんのプレゼントづくり ・栽培（ひまわり，さつまいも）	立春（りっしゅん）2月4日頃。節分の翌日。この日から春が始まる。 春分（しゅんぶん）3月21日頃。春の彼岸の中日。昼夜が等しく分かれる。
夏	梅雨 入道雲とかみなり 星空の観察 セミの観察	衣替え 時の記念日 父の日（6月第3日曜日） 七夕 海の日	歯科検診	水遊び プール遊び 七夕の集い 盆踊大会 （夕涼み会） お泊り会 終業式　夏休み	・時計づくり ・お父さんのプレゼントづくり ・色水づくり ・七夕飾り ・うちわづくり ・水鉄砲づくり	立夏（りっか）5月6日頃。春も終わり，夏の気が立つ。 夏至（げし）6月21日頃。昼が最も長く，夜は短い。
秋	バッタみつけ 台風 お月見 木の実と落ち葉	敬老の日 体育の日 文化の日 七五三 勤労感謝の日	避難訓練 （火災・地震）	遠足 運動会 作品展 生活発表会 おもちつき クリスマス 　　　　冬休み	・虫かごづくり ・お年寄へのプレゼントづくり ・万国旗づくり ・落ち葉遊びと作品づくり ・クリスマスの飾りづくり	立秋（りっしゅう）8月8日頃。暦ではこの日から秋，しかし気候は真夏，暑中見舞いがこの日から残暑見舞いとなる。 秋分（しゅうぶん）9月23日頃。秋の彼岸の中日。春分と同じく昼夜が等しく分かれる。
冬	冬ごもり 霜柱 氷づくり 日なたと日影	お正月 節分 ひなまつり		お正月遊び 豆まき 新入園児一日入園 お別れ会 卒園式 　　　　春休み	・コマづくり（折り紙を使って） ・鬼のお面づくり ・おひなさまづくり ・一年間の作品まとめ	立冬（りっとう）11月8日頃。冬の気配がうかがえる，日脚が目立って短くなる。 冬至（とうじ）12月22日頃。太陽の高さが最も低い。昼が最も短く，夜が長い。

2．春の活動

1．お花で遊ぼう

　新しい環境への期待と不安がいっぱいの4月，新入園児にとっては，緊張感を和らげる活動として，お花見や，お花摘みなどの行事はとても楽しいものである。
　近くの公園や子どもたちが毎日通う園では，春を代表する梅や桜が咲き，雪のように花びらを降り散らし，春咲きの花々が賑わう。
　子どもたちは「わーきれい」と声をはりあげ友達と花にかけより，触ったり，摘んだり，匂いを嗅いだりする。3歳児は砂場でだんごを作って，

2. 春の活動

パンジーの花びらをのせ「おいしそうでしょ，せんせいたべて」と満足顔，「このお花はとっちゃいけないの！」と少しばかりお姉さんぶった4歳児，クローバーの花やタンポポを髪にさした先生のまねをして「わたしにもやって，どうやるの？」と見よう見まねをしてイヤリングやネックレス，冠を作って頭にのせ，飾り花の妖精にでもなったような気分の5歳児。

子どもたちには，編むことが難しいものもあるので，保育者が作ってみせたり，母親も一緒に参加する園外保育などを計画して，編み方の指導をするのも花で飾る活動を一層楽しいものとする。

〈お花の飾りの作り方〉

準備するもの
・針，糸 ・コップ，水 ・いろいろな花

① さくらの花
・さくらの花びらに1枚ずつ針を通す。

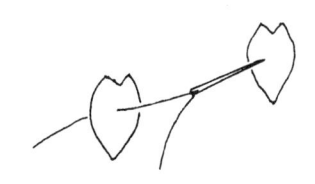

・輪にしてネックレスや冠に。

② タンポポ
・茎を2cmくらいに切り，十字に切り込み，水に入れると端がめくれる。
・一つひとつ糸に通してネックレス

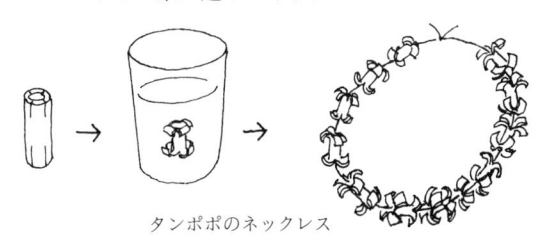

タンポポのネックレス

・茎に穴をあけて（つめで割るようにする）もう1本の茎をさし込み，指の太さに合わせたり，腕の太さに合わせて指輪や腕輪にする。

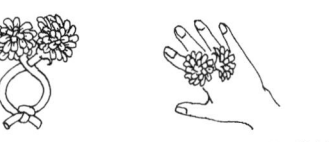

タンポポの指輪と腕輪

③ シロツメ草
・茎の根本に近い所をつめで割るように穴をあけ，根元から通す。
・長くしてネックレス。1本の茎でイヤリング。輪の部分を耳にかける。指輪にもなる。

・花に茎の部分をまくようにして編む。冠やネックレスになる。ごく長く編むとなわとびができるほどしっかりしている。

2．花まつり

花まつりは，お釈迦さまの誕生を祝う仏教上の行事だが，宗教的にその意味を理解させるのは難しい。4月はじめの行事として，華やいだ雰囲気の中から新入園児が少しでも園に慣れることができるような扱いが望ましい。

4月8日，多くの寺院や園では，お釈迦さまの

第3章　季節の変化と子どもの活動

像を花を飾ったお堂の中に置き，その像に甘茶をかける祭が一般的に行われ，その行事を花まつりという。灌仏会（かんぶつえ）ともいわれ，気候的にも温くおめでたい日でもあることから，その日に入園式や始業式を行う園も多い。

甘茶は甘茶の木（ウリ科の蔓性多年草）の葉を蒸して乾燥したものや，甘草（マメ科の多年草）の根を煎じたものを使う。

お堂を飾ったり，子どもたちの作った花を保育室に飾ったり，みんなで一緒に活動する楽しさを通して，園行事への興味・関心が持てればよい。

花まつりの由来とともに，伝承文化を通して共同で活動すること，そして参加したという満足感はいろいろな活動の基本になる。

〈子どもたちと飾りつけ〉

準備するもの
・京紙，折紙（赤・桃・緑・黄・紫・水色）
・木綿糸
・割りばし，セロテープ，両面テープ
・段ボール箱（千枚通しで穴を開けておく）
・御堂（木製で組み立て式の物を毎年使うところもある）

作り方
・京紙を1/2に切り，6枚を重ねてびょうぶたたみにする。
・御堂にセロテープなどで花をつける（間をあけずに，色を工夫してつける）。
・折り紙の花を作る。

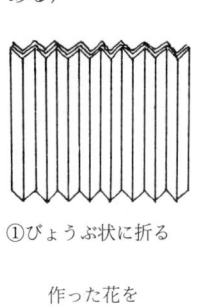

①びょうぶ状に折る　②まとめて中央を糸で結ぶ　③切らないように1枚ずつ開く　④花のできあがり

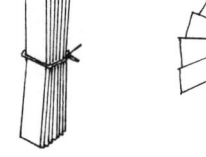

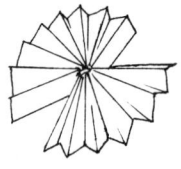

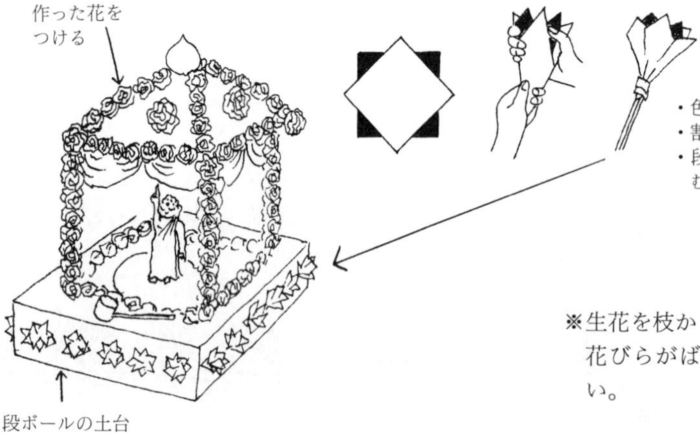

作った花をつける

段ボールの土台

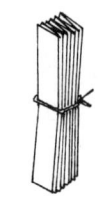

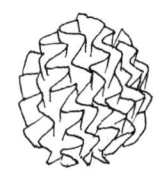

・色の違った折紙を2枚左図のように重ねる。
・割りばしに根元をセロテープで巻く。
・段ボールの土台に穴をあけて造花をさし込む。

※生花を枝からとって飾ることもあるが，その場合，花びらがばらばらにならないように気を付けたい。

3．鯉のぼり（子どもの日）

5月の節句に欠くことのできない「鯉のぼり」の「こい」は，とても強い魚といわれ出世魚と呼ばれる。そのことから，丈夫で優れた人になるようにと願いをこめて，鯉のぼりを立てる習慣が，江戸時代の中頃から始まったとされている。

現在では5月5日を「子どもの日」として祝う

2. 春 の 活 動

が，鯉のぼりの他に五月人形,兜,刀などを飾り，柏餅やちまきを供えるのが一般的とされている。

幼稚園や保育所でも，子どもたちと鯉のぼりを作って飾るが，単なる意味付けではなく，子どもの発達を考慮したものであることが大切である。

市販のものを切り取り，のり付けをして完成させ家庭に持ち帰らせるというパターンではなく，日常の保育活動の一環として，子どもたちと一緒に新しい着想を生み出したいものである。

鯉のぼりづくりは，5歳児たちが共同で作る楽しさを経験できる絶好の活動として，身近にあるビニール袋（ゴミ袋）や包装紙などを利用して，個人で作る小さな物よりも大きい鯉のぼりを作り，園庭に立てることで活動が興味深いものとなる。

〈みんなで作る鯉のぼり〉"手足を使って"

準備するもの
- 模造紙大（カラーでも白でもよい）
- 絵の具（赤，青，緑，黄，桃ほか）
- トレーは絵の具の色の数（子どもの手，足の入るものがよい）
- スポンジ，筆

作り方
- 模造紙をひろげる前に，絵の具が床に付かないように新聞紙を敷く。
- 模造紙をひろげる。
- 鯉のぼりの目玉になる部分を筆で丸く書いておく。目玉は子どもに塗らせる。
- トレーにスポンジをのせ絵の具をしみ込ませる。
- 手のひらや足の裏に絵の具を付け，紙の上を歩いたり，手を押しつけたりして型を付ける。
- 身近な葉っぱや靴の底など使っても面白い。
- よく乾いたらのりを付け，筒状にして紐を付ける。
- ポールまたは門などに取り付ける。
- 4ツ切画用紙などで一人用に作って各家庭に持ち帰り，飾るのもよい。

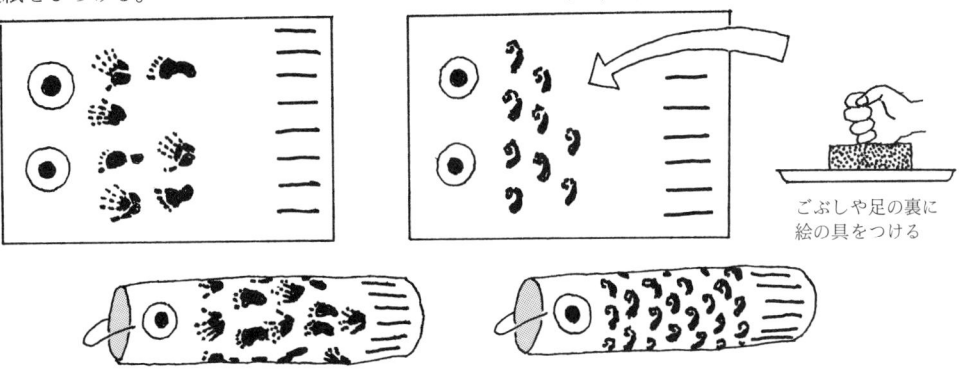

ごぶしや足の裏に絵の具をつける

4．ウサギと遊ぼう

子どもの持ち物などにウサギのキャラクターの付いているものが多く，子どもたちはウサギに対して，非常に親近感をもっている。さわったり，抱いたりするまでには，多少の時間がかかるが，保育者がウサギ小屋に誘ったり，話かけたり，実際に餌を与えているところを見せることなどを通して少しずつ怖くないことを知らせる。

ウサギのはねる様子を見て「ぴょんぴょん」と一緒になってはねまわる3歳児，歌を歌ったり身体表現などを通してウサギへ関心を向けて行く。

4歳児や5歳児になると，ウサギ小屋の掃除や餌やりなどの自分たちの世話を通して，ウサギの生活や特徴に気付き，好きな食べ物を家から持ってきたり，心地よい扱い方（抱き方）などができるようになり，動物への親しみや愛しむ心がより深いものとなっていく。ウサギとより身近に交流するため，小屋から出し，サークルなどを利用して観察しやすいように工夫する。

第3章　季節の変化と子どもの活動

〈ウサギの抱き方〉
- 頭や背中を静かにやさしくなでてやること。
- ウサギの耳元で大きな声を出したりすると，びっくりして逃げる。
  後足で強くけるのでひっかかれたり，けがをしないように後足をしっかりと持つ。
- ※両耳の根本をつかんでぶらさげるようなことは，悪い持ち方であり，ウサギの耳はウサギにとって大切な感覚器官であることを知る。

〈ウサギの折り紙〉

ウサギの正しい抱き方　　ウサギを運ぶ時

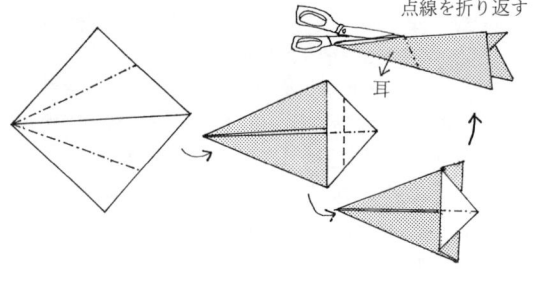

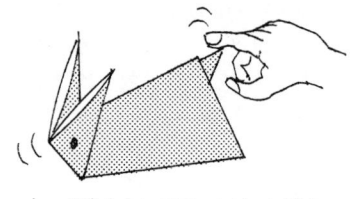

点線を折り返す
耳
目を書いてできあがり　　しっぽをたたいてピョンピョン遊ぶ

3．夏の活動

1．雨とカタツムリ

　梅雨は日本特有の（北海道は除く）現象である。
　旧暦の5月に降るので五月雨（さつきあめ）ともいい，昼間でも急に暗くなるため，「もう夕方になっちゃったの？」と子どもたちが不安気に外をながめることがよくあるが，明るいリズミカルな音楽などを流して，楽しい雰囲気づくりをすることが必要な季節である。
　また，晴れ間をぬっての園庭遊びや，傘をさし，長ぐつをはいて小雨の中を散歩することは，子どもたちの最も楽しい活動で，カタツムリ，カエルなど小動物との出会い，水たまり，アジサイの花の色や葉のしずく，雨の音などいろいろな発見がある。
　雨の日はうっとうしくていやな日とせずに，積極的に楽しく遊ぶ工夫を子どもと一緒にしたい。
　散歩でみつけたカタツムリの飼育や，いろいろな器に落ちる雨の音の違いなどを聞いたりして，リズム表現を楽しんでみるのも効果的である（カタツムリ，第6章 p.117参照）。
　傘のさし方や雨具の始末，雨の日の安全な歩き方なども指導できるたいへんよい機会と考え，積極的に保育活動の中に取り入れたい。
　この時期の雨は，梅の実をひと雨ごとに大きく成長させることから梅雨と呼び，また，恵みの雨ともいうように，稲作にとってもなくてはならない重要な雨であり，田植は入梅を待って行われていた（現在は入梅前が多い）。また雨が降り続き寒いときを「梅雨寒」というが，豊作になると言い伝えられていることなど，この時期の雨は，日本人の暮らしにとって大切であることを子どもたちに知らせておきたい。

3. 夏 の 活 動

〈雨音を楽しんでみよう〉

ピチャピチャ　　バチャンバチャン　　カンカン　　ボトボト　　パシンパシン

2．水遊び（プール遊び）

　砂場や地面に水をまいて，泥をこねくり回して遊ぶ子どもたち。季節に限らず水を相手にダイナミックに活動が繰り広げられ，どの子も不思議に思うくらい水遊びに集中している。

　ボディペインティングや泥んこで遊んだ後で水のかけっこ，シャンプー等の空容器を使って水鉄砲，牛乳パックを使ってシャワー，ペットボトルに水をいっぱい入れて運んだりこぼしたり，水着や下着になっての活動は幅広く展開する。

　特に夏でなければ十分に経験できない活動の代表的なものにこの水遊びが第一にあげられる。

　子どもの何よりも大好きな水遊びが繰り返されることによりプールでの活動が充実されていく。しかし，子どもの経験は一人一人違うので保育者も一緒に楽しさを共有する姿勢が大切である。

　水で自由に遊ぶことから，徐々に水の中に入ることに慣れるようにし，慣れに応じて無理のないように指導することが大切である。やがて水に顔をつけたり，もぐったりしているうちに伏浮きができるようになり恐怖心がなくなる。まぶしい太陽のもと満足いくまで楽しめるよう配慮したい。

〈水遊びの道具づくり〉

準備するもの
・ペットボトル容器，牛乳パック
・千枚通し，キリ，はさみ
・油性マジックペン

牛乳パックのじょうろ

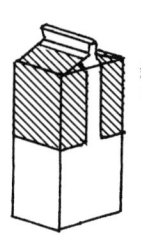

斜線の部分を切り落とす

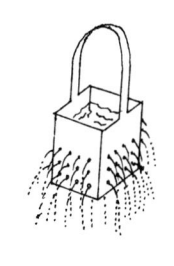

ペットボトルのじょうろ

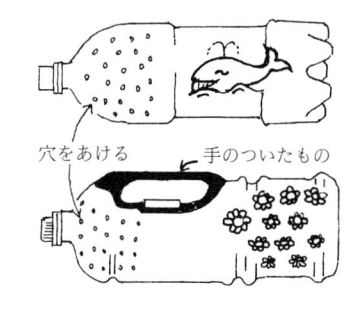

穴をあける　　手のついたもの

・千枚通しを温め（熱し）て，ペットボトルに刺すと，穴をあけられる。
・油性マジックペンで絵や模様を描く。

ペットボトルの水鉄砲

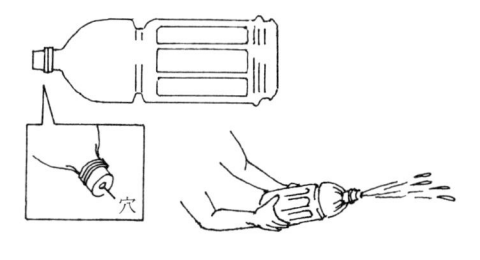

穴

・ペットボトルの素材はやわらかいので，手で押してへこますことができる。

第3章　季節の変化と子どもの活動

3．七夕まつり

　「笹の葉さらさら，のきばにゆれる……」。の歌でも親しまれるように，7月7日の宵，笹の小枝に願いごとを書いたたんざくや色紙で作った飾りを付け軒下に立てる光景は，多くの家庭や幼稚園，保育所などで見られる。彦星と織り姫の星物語の伝承行事としてとらえるだけでなく，ロケットが盛んに打ち上げられ，宇宙での生活も可能になりつつある現在，子どもたちの未来の夢を誘う行事として考えていくのも楽しいものとなる。

　また七夕は，古くから行われてきた行事であり，地方の行事として独特な形で行われているところも少なくない。そうした地域の行事に参加することは，普段の保育では経験することのできない様々な貴重な経験をすることができ，参加することによって地域社会の特性を確実に身に付けることができる。保護者にも「お子さんと一緒に星を見てください」と協力をお願いし，七夕まつりを通じて星や宇宙への関心がより深められるような活動へと発展させたい。

　子どものかなえて欲しい願いの「なりたい」という意欲を大切に育てていくことも保育者の役目である。

〈七夕飾りのいろいろ〉

準備するもの
・紙皿（12cm直径2枚），折紙（たんざくなどは切っておく）
・のり，糸，（こより）
・サインペン，ホッチキス，千枚通し

たんざく

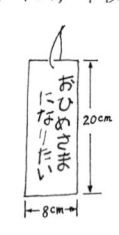

おひめさまになりたい　20cm　8cm

UFO（ユーフォー）

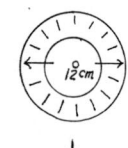

①紙皿の中央に糸を通し，ぬけないように玉をつくる。またはボール紙を糸でくくりつける。カラーペンで模様を描いたりする。

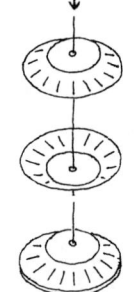

②のりつけ又はホッチキスでとめる

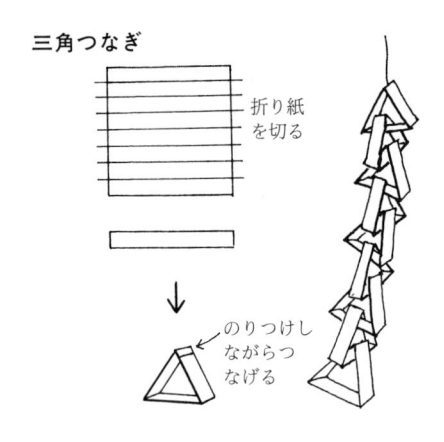

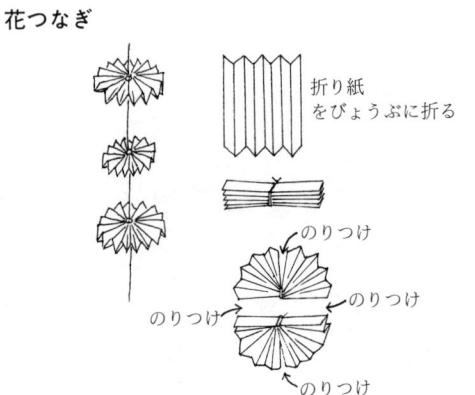

③ふせるようにして合わせる

三角つなぎ

折り紙を切る

のりつけしながらつなげる

花つなぎ

折り紙をびょうぶに折る

のりつけ

・大・小ひとつおきにつないだり，いろいろな色をまぜてつなぐと鮮やかでとてもきれいになる。

3. 夏 の 活 動

4. かみなりさま

　かみなりの音や稲妻（雷光）に3歳児などは怖いといって保育者にしがみついたり，泣き出す子もいる。4歳児になると窓の外を不思議そうに「かみなりさまはどこかな？」と音のする方やぴかっと光る方を見ている。5歳児が「かみなりってどうしてごろごろいうの？」などと保育者に疑問を投げかけてくる。

　かみなりは積乱雲（入道雲）の中でできる。その雲の中では，空気が上へ上へとものすごい勢いで動いている。電気をもっている水の粒がほんの少しずつぶつかり合ってだんだん大きくなり，どんどんと電気が生まれて，そしてぴかぴかごろごろとなる，と話してやってもなかなか理解は難しい。

子どものつぶやき
　「せんせいのおうちにもかみなりさんきた？」
　「きのうね，ぼくのうちにぴかってひかって窓から入ってきたんだよ」
　「でもすぐいなくなっちゃった！」
　「バイバイっていったんだ！」
　と誇らしそう。

ポエム（5歳児）
　もくもくもくもく入道雲
　ごろごろごろごろかみなりさん
　もくもくごろごろぴーかぴか

　子どもが五感でとらえたことから，自然への事象に関心を持ち，探究心を育てる活動へと発展させていきたい。

　"雷がやってきたらどうしよう"
　積乱雲（入道雲）を見つけたら，安全な場所へ早く逃げる。ラジオのスイッチを入れると，ガリガリ，ジジジジという雑音が入る。これは近くに雷雲がある証拠である。
　雷はいつも地上までいちばん近道をたどって落ちるので，それで高い木や，高いビルが狙われやすく，超高層ビルには，毎年何百回も落ちる。
　よくおへそをとられると言うが，それは，雷が鳴って夕立がくると，急に気温が下がって寒くなり，おなかが冷えるから気を付けなさいという意味である。
　また，雷は夏だけではなく一年中発生する。

留意事項
・低いところへ逃げる。岩かげやくぼみにしゃがむとよい。
・高い木の下から逃げる。
・鉄塔や線路のそばから離れ，身に付けた金属類をはずす。
・プールや海からすぐにあがる（水は電気を通しやすい）。
・家や車の中に入る。
・電気は壁を伝って地面に流れることがあるので壁にふれないようにする。
・高い建造物には，避雷針を付けるようにする。

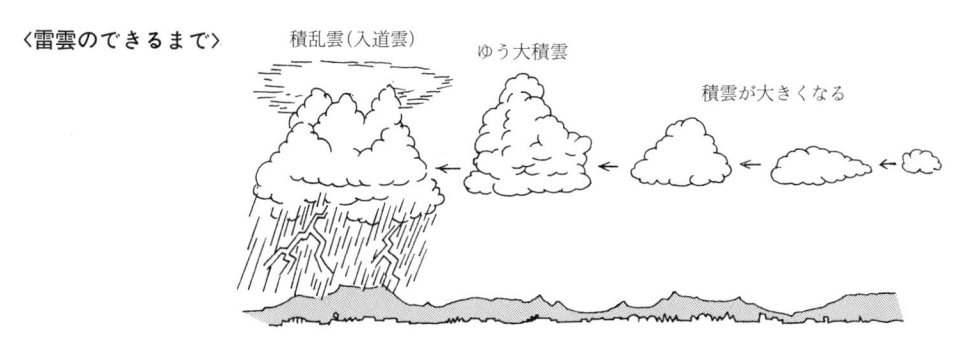

〈雷雲のできるまで〉　　積乱雲（入道雲）　　ゆう大積雲　　積雲が大きくなる

第3章 季節の変化と子どもの活動

4．秋　の　活　動

1．澄んだ青空

　長い夏休みにいろいろ体験した子どもたち，2学期の始業の日を心待ちにし登園してくる。

　真黒に日焼けしてたくましく感じる5歳児，楽しかった夏休みの思い出を保育者にわれ先に報告する4歳児，初めての夏休みを過した3歳児は「どうして幼稚園に行かないの」となかなか理解ができなかったようだ。しかし一方では家庭の生活に慣れ登園をいやがる子どももいる。

　秋は四季を通じていちばん季節の変化が感じられる時期であるとともに，青く澄み渡った空が一段と高く感じられる。子どもたちはトンボや草むらを飛び跳ねるバッタを必死に追いかける。秋晴れの一日，野や山へと活動が移り解放的になり，走ったり，木登りをしたり力いっぱい運動する楽しさを実感していく。

　積極的に遊びを展開していく過程で，自然の変化に関心をもち生き物をよく見たり，感じたことを表現したりできるよう図鑑や教材を十分に用意しておく。

〈バッタを作ろう〉
準備するもの
・折り紙，または厚紙
・モール（緑，黒，茶）
・サインペン，はさみ，セロハンテープ

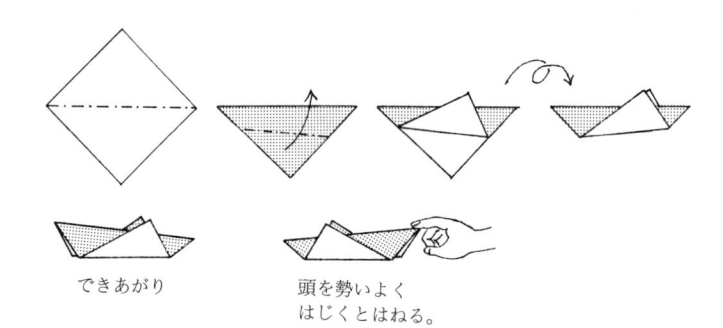

できあがり　　頭を勢いよくはじくとはねる。

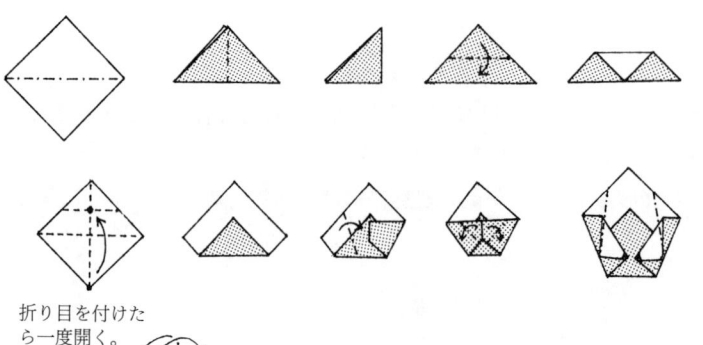

折り目を付けたら一度開く。

モールを切ってセロテープで前足をつける。

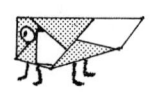

二つ折にして後足のモールを付け，目を描く。

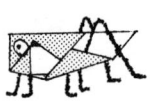

できあがり

壁面に葉っぱ等と一緒に貼って季節の雰囲気を（黄緑色の折り紙でバッタ，茶または黒で折ってコオロギなど）

4．秋 の 活 動

2．お月見（十五夜）

　旧暦の8月15日の夜を十五夜といい，この夜の月を仲秋の名月という。旧暦では1月～3月を春，4月～6月を夏，7月～9月を秋，10月～12月を冬としていたことから，ちょうど秋の中頃（8月15日）に出る満月を十五夜という。

　新暦では9月中旬の満月のことで「十五夜」または「芋名月」とも呼ばれている。

　名月の鑑賞はもちろんだが，稔りの秋を前にして，感謝の意味も含めて，収穫されたばかりの芋や果物，栗などを供える。地域による違いもあるが，ススキを飾り，月見だんごも供えるのが一般的である。秋を代表する古来からの風習を大切にしたい。

　子どもたちにだんごづくりに挑戦させてみるのも月への関心を持たせる活動の一つとして効果的である。最近は食材も上新粉，だんごの粉，白玉粉などと豊富なので，お供え用のだんごの他，片くり，砂糖醤油のたれを作り，醤油の串だんごやみたらしだんごにしてみんなで食べるのもお月見をより印象強いものとする。特にだんごをこねたりまるめたりするのは，子どもたちの最も得意とするところである。

　月の鑑賞は園では無理なので家庭に協力を依頼するとよい。

〈月の形と月の呼び名[1]〉

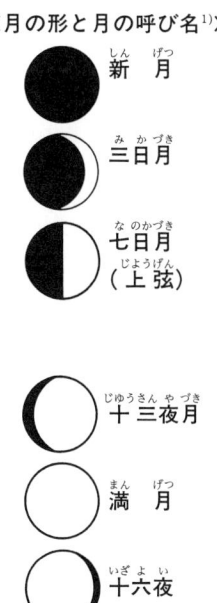

新月　朔。もともとは月が見え始める三日月を新月とよんでいたが，西洋天文学では朔の状態にある月を"New Moon"というところから，その影響で朔が"新月"となった。

三日月　朏（月が姿を出す意），眉月，蛾眉，初月，若月など。蛾眉とは蛾の触角のような美しい眉の意で，美人の形容に使われ，眉月とともにその形から三日月の異称となった。

七日月（上弦）　7日目か8日目に出る月。月と太陽の角度が90度になるときに見える。半月，弦月，弓張，恒月，上の弓張，玉鈎など。月が沈む（月の入り）とき，半月の弦（弓のつる）が上向きになるので"上弦"という。北半球では，上弦の月はかならず右側が明るく，下弦は左側が明るくなる。また，月の地形の関係で，上弦の方が下弦より明るい。

十三夜月　13日目の月。とくに旧暦9月13日の十三夜は"後の月"として，8月15日の十五夜について月見の宴を催す。

満月　15日目の月。望月，十五夜。太陽と反対側にあるので日没とほぼ同時に出て，全面に太陽の光を浴び，まん丸に輝く。とくに旧暦8月15日を仲秋の名月という。

十六夜　16日目の月。既望。不知夜月とも書く。"いざよい"は"いさよう""いざよう"から来た言葉で，"ためらう""たゆとう"の意味。満月の夜には日没と同時に出た月が，50分ほど遅れて出てくることをいった。十六夜から以降は明け方まで月が残っているので，総称して，"有明の月"とよぶ。

立待月　17日目の月。十七夜月。夕方月の出を立って待っていても，それほどくたびれないうちに出てくるという意味。

居待月　18日目の月。座待月。月の出がだんだん遅くなり，立って待っていては疲れるので，座って待つということ。

第3章 季節の変化と子どもの活動

寝待月（ねまちづき） 19日目の月。臥待月。月の出がますます遅くなり、日没後4時間くらいになるので、寝て月を待つということ。

更待月（ふけまちづき） 20日目の月。夜も更けてようやく出る月の意味。季節によっても異なるが、9時半から10時半ころになる。

二十三日月（にじゅうさんにちづき）（下弦（かげん）） 二十三夜月。上弦とは反対に、月の入りのとき、弦が下向きとなる。この月は真夜中ころに出て、昼ころまで残っている。この夜は古くから"二十三夜待ち"とよばれる月待ちの行事が行われてきた。

三十日月（みそかづき） 晦日の月、晦、晦日など。"つごもり"は"月隠"が転化したもの。月は太陽に近すぎるため、その姿は見えない。「晦日の月」は絶対にありえないことのたとえに使われる。

1）子どもに伝えたい年中行事・記念日，萌文書林編集部編，1998より引用（一部改変）

3．どんぐりころころ

秋の山道や林でどんぐりや，まつぼっくりを見つけ，「わーい，どんぐりだ！」と，われ先に拾い始める木の実の大好きな子どもたち。遊びとして集めるだけでもおもしろいし，友達と拾ったどんぐりの色や形，大きさを見せ合ったり，数のくらべっこをしたりする。

「この葉っぱの下にもいっぱいあるよ」と友達に呼びかけたり「どんぐりころころどんぶりこ……」と歌をうたい出す子もいる。

手に持っているビニール袋はふくらみを増してどの子も満足。季節の変化を感じるのにふさわしく健康的な活動が自然な形で展開される。

持ち帰ったどんぐりはおままごとに使ったり，コマを作って遊んだりする。小箱や空ビンなどに入れて振りながら音の違いを楽しみ，子どもたちの手作りの打楽器を使っての表現活動へと発展していく。

〈どんぐりで遊ぼう〉
準備するもの
・紙ヤスリ（#100前後の目の粗いもの）
・コンクリート打ちの場所を選ぶ
・つまようじ
・ひも（太めの糸でもよい）
・針金（やじろべいに使う）
・ペンチ（針金を切る）
・接着剤，ビニールテープ，油性マジック
・画用紙，折り紙，千枚通し，きり

作り方
どんぐりに穴をあけるのは，子どもにはかなり難かしく，指先でどんぐりをつかむ力が弱いのですぐ疲れてしまう。紙ヤスリやコンクリートにこする時に，子ども同士で見せっこしたり，はげましあって最後までやりとげるようにする。

対象とする子どもによっては，保育者が先に穴をあけておくと作業が楽に進む。

どんぐりの首飾り（コナラ・ミズナラ）
← 頭部
紙ヤスリ等で穴をあける
← 尾部
中味をほじくり出す
ひもに通す

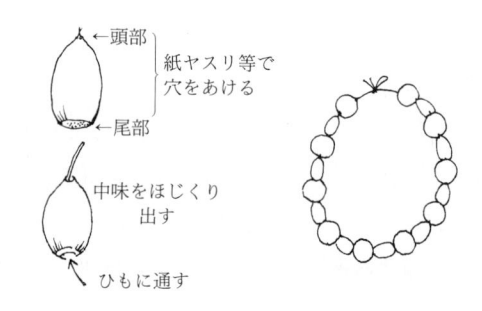

どんぐりのやじろべえ
紙の顔を両面にはる
針がねにどんぐりをさす

4. 秋 の 活 動

どんぐりのコマ（クヌギ・マテバシイ）

ヤスリまたはコンクリートで尾部をこする。
きりで穴あけ
つまようじをさす

どんぐりのマラカス（コナラ）

ヤクルトの空容器の中に小さめのどんぐりを入れてつなぎ合わせる。

カラーマジックでぬる
切り目を入れた折り紙をはる

〈木の実の種類〉

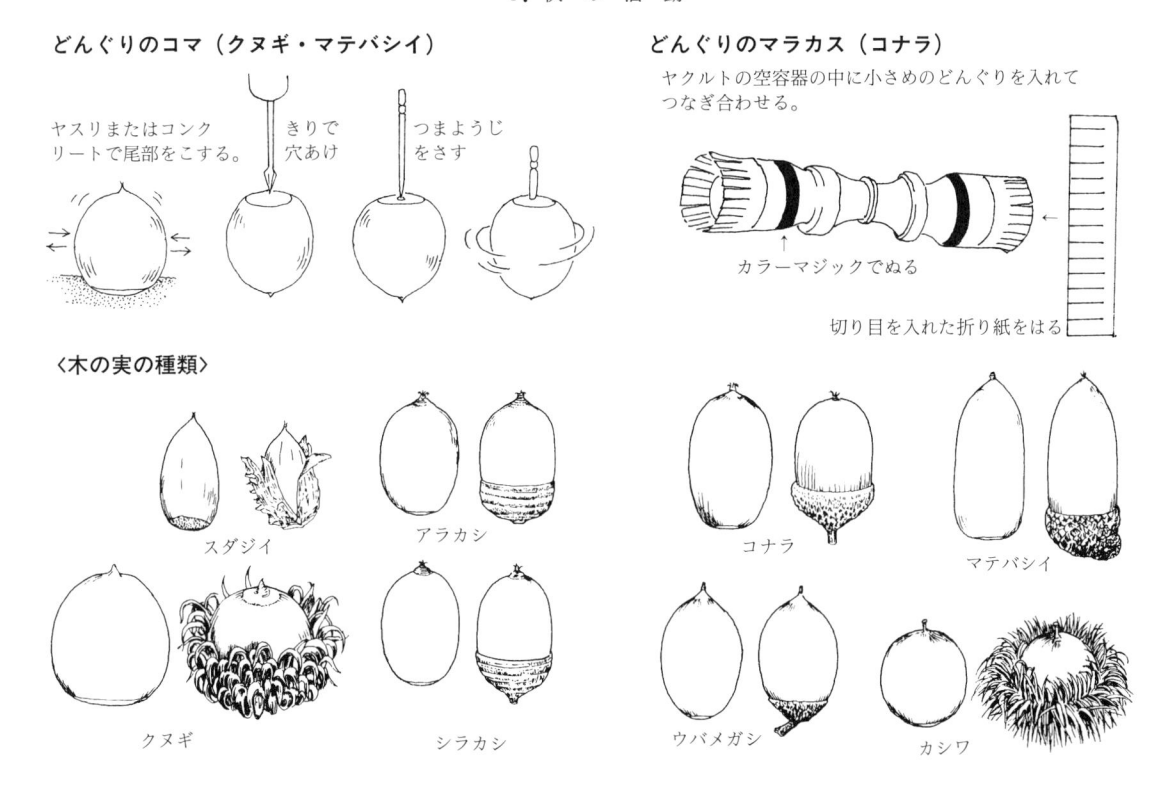

スダジイ　アラカシ　コナラ　マテバシイ
クヌギ　シラカシ　ウバメガシ　カシワ

4．葉っぱの変身

　赤や黄に色づいた紅葉（もみじ）や欅（けやき）に銀杏（いちょう），様々な木の葉が風に吹かれて散りはじめる。

　春先の黄緑色，夏は深みを増した緑，秋には赤や黄色，そして冬は枯れて散り茶色に変化していく木々の葉。

　5歳児は前年からの継続観察を通して，季節との関連について興味を持ちはじめる。そして，一年中木から落ちない葉と季節によって落葉する葉があることを知る。

　色の変わる葉はカエデ，イチョウ，モミジ，クヌギ，コナラ，ケヤキ，クリ，ホオノキなどがあり，葉っぱが色づくのは，葉の落ちる合図だと知らせてやる。

　落ち葉は園庭，公園，神社，寺院など比較的身近な場所に多く，落ち葉拾いは，深まりゆく秋の季節を実感させる手段として格好の素材といえる。

　拾い集めた葉は数えたり，色別に分けてみたり大きさを見比べたり，形のよく似た葉を分けてまとめて入れ物に入れたりする。

〈いろいろな葉〉

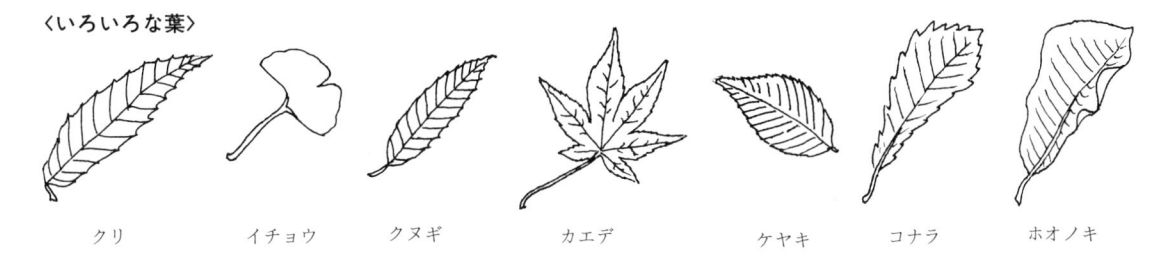

クリ　イチョウ　クヌギ　カエデ　ケヤキ　コナラ　ホオノキ

第3章　季節の変化と子どもの活動

ホウノキやツタのような大きい葉はお面にしたり，頭にのせてみたり，カエデやイチョウの中くらいの葉っぱはお皿にしたり，クヌギやコナラのような小さい葉っぱはお金にしてお店ごっこ。イチョウやモミジは押し葉にしてプレゼントにと子どもたちの関心は意欲的に表現活動へと発展していく。

〈落ち葉の遊び〉

葉っぱのお面
　葉っぱを両手に持って顔をかくして誰かな？　当てっこ遊び。ヤツデの葉っぱも面白い。

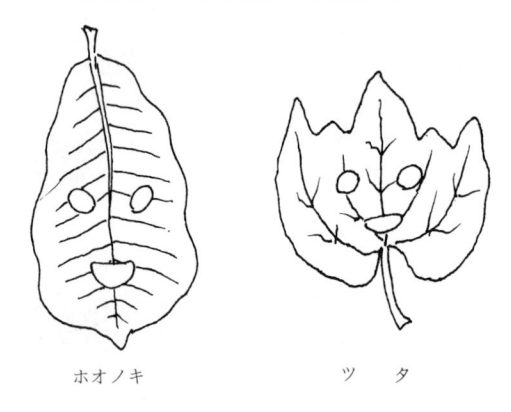

ホオノキ　　ツタ

葉っぱのお皿
　砂で作ったおまんじゅうやキャンディーをのせて，ままごと遊びや，お店やさんごっこで遊ぶ。

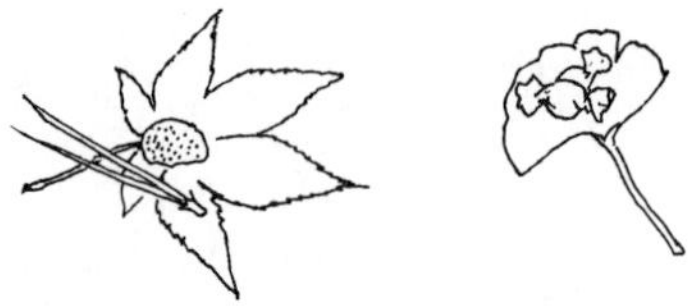

葉っぱのしおり
　きれいに処理された葉っぱを画用紙（カラーでもよい）に貼り，パウチッコ，または，メンディングテープ（貼るとテープが見えなくなる）を上から貼るとつやが出て葉っぱもはがれたりしない。

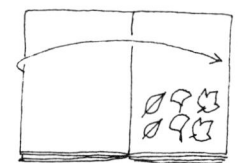

〈落ち葉の処理方法〉
① 拾った落ち葉はすぐに処理をしないと乾燥してパリパリになってしまう。拾ってきた落ち葉を広げて，同じ種類に分類させながら葉っぱの名前を覚えさせる。
② バケツの水で一枚ずつすすぎ洗いをし，水気を切って新聞紙に右図のようにならべはさむ。葉が重ならないように丁寧にならべる。
③ 上に数冊の本をのせておもしかわりにする。百科事典などで重味を加えるとよい。3日くらいそのままにしておくときれいな制作しやすい葉になる。また，のりの付き具合もよくなる。

各ページにはさむ
1ページの下半分に葉っぱを並べる
二つに折る
本をおもしにする

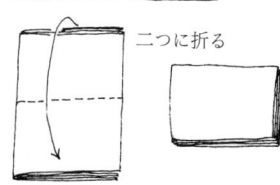

5．冬の活動

1．ことしもよろしく

　12月になると年賀状を書く。本来年賀状は，直接年始の挨拶に行けない人や，遠方の人に出す挨拶状であったが，最近では近所の人にも出す。

　新しい年を迎えるということは何となく楽しいものである。普段と違ったものに対する期待感をどうとらえさせたらいいか難しい。

5. 冬 の 活 動

お正月については，子どもの関心の持ち方も経験も様々なので，子どもたちの期待を十分に生かせるような幅広い活動にしたい。

子どもは自分宛にきた手紙を宝物のように大事にしている。季節の便りとしても文字に興味を持ちはじめるので，春を迎えるという意味から冬休みに入る前に，園で作った年賀状を友達や親に手渡しするだけでなく，祖父母などにも実際に自分の手で投函するという経験を通して，文字への興味や郵便に対する関心へと大きく発展していく。

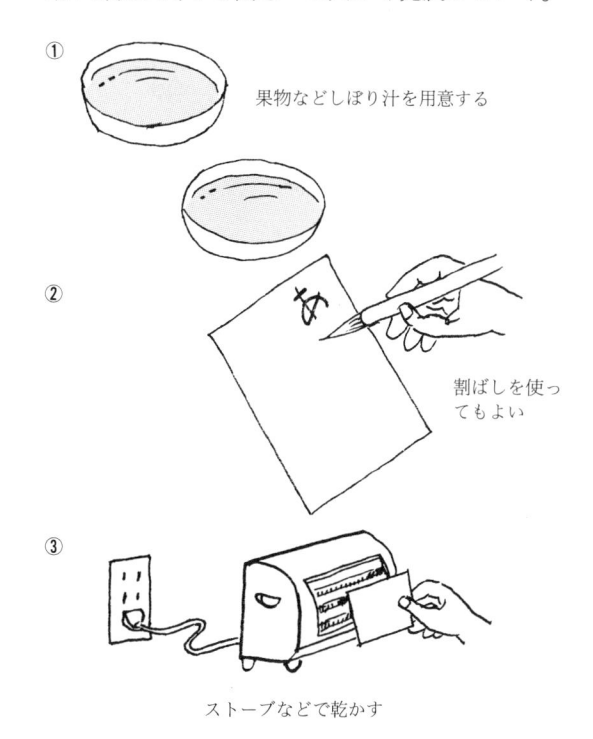

〈あぶり出しの年賀状〉
準備するもの
・筆，割りばし（字や絵をかくのに使用する）
・汁を入れる容器（金属製の物は除く）
・ふきん，ガーゼ，おろしがね（果物の汁を絞る）
・画用紙
・ストーブ，ガスコンロ，ヒーター

作り方
① ミカンやレモンの汁を絞る
　ジャガイモやリンゴなども試してみよう。その場合，すりおろして絞る，絞りかすが入らないように気を付ける（字や絵をかくときにきたなくなる）。
② 筆などで絵や字をかく（色が見えにくいので気を付けてかく）。
③ 乾かす
　日に当てたりしてしっかり乾かす。乾かさないうちに火であぶってもうまくこげない。
※熱であぶるのは紙が薄くこげる程度まで必要なので必ず大人（指導者）が手伝うようにする。
※100％の果汁（ジュース）でもきれいにあぶり出される。

① 果物などしぼり汁を用意する

② 割ばしを使ってもよい

③ ストーブなどで乾かす

2．豆 ま き

節分は，鬼のお面を作り，大きな声で豆をまいて鬼を追い出し，福の神を招き入れる楽しいまつりごとである。

節分とは，元来季節の分かれ目であることを意味しており，これを境に季節が少しずつ変っていくことを知らせるのに好都合な行事である。

豆まきは外に向って「鬼は外」，内に向って「福は内」を2回繰り返しながら煎り豆をまきすぐに戸締りをする。これは鬼を追い出し，招き入れた福を外に逃がさないようにするためである。そして豆まきの後，年の数だけ煎り豆を食べて健康を祈るのが習慣となっている。

子どもたちは心の中に，けんか鬼，泣き虫鬼，弱虫鬼，甘えんぼ鬼，怒りんぼ鬼，仲よし鬼，がんばり鬼，にこにこ鬼などいろいろな鬼のいることを知っているので悪い鬼を追い出して良い鬼を育てることが豆まきの意味であることを知らせる。

鬼というイメージは，絵本や紙芝居の中での存在であるため表現するのは少し難かしいものがあるが，物語の中の鬼など意外とリアルに描く子どももいてその子どもの真似をしたりしてお面を作る。どんな鬼がいるか子どもと一緒に考えるきっかけを作り，伝統行事としての豆まきの活動をおおいに盛り上げたい。

〈いろいろな鬼の作り方〉
紙袋で作る鬼①

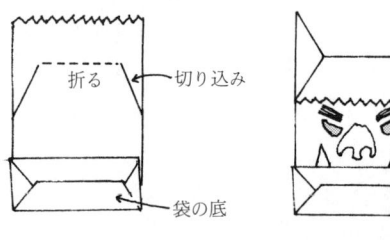

・目はくりぬく
・まゆ，鼻，きばは色画用紙などを使う。クレヨン，サインペンで書いてもよい。

紙袋で作る鬼②
（すっぽりかぶれる）

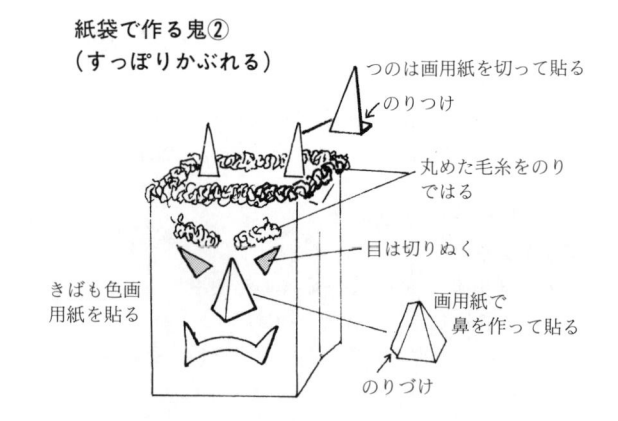

つのは画用紙を切って貼る
のりつけ
丸めた毛糸をのりではる
きばも色画用紙を貼る
目は切りぬく
画用紙で鼻を作って貼る
のりづけ

ジャンボ折り紙（新聞紙）の鬼ハット

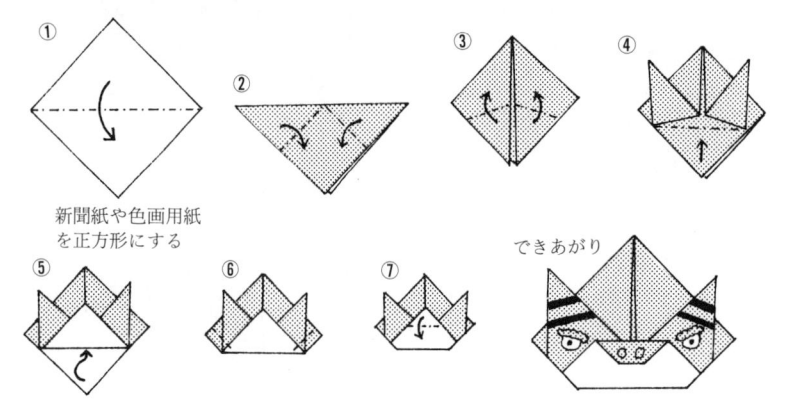

① 新聞紙や色画用紙を正方形にする
②
③
④
できあがり
⑤
⑥
⑦

色画用紙の目，まゆ毛，鼻の穴をつける。

3．芽が出たよ

　日ざしが日一日と暖かくなり，園庭や公園の花壇をはじめそこかしこに草花の可愛らしい芽が顔をのぞかせ春を告げる。

　子どもたちには寒暑の違いは理解できても，春という季節の認知は容易ではない。

　前の年の10月〜11月末にかけて春咲きの球根や種をまくことは，比較的多くの園で行っているようだが，できれば一人一鉢か，何人かのグループでプランタン1個というように育てられるのが理想である。

　子どもは球根を「あっ，たまねぎだ」という。植えた次の日に「まだ芽がでないよ」と，気の早い子どももいるが，大切に育てるとはどういうことかを一緒に考えていきたい。また球根や種子が芽を出し成長して花が咲く過程をよく観ることにより，生き物が時間と空間の変化によって変わることをその時節ごとに生活や遊びを通して，理解させていくことが必要である。

　春の風を感じながら春を見つけに園外保育または散歩に行くことも大切である。そこかしこに芽を出した草花を見つけては「ふまないように気をつけて」と言い合っている子どもたち，そこには自然と慈しみの心が育っている。これがこの季節の変化を知る活動の大切な機会となる。

5. 冬の活動

〈観察の方法〉

土の中では、種子から出る芽や根が出る様子がわからないので、イチゴのパックなど透明の容器に脱脂綿を敷き、水でしめらせ、その上に種子を置いて、根や芽が出る様子の観察をする。

草の芽や花の芽などは、形が様々であるから扱い方に注意する。

せっかく出た芽が土からぬけ出したりしないように、水のやり方もやさしくかけるように言葉がけをする。早く芽を出したいために、むやみに水をやる子どももでてくるので、やりすぎると種子や芽が腐ることも付け加えたい。また、鉢植えなどは、日なたに置くことが必要であることにも気付かせる。

木々の葉が落ちて、木の芽が出はじめると、葉の落ちた枝に残っているいろいろな葉跡を見ることができる（離層）。動物の顔だったり、人の顔のように見える物もあっておもしろい。

4．ひなまつり

ひなまつりは、春の先駆けとなる楽しい行事で、ひな人形を飾り、桃の花や菱餅を供えて、白酒やはまぐりのお吸い物をいただいたりしながらお祝いをする。

かつては、上巳の節句、桃の節句、弥生の節句とも呼ばれ、現在では女の子の健康と成長を祝うおまつりとして知られている。

子どもたちはおひなさまの飾り付けはもちろんのこと、みんなでよもぎ摘みをし、摘み取ったよもぎを煮てあくを出し、すり鉢にすりつぶし、だんごの粉を入れてよくこね合わせ、形を整え蒸して草だんごを作り、あんこやきな粉で食べるというこうした味わいの中に新しい季節の到来を感じ取る。

4月に入園、進級した子どもたちには、この1年間で身心ともにたくましく成長したことの喜びと共に、両親への感謝の気持をもてるようにさせたい。

ひなまつりの計画やひな人形の制作なども意欲をもって自主的に活動できるように、そしてより楽しい集いになるよう配慮しながら活動を援助することが大切である。

〈おひなさまの飾り方〉

最上段には内裏雛（新玉雛）を飾り、右（向って左）に男雛、左（向って右）に女雛を飾るのが主流であるが、関西では古式に習って男雛と女雛を逆に飾るところもある。わが国では唐の時代の文化を引き継いでいるため、左が上の位となっているともいわれる。

2段目は、宮仕えの三人官女で、中央は、三方に盃を持つ座りびなで、向って右は長柄銚子、左は加をもっている。

3段目は、五人囃子。向って右から、謡、笛、小鼓、大鼓、太鼓と日本の能のはやし方をまねた構成となっている。

4段目は随身で、向って右が左大臣、左が右大臣となり、左大臣が位が上で老人である。

5段目は、三仕丁（衛士）で、使役、力役である。笑い顔、泣き顔、真面目顔をしているのが特徴となっている。

また、桃の花を飾るのは、季節的に桃が盛りであることを示している。

菱餅は、インド仏典の説話から、子どもの命を救うためのものとして供えられるようになったという言い伝えがある。

第3章　季節の変化と子どもの活動

〈おひなさまつくり〉
準備するもの
- 折り紙，紙コップ，金紙，千代紙，画用紙
- 割りばし，のり，セロテープ(ガムテープ)，はさみ
- 空箱いろいろ
- カラーペン

作り方
① 折り紙のおひなさま（折り方右図）
- 画用紙をまるく切り，カラーペンで顔を書いて貼る。
- 内裏雛，官女，五人囃子も同じ要領で折る。
- ▯ ▮ ♛ 扇 などの小物をを折り紙で切り，貼る。
- カラーペンなどで着物に模様を書く。

・ペープサートで遊ぶ場合

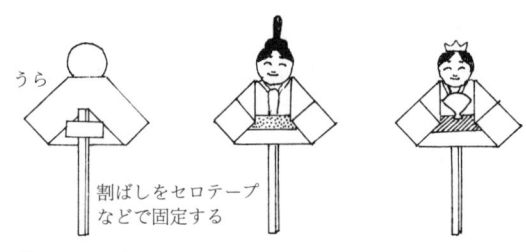

うら　　割ばしをセロテープなどで固定する

② 紙コップのおひなさま
① 画用紙を半分に折って2枚一緒に切る。
② カラーペンで顔を書く。
③ 画用紙に小物をかき，色をぬり，切りとる。
④ 紙コップに1/2に切った折り紙をまく。その上から違う色または千代紙など模様のついた紙を1.5cmの幅で細長く切り帯にする。
⑤ 各家庭より持って来た空箱に折り紙や千代紙を貼ったり，カラーペンで装飾をし，厚紙でできた金紙を屏風にし，内裏雛を飾りできあがり。

　後は子どもたちの好きなように表現させたい。
　実際のおひなさまも同じだが，人形の他にいろいろ調度品なども飾るが，最近は大きめな内裏雛を飾ったり，ケース入りのものが重宝がられている。これは出し入れのめんどうさや，住まいの関係もあるようである。
※一人で内裏雛，官女，五人囃子を全部折るのは，時間がかかり子どもに負担がかかるので，クラスで各自の折って作ったものを，大きな紙に貼り壁面に飾る方法もある。

折り紙のおひなさま

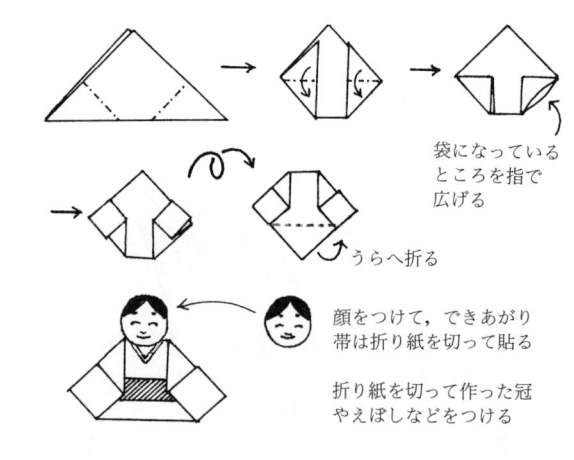

袋になっているところを指で広げる

うらへ折る

顔をつけて，できあがり
帯は折り紙を切って貼る

折り紙を切って作った冠やえぼしなどをつける

・壁掛けにする

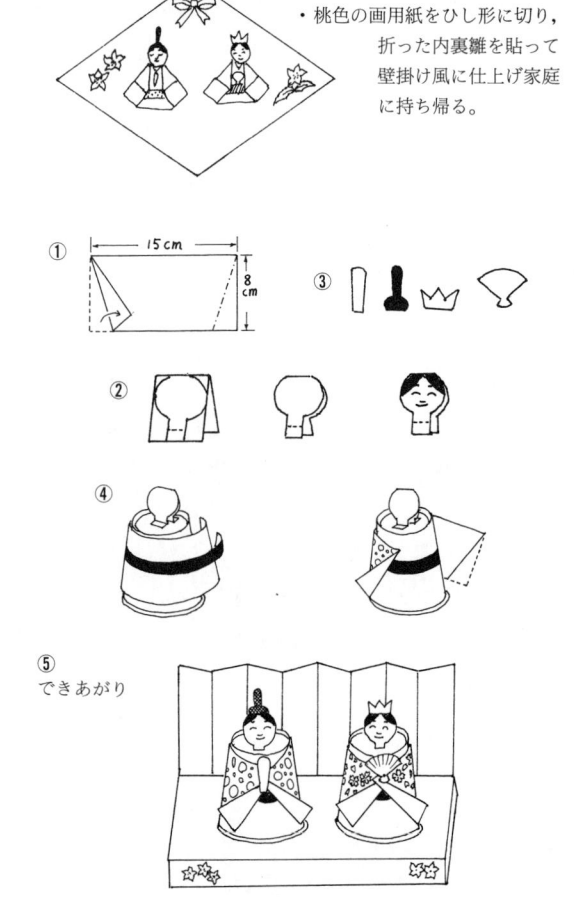

・桃色の画用紙をひし形に切り，折った内裏雛を貼って壁掛け風に仕上げ家庭に持ち帰る。

① 15cm × 8cm
②
③ ▯ ▮ ♛ 扇
④
⑤ できあがり

第4章 領域「環境」の実際指導

　現在，子どもを取り巻く自然環境は，恵まれているとはいえない。しかし，子どもの身近な自然環境を見まわすと，都心でも意外なところに自然が見られることがある。

　「先生！ダンゴムシ見つけたよ」，「アリがえさを運んでいる」，「お花が笑っている」など，子どもは身近な小さな自然を見つけては感動している。この感性を大切に育てることが保育者の課題である。

　そのためには，保育者自身が鋭い感性をもち子どもに接することが大切である。さらには，子どもの周囲の環境を適切に構成することが重要で，毎日の生活の中で，事物の変化を発見しやすいような環境を意図的に整えていくことが必要となる。

　自然がないと嘆いているだけではなく，自然を求めて園外に出ることを考えてみることも必要であり，また，プランター等を利用して草花を植えたり，たとえば，米袋の空き袋でサツマイモを作ることもできることなど，教材研究の工夫も必要であり，保育者の発想の転換を図ることこそが大切である。

　指導計画作成に当たっては，自然などの身近な事象への興味や関心を育て，それらに対する豊かな心情や思考力の芽生えを培うようにし，多様な体験を通じて豊かな感性を育て，創造性を豊かにすることを考慮することは言うまでもない。

　この章では，四つの事例と，年間の飼育，栽培の主なものを取り上げてみた。

　保育者は子どものつぶやきや言動に耳を傾け，子どもの自然の見方，考え方，感じ方をとらえ，体験的に学習できるようにすることが何よりも大切である。

1．指導計画作成の要点

1．領域「環境」を内容とする指導計画作成の要点

　幼稚園教育要領の領域「環境」には，指導の観点として，

　周囲の様々な環境に好奇心や探究心をもって関わり，それらを生活に取り入れていこうとする力を養う。

　と示されている。

　領域「環境」の指導においては，このことを念頭におき，次のような諸点を考慮して指導計画を作成する。

- 子どもが遊びの中で主体的に活動できる環境を考える。
- 自然体験，社会体験を多く取り入れる。
- 身近な動植物に接する機会をもち，生命の尊さ，いたわりの気持ちをもつようにする。
- 日常生活の中で数量や図形に関心をもつことができるようにする。

- 動植物の飼育栽培における年間計画への位置づけを明確にする。
- 日常生活の中で簡単な標識や文字などに関心をもつ。
- 身近な物や遊具に関心をもち、考えたり、工夫したり、試したりして遊べるよう考える。

2．指導計画作成の具体的方法

（1）幼児期にふさわしい生活の展開

幼稚園教育は、子どもが自ら意欲をもって環境にかかわることにより作り出される具体的な活動を通して、その目標の達成を図るものである。したがって、幼児期にふさわしい生活が展開され、適切な指導が行われるよう指導計画を作成し、幼児の活動する姿をとらえ、柔軟な指導を行うものである。

たとえば、園外保育で散歩をした時など、予想外の突発的な自然の事象に遭遇した場合、子どもの興味や関心を大切に受けとめ援助していくことが大切である。

（2）幼児の理解

指導計画を作成するに当たっては、まず幼児を理解することから始まる。幼児を理解するには、長い目で幼児の姿をとらえ、いつ、何を、どのように興味や関心を示すのか実態を把握した上で、具体的な指導のねらいや内容を設定する。

幼児の実態をとらえるには、① 興味や関心、② 遊び方、③ 友達関係、④ 自然とのかかわり、⑤ 表現、⑥ 基本的な生活習慣・行動様式、等を念頭に入れてとらえる。

（3）長期の指導計画と短期の指導計画

1）長期の指導計画

長期の指導計画を作成する際は、教育課程に基づいて幼児の発達の実情、地域の実態、保育者の保育成果への願いに照らし合わせながら、幼児に必要な経験が得られるよう、長期の見通しをもって作成する。一般には、年、学期、月あるいは発達の時期等の期間を単位として作成する。

2）短期の指導計画

週案や日案と呼ばれるもので最も現実的なプログラムである。週案や日案は1週や1日だけのものではなく、長期の指導計画から導き出されたものである。

週案作成においては、次のような点を考慮して作成する。

① 前週の幼児の実態を把握する（前述 2.(2)の幼児の理解の項の①～⑥の項目を踏まえてとらえる）。
② 今週のねらいを考える。
③ 内容を考える。
④ 環境を構成する。

日案は、幼児の前日の活動の姿を幼児の興味や欲求を生かしながら、さらに、望ましい方向に伸ばすためにつくる1日の具体的な指導案である。幼稚園・保育所では、1日の指導計画が最小の単位であることは小学校以上の学校と異なる点であり、幼児教育の特性でもある。

日案の作成に当たっては、以下の点に留意して作成する。日案例を p.48～p.51 に示した。

- 幼児の実態（前日の幼児の姿）

一人一人の子どもの顔を思い浮かべ、どんなことを楽しんでいたか、そこでどんな経験をしていたかなどを考えて書く。

- 日のねらい

週のねらい、前日の幼児の姿からその日のねら

1. 指導計画作成の要点

〈参考〉 動物飼育と植物栽培のカレンダーの例。年間の活動の流れをとらえられる。

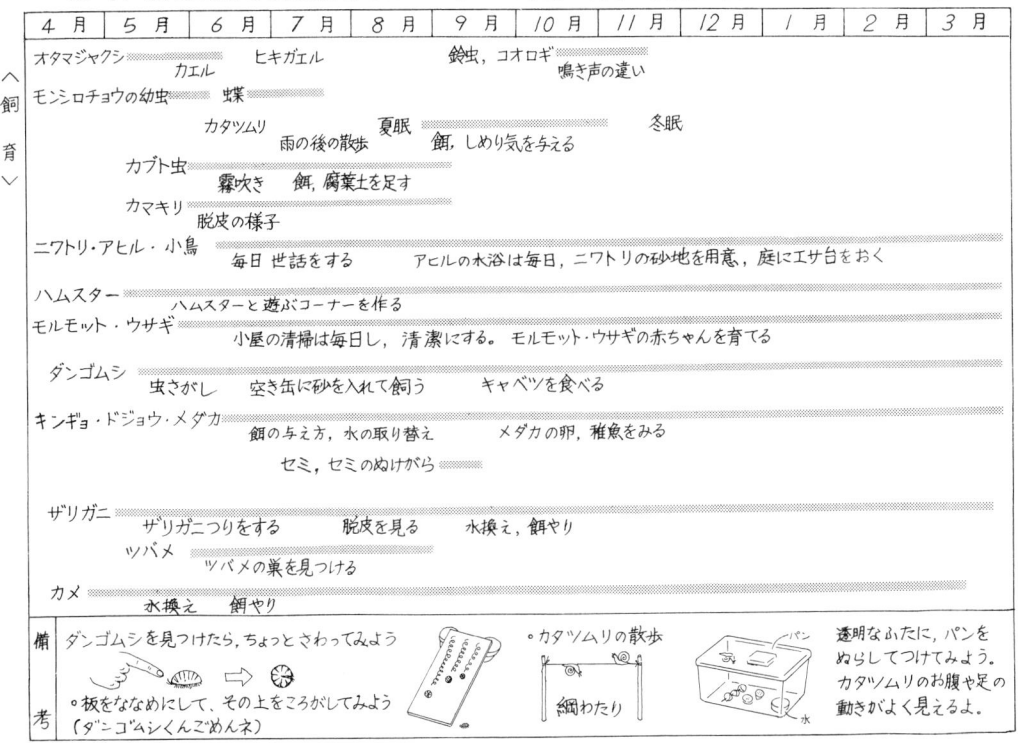

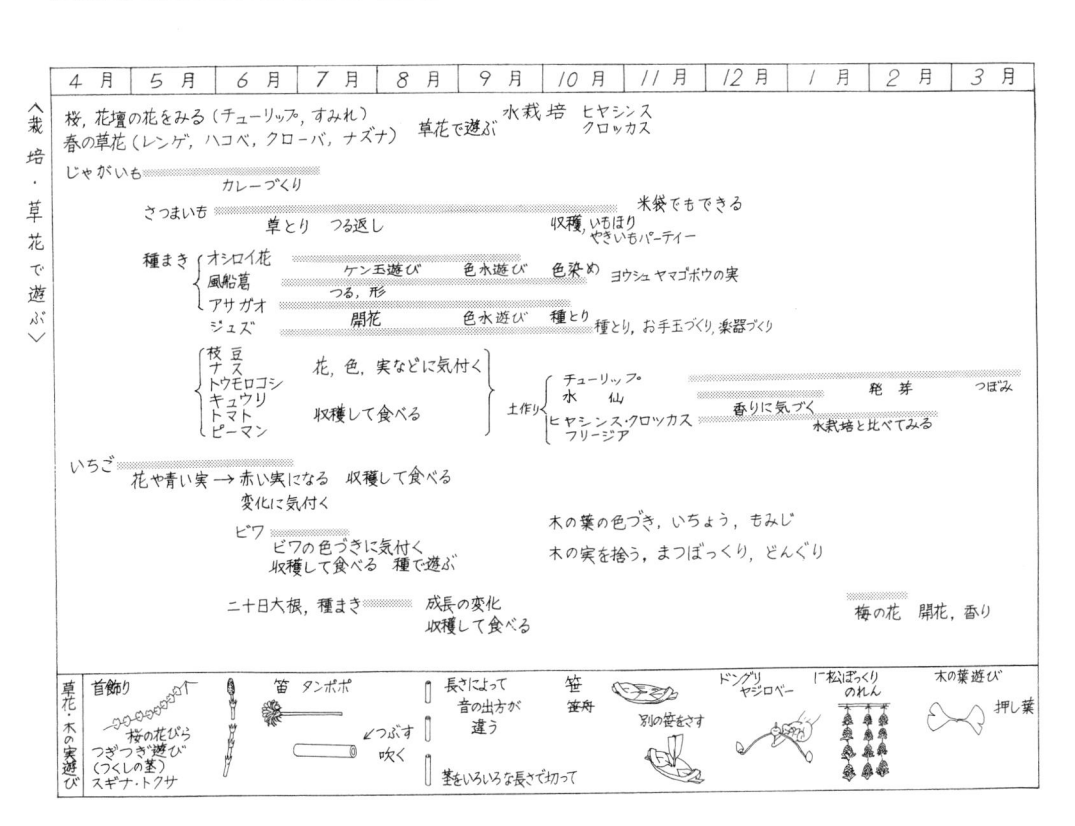

〈飼育〉

4月	5月	6月	7月	8月	9月	10月	11月	12月	1月	2月	3月

- オタマジャクシ / カエル / ヒキガエル / 鈴虫, コオロギ / 鳴き声の違い
- モンシロチョウの幼虫 / 蝶
- カタツムリ / 雨の後の散歩 / 夏眠 / 餌, しめり気を与える / 冬眠
- カブト虫 / 霧吹き / 餌, 腐葉土を足す
- カマキリ / 脱皮の様子
- ニワトリ・アヒル・小鳥 / 毎日 世話をする / アヒルの水浴は毎日, ニワトリの砂地を用意, 庭にエサ台をおく
- ハムスター / ハムスターと遊ぶコーナーを作る
- モルモット・ウサギ / 小屋の清掃は毎日し, 清潔にする。 モルモット・ウサギの赤ちゃんを育てる
- ダンゴムシ / 虫さがし / 空き缶に砂を入れて飼う / キャベツを食べる
- キンギョ・ドジョウ・メダカ / 餌の与え方, 水の取り替え / メダカの卵, 稚魚をみる
- セミ, セミのぬけがら
- ザリガニ / ザリガニつりをする / 脱皮を見る / 水換え, 餌やり
- ツバメ / ツバメの巣を見つける
- カメ / 水換え / 餌やり

備考
- ダンゴムシを見つけたら, ちょっとさわってみよう
- 板をななめにして, その上をころがしてみよう (ダンゴムシくんごめんね)
- カタツムリの散歩 / 綱わたり
- 透明なふたに, パンをぬらしてつけてみよう。カタツムリのお腹や足の動きがよく見えるよ。

〈栽培・草花で遊ぶ〉

4月	5月	6月	7月	8月	9月	10月	11月	12月	1月	2月	3月

- 桜, 花壇の花をみる (チューリップ, すみれ) / 草花で遊ぶ / 水栽培 ヒヤシンス クロッカス
- 春の草花 (レンゲ, ハコベ, クローバ, ナズナ)
- じゃがいも / カレーづくり
- さつまいも / 草とり つる返し / 収穫, いもほり やきいもパーティー / 米袋でもできる
- 種まき / オシロイ花 / ケン玉遊び 色水遊び 色染め / ヨウシュヤマゴボウの実
- 風船葛 / つる, 形
- アサガオ / 開花 / 色水遊び 種とり
- ジュズ / 種とり, お手玉づくり, 楽器づくり
- 枝豆 / ナス / トウモロコシ / キュウリ / トマト / ピーマン / 花, 色, 実などに気付く / 収穫して食べる
- チューリップ / 水仙 / ヒヤシンス・クロッカス / フリージア / 土作り / 香りに気づく / 発芽 つぼみ / 水栽培と比べてみる
- いちご / 花や青い実 → 赤い実になる 収穫して食べる 変化に気付く
- ビワ / ビワの色づきに気付く 収穫して食べる 種で遊ぶ
- 木の葉の色づき, いちょう, もみじ / 木の実を拾う, まつばっくり, どんぐり
- 二十日大根, 種まき / 成長の変化 収穫して食べる
- 梅の花 開花, 香り

草花・木の実遊び
- 首飾り / 桜の花びらつぎつぎ遊び (つくしの茎) スギナ・トクサ
- 笛 / つぶす 吹く
- タンポポ
- 長さによって音の出方が違う / 茎をいろいろな長さで切って
- 笹 / 笹舟 / 別の姿をさす
- ドングリ ヤジロベー
- 松ぼっくりのれん
- 木の葉遊び 押し葉

第4章　領域「環境」の実際指導

日案例（1）

2年保育　　4歳児　　9月

〈前日までの実態〉
○ほとんどの幼児が，夏休み明けの園生活のリズムを取り戻し，自分のやりたい遊びを見つけて，楽しめるようになっている。
○5歳児がリレーをしている姿にあこがれて，自分たちも『やってみたい』と思って，仲間に入れてもらう姿もある。
○園庭の隅には，夏草が茂り，アキアカネ，ショウリョウバッタ，シジミチョウを追いかけて楽しむ姿も見られた。
○一学期の終わりに楽しんだ，砂遊び・草花を使ったままごとなど，再び遊具を持ち出して，気の合う友達と同じ遊びをして満足している。

〈環境の構成〉

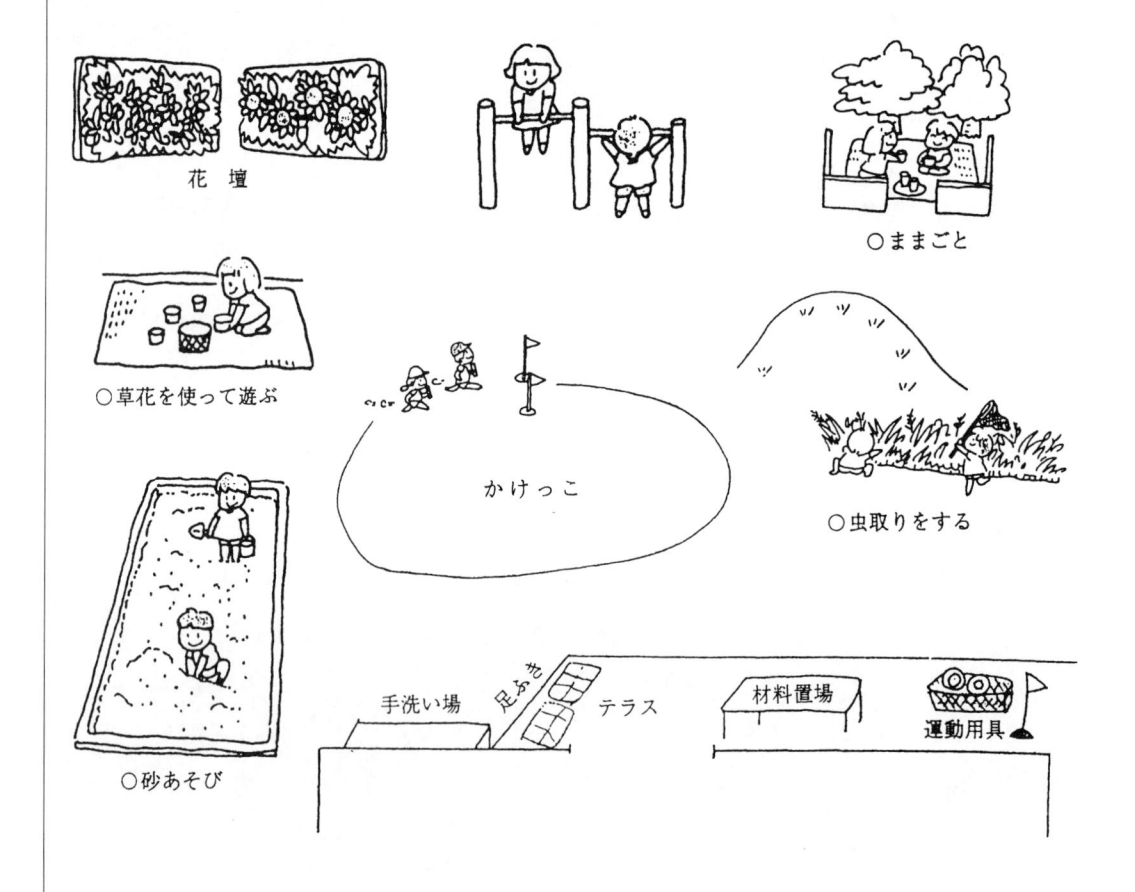

（図：花壇、鉄棒、ままごと、草花を使って遊ぶ、かけっこ、虫取りをする、砂あそび、手洗い場、足ふき、テラス、材料置場、運動用具）

環境を構成するポイント	○戸外のさわやかな気候や，木陰での遊び場を利用するなど，コーナーをなるべく園庭に広げ，初秋の自然とかかわれるようにする。 ○やりたい遊びが，十分楽しめるように（ゴザ，つい立て，ままごと，虫取りに使う物，バトン，旗など）テラスに出しておく。 ○砂場・雑草園・花壇などは，動物のフンなどがないように点検する。

1．指導計画作成の要点

在　籍	男児 14 名　　女児 11 名　　計 25 名	
ねらい	○いろいろな遊びに，自分から取り組んで楽しむ。 ○園庭の草花の変化を見たり，虫取りをしたりして自然の様子に関心をもつ。（ヒマワリ・フウセンカズラ・アサガオ）	
時　間	予想される活動	指導上の留意点
9：00	○登園する。 ・先生や友達に挨拶をする。 ・所持品の始末をする。	○明るく挨拶を交わしながら，一人一人の幼児の表情をとらえる。
9：20	○好きな遊びをする。 ・戸外で，体を動かして遊ぶ。 ・自然物を使って遊ぶ。 　（砂，小石，草花，種，貝がら） ・5歳児と一緒に遊ぶ。	○保育者も一緒に，遊びの場を作る手伝いをし，自分たちで遊び出せるように，援助していく。 ○虫を見つけた驚き，草花の変化の様子など，共に味わう。 ○5歳児のリレーの応援を共にしたりしながら，遊びの意欲を高める。
10：40	○遊んだ後の片付けをする。 ・使った道具，用具を最後まで片付ける。	○砂遊び・ままごとなど，用具の多い順番に声を掛け，後片付けの時間差に配慮する。
11：00 11：30	○降園の準備をする。 ・手洗い，うがいをする。 ・身支度をして，保育室に集まる。 ・紙芝居を見る。「バッタくんのかくれんぼ」 ○降園する。	○一日の遊びの面白い場面を伝え，学級の幼児が，明日への期待を抱けるようにする。
備　考	〈虫取りに使う物・身近にある材料を使って〉 牛乳パック／キッチンネット／ペットボトル（ビニールひも・カッターで切る）／虫取りあみ（アサガオの支柱の輪の部分（プラスチック）・竹の棒・野菜用のネット）	

日案例（2）

2年保育　　5歳児　　10月

1．幼児の実態
〈遊びへの取り組みについて〉
- 運動会の経験からか，友達と一緒に体を動かして遊ぶことを楽しむ幼児が増えている。そのような遊びの中では，ルールを自分たちで考えている姿が見られる。
- ダイコンやサツマイモの成長に興味をもっており，畑に行って水をまいたり前日の様子と比較したりしている幼児もいる。
- いろいろ遊具を組み合わせて遊ぶ場をつくるようになってきた。工夫しているところを認めるとともに，安全面での指導も必要である。
　　戸外—丸太，タイヤ，シートなど
　　室内—布，巧技台，積み木など
- 遊びの中で年少児とのかかわりが見られる。（特に戸外での遊び）

〈友達とのかかわり〉
- 一緒に遊びたい友達が決まってきている。登園時から，友達を待っている様子も見られる。その中で，自分がやりたい遊びよりも，友達がやりたい遊びを優先している幼児もいるようだ。
- 運動会での活動の影響か，男女で混じり合って遊ぶことが多くなってきている。

〈生活面について〉
- いろいろな遊具を使っているので，片付けに時間がかかりがちである。友達と一緒でないと持てない物もあり，協力する大切さを感じさせていきたい。

2．週のねらい
- 自分の気持ちを伝え合いながら，面白さを感じたり，遊びが楽しくなっていく喜びを感じたりする。
- 身近な秋の自然物に目をむけ，興味や関心を広げる。

3．本日の内容
- 友達と協力して遊びの場をつくったり，イメージを共通にしたりして遊びを進める楽しさを味わう。
　（ジャングルジムのおうちごっこ，室内でのおうちごっこ　など）
- 友達と一緒に体を動かして遊ぶ中で，必要なルールを考える。
　（サッカー，ジャンケン鬼　など）
- サツマイモ，ダイコンの成長などに気付き，世話をする中で秋の自然物に興味や関心をもつ。

1．指導計画作成の要点

4．本日の展開

時間	予想される幼児の活動	環境の構成	保育者の援助・留意点
8：50	○登園する。 ○好きな遊びをする。 〈園庭〉 サッカー ・男児4～5人が中心となってはじめる。 ・人数が多くなると、ボールをもつ長さなどからトラブルが起こりやすい。 ＊トラブルがあった場合できるだけ自分たちで解決するように見守る。 ＊点数に興味をもち始めているので、点数表を幼児と一緒に作る。	〈畑〉サツマイモ，ダイコンの様子を見る。 ・栽培物の成長に関心をもっている。イモ掘りへの期待もあるようだ。 ・ジョウロを身近な所に用意し，水をまいたり雑草を取ったりすることに気付かせていく。雑草は鳥小屋の鳥たちが食べることを知らせる。 ジャングルジムのおうちごっこ ・ジャングルジムに丸太やタイヤを組み合わせて家をつくる。 ・出来上がると、中に入り役割を決めてごっこが始まる。 ＊年少児が仲間に入ることも多いので交流を大切にする。 ＊遊具の扱いなど、安全面に注意する。 ◎天気の良い日は、戸外での遊びを中心に計画している。 （遊戯室はおやすみ）	〈保育室〉 ・女児4人で行う。自分たちの場を作り、その中でなりきって動くことを楽しんでいる。 ＊パターン化しがちなので、刺激となるものを提示する。（布，素材　など）
10：40 11：00 11：30	○片付けをする。 ・友達と協力して片付ける。 ○園庭に集まる。 ○ジャンケン鬼をする。 （一斉活動） ・3つのグループに別れて鬼ごっこをする。 グーはチョキ、チョキはパー、パーはグーをそれぞれ捕まえる。 ○降園する。	・帽子（3色） ・各グループの旗 ・石灰で陣地をかいておく。はじめての鬼ごっこなので、3つの陣地の距離は短めにとる。	・片付けた場所を仲間でもう一度確認するように声をかける。 ・ルールをわかりやすく説明する。 ・短い時間で一区切り様子をみてもう一度、ルールを確認する。 ・動きの少ない幼児に声を掛ける。 ・汗をかいたら拭くように指導する。

5．評　価

・友達と遊びを進める楽しさを味わうことができたか。そのための保育者の援助は適切であったか。（イメージ，場作り，ルール　など）
・身近な秋の自然物への興味や関心をもつことができたか。環境の構成はどうだったか。

いを設定する。

・予想される幼児の活動，経験する内容

前日の幼児の姿から，予想される活動や，経験して欲しい内容，身に付けなければいけないことなど，保育者の思いを入れて設定する。

・環境の構成

ねらい，内容を達成するためには，どんな環境を構成すればよいかを考える。

・保育者の援助・留意点

予想した幼児の活動に対して，保育者がどのような援助をしたらよいかなど，具体的な保育者の動きを考える。また，どんなところに留意して指導したらよいかなども考える。

・評価・反省

その日の幼児の姿をとらえて，分析しながら，ねらい，内容，環境構成，保育者の援助などが適切であったか，反省・評価して，また翌日へとつなげていく。

2．領域「環境」の実践例

1．アサガオ

アサガオは日本古来から親しまれている草花の一つである。どこでも比較的簡単に栽培ができるが，一人一鉢栽培の実践例を通して，子どものものの見方，考え方，感じ方にスポットを当ててみたい。

S園は下町の小学校と併設の幼稚園で園庭も小学校と共用という条件の中で，幼稚園専用の庭はない。

そこで，移動が可能であること，一人一人が自分のアサガオを世話ができる，愛情をもって育てることができる等の条件を考慮して実施した。

このように恵まれない環境ではあったが，種まきからはじまって，種とりまでの長期間の活動を通して，子どもたちは様々な体験ができた。

特に，開花の時期が夏休みに入るので，家庭との連携を密にし，協力を得ながら，子どものつぶやき，興味・関心の示し方等を家庭でメモしてもらった。

〈アサガオの一連の活動の流れ〉

アサガオに興味・関心をもつ⇒種まきの準備（種の芽切り・まき箱と用土）⇒種まき（八十八夜頃，5月中旬〜下旬）⇒発芽から仮植え⇒本鉢への定植⇒支柱たて⇒開花⇒色水遊び・押花⇒種とり

自然の少ない東京都心の幼稚園でも，アサガオの栽培を通して，多くのことを学ぶ経験ができた。

アサガオの指導計画と日案は表4-1に示した。

アサガオの栽培中の子どものつぶやきや発見，驚き，疑問，感動等様々な角度からのエピソードが得られたので次に述べて見たい。

（アサガオの栽培は，第5章 p.62参照）

アサガオはいつ咲くの

「お母さん，アサガオっていつ咲くの？」とK男が質問した。母親は，「アサガオは，朝早く咲くのよ」と答えた。翌日，アサガオのつぼみにセロハンテープが巻き付いていた。それを発見した母親は，あわてて，みんなはずしてしまった。K男は起きてきて，アサガオの所へ行きがっかりしてしまった。それは，自分がいつも遅く起きるので，開花するところを見たいために，セロハンテープをはったのである。これを知った母親は，子どもにすまないことをしたと思った。

このように，セロハンテープでアサガオの開花を止め，開花の瞬間を見ようとしたK男の発想には，驚かされる。

4歳児の例

A　アサガオの蔓が少し棒にからんできたのを見て

2．領域「環境」の実践例

表4-1　アサガオの指導計画と日案

指導計画　5歳児　5月上旬〜下旬

幼児の姿	ねらい
・今までに使ったことのある用具や材料を使って，自分のやりたいことを見付けて遊ぶ。 ・友達と一緒に遊びながら，動きやイメージがくいちがってくることが多い。 ・年長児としての生活の場，生活の仕方に慣れ，必要なことを自分からしようとする。 ・畑作りをする中で，土に触れたり，虫取りをしたりするなど，身近な自然に興味や関心を示す。	・自分のやりたいことを決めて，遊ぶ楽しさを知る。 ・遊びの中で，自分の思っていることや考えていることを，動きや言葉で伝える。 ・興味や関心をもって，身近な環境に自分からかかわろうとする。 ・学級のみんなですることの楽しさを味わい，学級としてのつながりをもつ。

日案　〈幼児の姿〉
・昨年度のアサガオの栽培を思いおこし，事前の準備をする。
・一晩，水につけた種を見て，やわらかくなったことを話し合う

5月10日	ねらい	アサガオの種まきをし，大事に世話をしようとする気持ちをもつ

環境構成をするポイント	予想される幼児の活動	保育者の援助
・種をまく苗床を準備する。 ・苗床は，木箱，発泡スチロール等を用意する。 （35cm×25cm×10cmの箱の図） ・箱には排水用の穴をあけ，その上に金網をおいて土どめをする。 ・苗床に入れる用土は川砂がよい。	・登園する。 　あいさつを交わす。 　所持品の始末をする。 ・友達と遊ぶ。 ・苗床の囲りに集まる。 ・4〜5人のグループで種まきをする。 ・種をまきながら，まいた種を数える。 ・水をやる。	・前回からの活動に気付くよう子どもたちの目につく場所を選んで苗床を置く。 ・水に浸した種の変化に気付かせる。 ・苗床に，砂を入れ，砂をしめらせておくよう助言する。 ・苗床に指で穴をあけ種をまくことを知らせる。 ・保育者が，やり方を示範する。 ・早く芽が出るようにとつぶやきながら，大事に育てるように助言する。

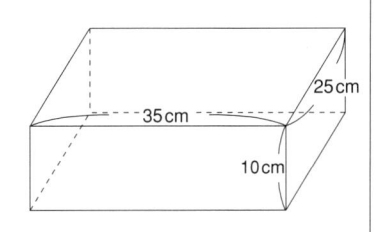

　子ども「あ！　お母さん　ちょっと来てよ。ぼくのアサガオが棒を登っていくよ。Yちゃんのと同じだね。すごいなー！」「また，お水あげよっと」

B　夕方，下の方から枯れ始めたアサガオを見て。
　子ども「あーあ，かわいそうだ。もう死んじゃったの？」と涙ぐんだ。
　母親「こんなにやさしい心をもっていたなんて……」

C　田舎にいるときは，アサガオのこと忘れていたが，帰ってきてすぐにアサガオを見て，大きくなったのに気が付いた。
　子ども「ぼくが見ていなかったので大きくなったみたい。どうして見ていないと大きくなるの？」「水をあげて少し見ないでいると，大きくなるのかなー」

D　アサガオが咲き始めてから。
　子ども「アサガオはどうして朝だけ咲くの？朝が終わったのがどうしてわかるの？誰が教えてあげるの？ひるまは咲かないの？」

E　子ども「お兄ちゃんのアサガオはなかなか伸びないね。ぼくのは大きいのに。お兄ちゃんのは病気なのかなー？病院の先生に診てもらった方がいいんじゃない。そうすれば，とたんに大きくなるよ」

5歳児の例

A　昨年アサガオの花は夏休みが終わってから咲いたのに，今年は休みになって，二日目に咲いた。
　子ども「ママ！今度のアサガオは油をやら

ないのに花が咲いたよ」（年少のとき，栄養があるからと，アサガオに天ぷら油をやった）
　B　子ども　「お母さん，わたしのアサガオの花咲いたー！」急いで屋上に行ってみると，ほんとうに水色の花が咲いていた。
　　　母　親　「よく咲いてくれたわね」
　　　子ども　「わたし，待ってたのよ」
　C　子ども　「お母さん，この水道，牛乳が入っているのかな？」
　　　母　親　「どうして」
　　　子ども　「だって，毎日お水ばかり飲んでいるのに，お花がよく咲くんでしょ。きっと牛乳かバターも入っているんだよね。だからアサガオこんなに大きくなったんだよね」
　D　どうして青い花咲くのかな
　　　子ども　「青いお水飲んだのかなー？みんな青い花ばかりだよ。今度のアサガオには，赤いお水やろうかな」
　E　なかなか咲かないアサガオ
　　　子ども　「わたしのアサガオさんのんきねー」「アサガオさん。早く一つでいいから花を咲かせて」と手を合わせている。
　　　「ママ，アサガオも夏休みだったんだね」

　以上のように，母親の協力を得て，アサガオの栽培にかかわる子どもたちの声から，次のようなことがわかった。
　4歳児では，「かわいそうだ」「ぼくのアサガオ死んじゃった」「病院の先生に診てもらったらどう？」などと，自分とのかかわり合いのもとに情緒的にとらえている様子が伺えた。
　5歳児は，年少のときに経験しているので，比較したとらえ方をしている子どもも多く見られる反面，4歳児と同じように情緒的な見方をする子どももいた。
　以上，アサガオの一人一鉢栽培を通して子どもたちのアサガオに対するものの見方，考え方，感じ方を知ることができた。母親の協力も得ながら，よい体験となった。
　アサガオの世話は，長期間ではあるが，植物を育てる中で，意欲的な面と，心情的な面が育つよい活動である。

2．シャボン玉遊び

　梅雨の晴れ間をみてシャボン玉の材料を準備して園庭におく。
　登園すると，子どもはすぐに材料を見つけて「先生！シャボン玉してもいい？」と聞きにくる。
　雨続きの毎日だったので，学級のほとんどの子どもが喜んで参加し始めた。

日案　　　4歳児　　　6月20日
〈幼児の姿〉
遊びへの取り組み
・興味をもった物に自分からかかわり，自分なりのやり方で行動しようとする姿が見られる。
・遊びが一段落した後，新しい環境を用意すると，興味のある子はすぐにとびつく。
・数人の友達とともに，同じものを持って遊ぶことが多くなる。

人とのかかわり
・友達に関心をもって，○○ちゃん今日休みなの？と聞きにくる。
・みんなで行動することに抵抗がなくなってくる。
・友達とのかかわりの中で，幼稚園で遊ぶことの楽しさを味わうようになってきている。

〈ねらい〉
・一緒に遊びたい友達と過す中で，自分のやり方でシャボン玉を吹き，遊びを楽しむ。
・身近な素材にかかわり，試したり，思ったことを表現したりする楽しさを感じる。
・安全に気を付けたり，後片付けをしたりする。
以下表4-2にまとめた。

2．領域「環境」の実践例

表4-2 シャボン玉の日案　4歳児

環境構成と予想される幼児の姿	保　育　者　の　援　助
・登園する　あいさつ　所持品の始末をする。 ・園庭にシャボン液とストロー，コップ等を用意しておく。 ・ストローの先にマジックで色をつける。 ・ストローの先を切り開いたものを用意する。 ・自分のしたい遊びをする 　　・色水づくり 　　・お姫様ごっこ 　　・砂遊び 　　・製　作	・シャボン玉遊びでは，シャボン玉液を吸わないように吹くことをしっかりと教える。 ・シャボン玉液をつける方のストローにマジックで印をつけておき，液をつける方と吹く方の区別をしておく。 ・子どもたちの歓声，喜びを共に共感する。 ・一人一人のつぶやきを認めてやる。 ・うまく吹けない子には，友達の吹く様子をみせたり，保育者がやって見せる。 ・「そっと吹くといいのね」など具体的に声をかける。 ・昨日からの続きの遊びをするために環境を用意しておく。

日案　シャボン玉　5歳児　6月20日

〈幼児の姿〉

遊びへの取り組み

- 3～5人位で遊ぶことが多くなり，遊びに長続きする姿が見られるようになってきた。
- 自然物とのかかわりに興味を示し，特に虫等を探してきては，図鑑で調べたりしている。
- シャボン玉遊びでは，昨年の経験を思い出し友達と比べたりする姿が見られる。
- 吹き方，吹くものに（吹き口）によってシャボン玉の出来具合が違うことに気付いたり，風の向き等にも気付く子どももみられる。

人とのかかわり

- 遊びの中で，トラブルが起きた時に，自分の言いたいことがうまく言葉で表現できない子どもは，そのために手が出てしまう場面もある。
- 友達と協力して，動植物の世話などを進んでするようになる。

〈ねらい〉

- 友達と一緒に遊ぶ場をつくったり，イメージを出し合ったりして遊ぶ。
- 動植物などの世話をする中で，気付いたことなどに関心をもつ。
- シャボン玉を吹きながら，吹き方，吹くものの材料，風との関係などに気付く。

以下表4-3にまとめた。

シャボン玉遊びは楽しい

　子どもたちは，シャボン玉遊びが大好きである。シャボン玉を吹きながら，その美しさやいろいろな現象に魅せられ，興味や関心を深める。シャボン玉の作り方を工夫したり，考えたり，器具を変えてみたり，あるいは想像をたくましくして，時には，大小やその美しさを友達と比べてみたり，吹き方の工夫をしている姿が見られる。

　ブクブク大会　　4歳児

　机の上にシャボン玉液の入った容器とストロー，カップ等を置いておく。登園してきた子どもたちが，「これなーに？」と保育者に質問する。

　ストローを見せ，吹く真似をすると，「あっ，わかった！シャボン玉でしょう」と言い当て，早速，シャボン玉遊びが始まる。

　　「わー！きれい」
　　「グルグル回る」
　　「あれ！こわれちゃった」
　　「先生！地球が回るよ」
　　「あっ！幼稚園がうつる」
　　「ちょうちんができた」ストローの先に下がったシャボン玉が，ちょうちんのようだ。
　　「これ，ぶどうみたい」

第4章　領域「環境」の実際指導

表4-3　シャボン玉の日案　5歳児

環境構成と予想される幼児の姿	保 育 者 の 援 助
・登園　あいさつ。所持品の始末をする。 ・動物，植物の世話をする。 ・園庭にシャボン玉液をおく。 　・せっけん，せっけんをけずるもの 　・ストロー　　・コップ 　・厚紙の画用紙　・ガムテープ 　・ふとめの筒（古筆の竹筒，サランラップの芯など，玩具のラッパ） 　・身近な材料，古うちわの芯，あわだて器，洗面器 　・番茶，砂糖，粉せっけん，グリセリン，ガムシロップ，炭酸飲料 ・砂遊び 　・雨上りの砂の中での遊び 　・トンネルやダム作り	・雨上りの一日を外で遊ぶように助言する。 ・保育者がつくっているせっけんけずりを見てやりたい子にやらせる。 ・吹くものによって大小，さまざまなシャボン玉ができることを予想して，楽しんで作るよう言葉をかける。 ・友達の作ったもの，吹き方，吹く場所などによっての違いに気付くようにする。 ・年少児にも見せてあげる。 ・後片付けをきちんとするようにし，明日への期待をもたせる。 ・毛糸のセーターで，シャボン玉が風船のようにつけることを保育者がやって見せる。

　などと，口々に言いながら遊んでいるうちに，液の少なくなった容器に，ストローをつっこんで息を吐くと，ストローの先から出た空気で泡が立ち，ブクブクという音とともに，泡がふくらんでくる。
　「ブクブク大会！」と言って数人の子どもがやり始めると，囲りの子も真似をしてコップから流れ落ちたブクブクが園庭にたくさん集ると，少しずつ動くように見える。
　「ブクブク大行進でーす！」などと名付けて，偶然にできた発見を喜ぶ姿がみられた。

シャボン玉が浮いた
　雨上りの翌日，庭にいくつかの水たまりがあった。シャボン玉を吹いているうちに偶然に水たまりの上に落ちたのを見て，
　　「かっこいい」
　　「シャボン玉が浮いた」
　　「動いたぞ」
　　「お水の上だとシャボン玉が半分だね」
などと大発見をしている。

シャボン玉のお花が咲いた
　5歳児のシャボン玉を見ていた4歳児も「やってみたい」と言って吹き始めた。園庭の草花のそばで吹いていると，ちょうど花の所へシャボン玉が落ちた。
　　「あら！シャボン玉のお花よ」
とかわいらしい4歳児特有の情緒的な見方をしていた。
　シャボン玉遊びが終わると，子どもたちは部屋にもどり，黒板に色チョークで，「私のシャボン玉，こんなに大きかったのよ」と表現している。黒板の周りに集まっている他の子どもに，「Yちゃん，シャボン玉吹けたの？」と聞くと。
　　「うん，あたしのお星さまだったの」
　　「へー！」
　　「お星さま？」
　　「うーん，だって，まるくなかったもん」
　シャボン玉はまるいものと思い込んでいたが，葉と葉の重なる空間にシャボン玉が落ちると，その瞬間，かどができるように見える。このように4歳児は，直感的なものの見方をしていることがわかる。

風があると高く飛ぶね　　5歳児
　シャボン玉の活動が始まって2～3日のこと，やや風のある日，シャボン玉を吹いていると，どんどん園舎の屋根を追い越して高く舞い上った。
　「ぼくジャングルジムの上でやってみよう」と少しでも高い場所を探しては，空に上がっていくシャボン玉に歓声をあげる。
　そこで全員屋上に行き，シャボン玉を飛ばすことにした。早速，屋上の網ごしに吹き始めると，風の向きや場所によっては，吹いたシャボン玉が前に進まず，逆もどりして網を越えて自分の方にもどって

きたりする。
「変だなー」と首をかしげる。
「向こうへ吹いたのに，どうしてこっちへきちゃうんだろうね？」
と疑問をもった子どももいた。

誰のが大きいかな

「いつもストローで吹いていたけれど，他のもので吹くとどうかな」と言って，糸まきをストロー代わりに使ったり，まるい筒のようなもの（筆の軸，おかしの空き箱など）画用紙をかたくまきつけたもの，じょうご，うちわの骨組その他，身近にある材料を用意して，大きいシャボン玉を作る競争をした。吹く筒が大きいと大きいのができることや，うちわや，台所用品のかくはん器を使うと，小さなシャボン玉がたくさんできることを知ったり，次々と発見の連続だった。

このように，5歳児になると，吹き方，吹く物の材料，身近な道具を使って試したり，工夫したりする姿がみられた。また，高く飛ばすために，うちわであおいだり，高い所から吹いたり，風の向きを考えたりしていた。

話づくり

シャボン玉遊びをいろいろと経験した子どもたちは，その経験を生かして話づくりに発展した。
「ぼくの吹いたシャボン玉は，空高く飛びました。どんどん飛んで学校の屋上よりも高く飛びました。そのうち風が吹いてきて，どんどん飛んでいって，ジャングルのある島まできてしまいました。シャボン玉は，ジャングルは暑いなーと思いました。下を見ると，こわいライオンやヒョウがけんかをしていました。ヒョウがライオンに食べられそうになったとき，パチンとシャボン玉が壊れてしまいました。」
（幼児の創作）

シャボン玉を吹いている子どもたちを見ていると，吹いては飛ばし，消えてはまた吹き，次から次へと数知れずシャボン玉を吹きながら，その美しさや不思議な現象に目をみはっている。

毛糸のセーター類を手で持ち，できたシャボン玉を風船のように空中へついて遊ぶ方法も，保育者から学ぶ教材の一つとして子どもたちにとって楽しいものであろう。

3．サツマイモづくり

K幼稚園は東京23区内とはいえ，周囲にはキャベツ畑があちこちに見られる地域である。幸いにも，近隣の農家の好意で借りた70坪ほどの畑にサツマイモを植えることにした。

しかし，はじめての体験で果たしてできるのか自信がなかったが，農家の方から教えていただき，苗植からはじめた。春から夏休みをはさみ秋までにわたる断続的な園外活動である。

苗植えから草取り

苗植えは「ベッドに寝かせるようにしてあげるといいよ」といわれ，子どもたちは，忠実におじさんのまねをしながら苗植えをした。

夏休みに入ってからは，家庭の協力を得ながら親子で活動ができるように，都合のつく方にお願いして当番制にした。畑では草取りに併せて，蔓返しという作業を行った。朝のうち短時間で作業を進めるようにした。K幼稚園の園児は広範囲からの通園ということもあって，親同士の交流の場にやや欠けている状況だったが，この畑の仕事を通してお母さん同士が親密になれ，会話がはずんでよかったという声もあった。

畑仕事を終えて幼稚園に戻ってきてひと休みの時，園庭でつくったトマトや麦茶がなによりのご馳走だった。

はじめて畑の体験をした母親の声
「久しぶりに子どもと共に仕事をして，楽しかった」
「畑には，小さい虫がたくさんいるので，草取りより虫を追いまわす方が楽しそうだった」
「子育ての悩みを聞いてもらい，参考になった」
「作物をつくることって大変なんですね」

収穫の秋

いよいよ今日はイモ掘り。全園児そろって畑へ出

かけた。一人一人ビニール袋を持ち，作業着に着替え意気揚々と出かけた。久しぶりに来た畑を見て，「先生！葉っぱの海みたい」と4歳児の声。

従来のイモ掘りだと，一人3株といって蔓が刈られていて，その下を掘ることが多かった。K園では，自分たちの畑でつくった自分たちのイモなので好きなだけ掘ることにした。蔓も刈らずにそのままだったので，特に4歳児は，「おイモどこにあるの？」と質問してくる。

そのうち，5歳児が蔓を自分の方へたぐり寄せ，引っぱっていると，サツマイモが見えてきた。「サツマイモ発見」「ワーイ大きい」「つながってるよ」と歓声があがる。

そこで，先生たちが，蔓を刈りはじめた。「どのおイモが大きいかな」といいながら畑の隅に並べはじめ，10本づつ間隔をおいて数えている。指位の小さなおイモでも大事そうに運んでくる姿も見られる。

まさに，数量の世界である。一人3株ずつのイモ掘りでは見られない光景である。

綱ひき，縄とび

驚いたことに，ほとんどのイモが掘れたところで次の遊びを見つけ出した。それはイモヅルの葉をとって，1本の紐のようにして綱引きをはじた。ちょうど運動会の後でもあったので，綱引きのイメージがあったのだろう。1本だと切れてしまうといって，2本にしたり3本にしたりして綱引きをしていた。遊んでいるうちに，綱引きの中心地を決めないと，どちらが勝ちかわからないという必要感に応じて，真ん中を決めていた。

一方，女子は，縄とびをはじめた。一人縄とび，三〜四人の縄とびと，子どもたちは遊びをつくり出す天才だと思った。イモ掘りだけのイメージで畑に行った先生たちは，子どもたちの創造性に教えられた一場面であった。

収穫したイモを幼稚園へ運ぶ

一人一人ビニール袋を用意しその中にイモを入れて運ぶ準備をしたのに，作業着の裾を少しもちあげ，その中にイモを大事そうに運んでいた。

自分たちでつくったサツマイモをこんなに大事そうに運ぶ姿をみて，良い体験ができたと思った。

やき芋パーティ

例年，秋には，やき芋パーティを行っているが自分たちがつくったおイモということで，特に5歳児の意気込みが伝わってきた。

1年前のことを思いおこしながら，先生と一緒に準備をはじめた。

例年のように，ご近所にも，お裾分けをすることになっているが，この年は，「ぼくたちのつくったおイモです」といって，数軒まわった。

子どもたちがつくったおイモを届けたとき感動してくれるお母さん方がいて，子どもたちも，満足感を味わっていた。

幼稚園側の職員も，みんなはじめての体験で，まったく自信もなく，どうなるかと思ったが，子どもたちから学ぶことも多かった。

体験が不足している時代，このような畑の作業を通して，園全体が共通理解と，共同作業を行い，地域や，家庭との援助を受けながら，体を通して活動できたことは，すばらしいことである。

4．雪・氷と遊ぶ

1月〜2月にかけては寒さも一段と増してくる。この時期ならではの経験として，雪や氷で遊ぶ活動を通し，自然と触れ合う中で，様々な事象に興味や関心をもつことができる。

地域によって，毎日雪の中での生活をする人と，雪の降るのを待ちこがれている人もあるが，いずれにしても，雪や氷は寒い日の活動内容なので，指導計画作成においては，天気予報を聞いてあらかじめ考えておく必要がある。

日案　　5歳児　　2月8日
〈幼児の姿〉
・遊びの進め方について自分の考えを出したり，それに合わせた動きをしたりして遊ぶ。
・学級のみんなと一緒にすることを楽しんで遊び，見通しをもって生活するようになる。

2．領域「環境」の実践例

表 4-4　雪遊び日案　5 歳児

予想される幼児の姿	保育者の援助と環境構成
・前夜から降り積った雪の朝，雪の感触を楽しみながら登園する。 ・所持品の始末をし，園庭に出て遊ぶ。 ・雪合戦をする ・雪のすべり台，かまくらを作る。	・雪の日の登園に必要な，手袋，くつ下，防寒着など事前に家庭に知らせておく。 ・身仕度をし，園庭に出る。 ・スコップを用意し，保育者も一緒に土台を作る。 ・スベリ台ですべる用具として，ダンボールの端を切ったものを用意しておく。 ・かまくらのイメージを，絵本やスライドなどを通して情報を事前に提供しておく。
・雪だるまを作る。 ・雪うさぎを作る（図 4-1）。 ・炭で雪つりを作る。 ・遊んだ後の始末を自分でする。 ・雪で遊んだ経験を話し，発表する。 ・雪の結晶（図 4-2）を虫めがねで見る。 ・先生の作った雪の結晶をみて，作りたい人は，先生と一緒に作る。	・雪だるまを作るのに必要なものを準備しておく。 ・お盆や葉っぱなどを用意する。 ・ぬれた園児がいた場合のために着替えや衣類を乾かすようなコーナーを作っておく。 ・雪で遊んで楽しかったこと，うれしかったこと，工夫したことなど，一人一人の発表を聞く。 ・虫めがねでは太陽を見ない約束をする。黒い紙を用意しておく。 ・雪の結晶の美しさに気付くようにする。

図 4-1　雪ウサギ

図 4-2　雪の結晶

〈ねらい〉
・身近な自然の事象に接し，喜びや感動を得ながら，遊びを楽しく進めていく。
・雪や氷を使って，いろいろな遊び方を考えたり，ためしたり友達と協力して遊ぶ。
以下表 4-4 にまとめた。

シャーベットづくり

前日の雪でのいろいろな活動を展開していた中で，ままごとの茶碗に氷を入れたり，身近な素材に雪をつめ込みながら遊んでいたグループの一人が，翌日登園してきて，出しっぱなしにしていた雪が氷っているのを発見した。
「先生！ 雪が氷になっちゃったよ」と報告にくる。卵の空き容器（卵パック）につめて遊んでいたものが，解けないでカチカチになっていた。
室内でポスターカラーで絵を描いていた子が，「ここに色をつけるとシャーベットになるね」と言って，赤い色を少し落とすと，きれいにシャーベットがで

きた。

卵パックの仕切りが10個あるものに，いろいろな絵の具をおとして，シャーベットやさんができた。

一方，お正月から男子には，コマまわしに挑戦する子が多く見られるが，女子のシャーベットやに見いっていたK夫が，「氷の上でもコマは回るかな」といって，試した。

すると，床の上のようなわけにはいかないが，回った。「コマが回った！」と大はしゃぎ。その時，コマが回る勢いで，シャーベット状の氷が，しぶきをあげて飛んだ。この奇想天外な発想に驚かされた一場面があった。

このことがきっかけとなり「氷をつくろう」と言って，図鑑をとり出して，K夫を中心に知恵を出し合った。

氷づくり

身の回りから集めた空き缶，バケツ，ポリ容器等を使って水を入れ，園庭に置くことにした。

雪の降った後なので，気温も低く，翌日も寒い朝だった。

前日，仕かけた氷が気になるのか早く登園したK夫が，園庭を見回った。

容器によって，氷の出来具合が違うことに気付く子どももいた。又，園庭の置く場所によって氷の出来具合が異なることにまで気付いた子どももいた。

できた氷を集め，容器から出し，形や大きさ，薄さ，厚さを比べながら，「きれいだね」と氷を持って太陽を眺め，「光っているよ」「つめたい」「あ！割れちゃった」と口々に話をしている。

コンクリートの上に氷を並べ，解ける様子を見ながら，「小さくなっちゃう」「水になっちゃう」。氷を置く場所や物によって（たとえば，餅網の上に置くと，模様ができる）様々に変化することに気付いていく。

雪や，氷遊びを通して，様々な体験から，遊びが次から次へと生まれてきた。室内では，音楽に合わせてスケーターワルツを踊る子ども，白鳥の湖の曲で白鳥になったつもりの表現をしたりする子どもの姿も見られた。

スキーごっこ（図4-3）

雪国の様子をビデオで視聴したことがきっかけで，スキーごっこをしたいという男の子の要求があり，保育者と子どもで知恵を出し合って考えた。

巧技台と，マット，はしごを利用し，まずゲレンデを作ることにした。土台を巧技台で組み，はしごをかけ，マットをゲレンデのように滑る部分とした。

マットは，傾斜にしても，牛乳パックで作ったスキーでは，よく滑らなかった。子どもたちと試行錯誤しながら，ビニールシートを置いてみた。いくらか滑りよくなったところで，スキーごっこがはじまった。

以上のように，都心の子どもたちにとって雪の降った後の活動は，新鮮で，自然の事象のありがたみがわかる。

これらの活動は，保育者と子どもの共同作業により，より意義のある活動になる。一人一人の子どもの思いや考えを受け止め，援助のあり方を考えて，生き生きと活動に取り組めるよう配慮したい。

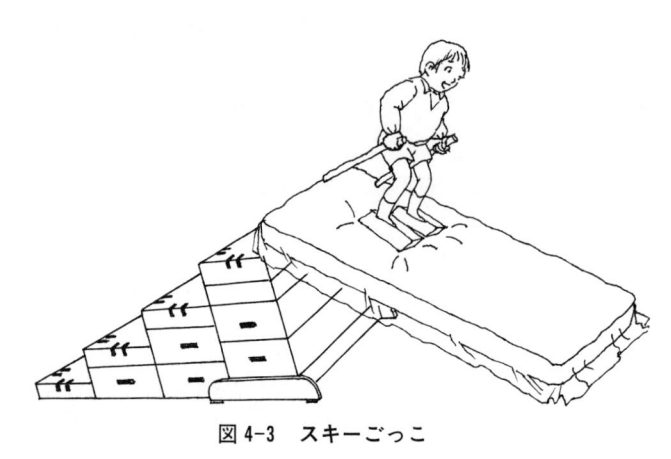

○巧技台にはしごをかけ，その上にマットをのせ斜面を作る。
○マットにビニールシートをかぶせる。
○スキー板は牛乳パックをつぶしたもの。
○ストックは，新聞紙を丸めて作る。

図4-3　スキーごっこ

第5章　子どもの身近な植物

　日本の四季の変化は，春の暖かさや夏の暑さ，秋の涼しさ，冬の寒さなどの気温の変化によってもとらえられるが，春のチューリップの花や，夏のアサガオの花のように，季節に特有の花によって，季節の到来をとらえる場合も多い。幼稚園でも，保育室に季節の花を飾り，子どもに季節の到来を知らせ，その季節の特徴や，季節を代表するような美しい花を知らせるようにしている。

　この章では，子どもの生活と密接な関係を持つ季節の花を中心にして，その特徴や観察の仕方，栽培の方法などについても述べてある。特にアサガオは，夏を代表する花であり，子どもたちにも小さい頃からなじみの深い花の一つである。春の種まきから夏の開花まで，アサガオの栽培をして(実際は，先生のお手伝いであるが，子どもにとっては自分で栽培している気持ちにさせる)，夏のアサガオの花を楽しみ，日常の生活の中で季節の変化をとらえるようにする。

　また，チューリップは，子どもの歌などにもよく出てくる花であり，ヨーロッパでは，歴史上2度も今でいうバブルを引き起こした不思議な花である。これは，チューリップに人間の魅力を引きつける何かがあるからかもしれない。子どももチューリップの花に対しては，たいへん興味を持っているので，その興味や関心を十分に生かして，チューリップの栽培や咲いた花を観察をして，春の到来を体得させるようにしたい。

　一般に幼稚園では，植物栽培の場所として，一日中太陽が当たる場所を確保することは困難な場合が多い。ホウセンカの項では，そのような場合，半日しか日が当たらない(半日陰)場所でも十分に育つ植物の例をあげてある。特に，アフリカホウセンカ(インパチェンス)は，花の色も豊富であり，しかも，最近は新しい品種も多数市販されているので，日当たりのあまりよくない場所での栽培には最高と思われる。

　春の野の草花のうち，子どもになじみ深い野草として，タンポポがある。タンポポは，長く伸びた一本の花茎の頂上に，一個の花が咲く頂上花であり，また，春の野原に鮮やかな黄色の花が点在する風景は，人の心に安らぎを与える。子どもも，春の野原や道ばたに咲いたタンポポの花をよく発見する。ここでは，タンポポの花を糸口にして，自然の野原を観察しよとする態度を育てるようにしたい。

　「花壇と草花」においては，四季の草花の栽培法の要点を述べてある。幼稚園では，子どもの保育に忙しいので，園芸家や植物園のように，花の手入れに十分な時間をかけることはできない。そこで，あまり手をかけなくても，また，高額の予算がなくても，季節の花が教材となりうるように，「球根草花」と「宿根草」の項がある。幼稚園では，栽培に高度の技術と経験，労力を要しないこれらの草花を，十分に活用するのもよい。

　「野菜園」の項では，野菜栽培上どうしても必要な，いわば基礎になる最低限の知識をまとめてある。参考になれば幸いである。

第5章　子どもの身近な植物

1．子どもと花

　アサガオやいろいろな草花の栽培や水やりなどの手伝いをさせながら，子どもに花に親しませ，花の美しさに感動する情操の芽生えを養うようにしたい。また，草花を上手に育てるには，季節や，日光，養分，水などに配慮しなければならないことを，栽培や水やりの手伝いを通して体験させ，科学性の芽生えを培うようにしたい。

　子どもが関心を持ちやすい花は，アサガオやチューリップの花のように，童謡や童話にもよく登場し，家庭でも話題になりやすい花である。また，これらの花は，その形も特徴的であり，大型で，子どもが描きやすい形をしている。さらに，花の色も鮮やかで，しかも色の種類も非常に多い。

　草花の栽培には，それに適した季節があり，特に日照と気温が重要である。たとえばアサガオのように，気温が高く，しかも一日中太陽が当たらないとよく育たないような植物の場合，その場所を，都会の中の幼稚園で確保することは困難な場合もある。保育者は，これから栽培しようとする草花の性質を十分に調べて，栽培の途中で失敗しないようにしたい。

1．アサガオ

（1）教材としてのアサガオの長所と短所

　アサガオを幼児教育教材という観点から見た場合，次のような長所と短所が考えられる。

1）アサガオの長所

① 花の形が特徴的であり，子どもが描きやすい形をしている（アサガオ型）。

② 花の色が鮮やかで，色の種類も非常に豊富である。

③ 栽培期間が比較的短い（5月から9月）。

2）アサガオの短所

① アサガオは開花の時刻が早い。朝早く開花して，日光が当たると間もなくしぼんでしまう。教材として子どもにアサガオの花を十分に観察させる機会を逸しやすい。(アメリカアサガオを栽培すると，この欠点は解消できる。)

② アサガオは蔓性であるために，他の物に巻き付く（矮性アサガオでは解決）。

③ アサガオの花が咲く適期は，ふつうは7月下旬から8月上旬である(熱帯夜の時期)。この時期は幼稚園が夏休みになり，アサガオの花の観察が困難になる。

④ アサガオの成長には，夏の高温と日照が必要である。アサガオを栽培する場所には朝から夕方まで日光がよく当たり，また風通しのよい場所が必要である。

⑤ 葉からの蒸散作用が大きいので，鉢植えアサガオには，毎日1～2回の水やりが必要である。休日にも水やりをしなければならない。

（2）アサガオの品種

　アサガオは植物分類学上は，種子植物，双子葉類，合弁花群，ヒルガオ科，アサガオ属に属する植物である。アサガオ属には2種があり，その一つが日本アサガオで，これを普通にアサガオと呼んでいる。もう一つはアメリカアサガオ（西洋アサガオ）である。

　アメリカアサガオは，サツマイモに近い植物で，その葉もサツマイモに似ている。花色の種類や花の大きさの点では日本アサガオに劣るが，栽培しやすく，また，昼咲き性で日中にも花が咲き，午後3時頃まで花が咲いている。

　また，花の咲く期間も長く，10月頃まで咲くこ

ともある。幼稚園での栽培には好都合である。

アサガオは、普通は蔓性で、長い蔓になるが、蔓にならない矮(わい)性アサガオもあり、鉢植えに便利である。

(3) アサガオ栽培の手順

アサガオの種まきから開花、種とりまでの手順はおよそ下図のようになる。

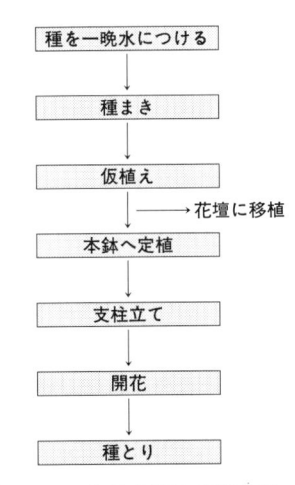

```
┌─────────────────┐
│ 種を一晩水につける │
└─────────────────┘
         ↓
┌─────────────────┐
│     種まき      │
└─────────────────┘
         ↓
┌─────────────────┐
│     仮植え      │──→ 花壇に移植
└─────────────────┘
         ↓
┌─────────────────┐
│   本鉢へ定植    │
└─────────────────┘
         ↓
┌─────────────────┐
│    支柱立て     │
└─────────────────┘
         ↓
┌─────────────────┐
│     開花        │
└─────────────────┘
         ↓
┌─────────────────┐
│     種とり      │
└─────────────────┘
```

図 5-1 アサガオ栽培の流れ図

(4) 種まきの時期

アサガオの生育には、高温多湿が必要である。したがって、遅霜の心配もなく、気温も高くなる八十八夜(5月2日頃)から5月下旬頃に種をまく。

(5) 種まきの用土

種子が発芽するには、水分と空気と日光が必要である。したがって、種子をまく土(用土)は、「水はけがよく、しかも、水保ちがよい」ことが必要である。

種まき用の土には、バーミキュライト[1]やパーライト、砂、鹿沼土、ピートモス[2]などが用いられる。このうち、砂は、あまり細目のものは水保ち(保水性)はよいが水はけ(排水性)が悪く、逆に、粗めのものは水はけはよいが、水保ちが悪い欠点がある。パーライトは、多孔性で水保ちもよく水

はけもよいが、軽いので、水やりのときに流れる欠点がある。鹿沼土の小粒から中粒のものは、保水性も排水性もよいが、phが低いので、アサガオの種まき用には適さない。

バーミキュライトは、保水性、排水性ともによく、乾燥しているときは非常に軽いが、水を吸うと重くなり、水やりのときにも流れることはなく、またphも中性であるからアサガオの種まきには最適である。

なお、バーミキュライト70％に、ピートモス30％を混合した用土は、種まき用としては申し分ない用土である。

1) バーミキュライトは、ひる石を焼いて作ったもの。もともとバーミキュライトは、建材用に製造されたものであるから、園芸用として小分けしたものは高価であり、原袋(30ℓ入り)で購入するとよい。
2) ピートモスは、北欧などの寒冷地で、ミズゴケ類が堆積して腐植したもの。園芸店で購入する。

(6) 種まきの容器

種まきの容器(まき箱)は、発泡スチロール製の容器(魚のトロ箱等の廃物で、縦50cm、横30cm、深さ10cm位の大きさのもの)を利用するとよい。

箱の底に、水はけをよくするために排水用の穴を開け、これに種まき用の用土を7cm位の深さに入れる(図5-2)。

アサガオは、種を花壇(露地)に直接まいて育てる露地栽培もあるが、まき箱で苗を育ててから移植してもよい。

(7) 種のまき方

アサガオの種をまくとき、発芽が不揃いになることがあるので、種をまく前に、種子を一夜水につけて、吸水させてからまくと、著しい発芽の不揃いがなくなる。

まき箱に用土を入れて、表面を平らにする。土の表面に、指で穴を1～2cmの深さに開け、水に一晩浸した種を、5～6cmの間隔に、1個ずつまく(図5-2)。

第5章　子どもの身近な植物

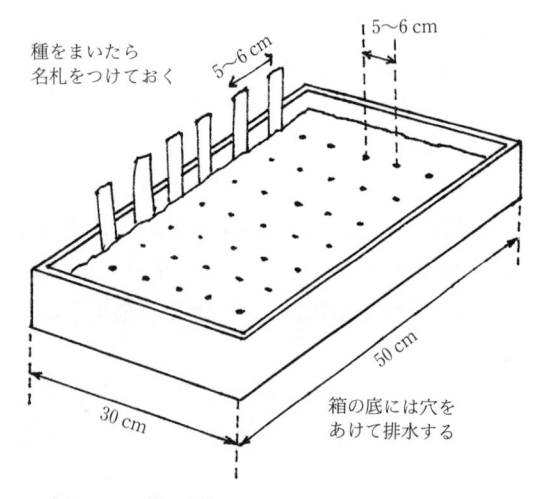

・深さ10 cm 位の発泡スチロール容器
・用土はバーミキュライトとピートモスを混合したもの
・種は5～6 cm の間隔にまく

図 5-2　アサガオの種まき

種をまいた箱は，保温に注意し，日中は日の当たる所に置き，夕方には，軒下か室内に入れる。

（8）種子の発芽と移植

アサガオの種子は，気温が 25°C 以上の温度であれば，4～5 日で発芽する。ふた葉が出た直後は，合掌した形をしているが，2 日も経つと左右に展開してふた葉になる。アサガオは，発芽したらなるべく早く小鉢に移植する（これを小鉢上げまたは仮植えという）。小鉢は直径が 9～12 cm のビニルポットがよい。

移植は，ふた葉がまだ展開しない前か，または展開した直後がよい。ふた葉が展開して 3～4 日も経つと，側根がたくさん生えて来るので，移植の時に根を傷めやすく根付きが悪くなる（図 5-3）。

移植には食事用のフォークで，苗の根の周囲の土を落とさないように，苗をそっと持ち上げて抜き取るようにして小鉢に移す。

仮植えや定植に用いる用土も，種まき用の用土と同じように，水はけがよく，しかも水保ちがよいことが必要である。

このような相反する条件を，同時に満足させるような用土を幼稚園で簡単に作るには，図 5-4 のように，バーミキュライト 20 l，樹皮堆肥[1] 20 l，川砂 10 l，化成肥料（肥料については p.84 参照）100 g をよく混合する。この用土は，他の草花や野菜などを栽培する時にも使える便利な用土である。

1) 樹皮堆肥は，樹皮を細断し堆肥にしたもので，「たい肥」という名称で市販されているものもある。

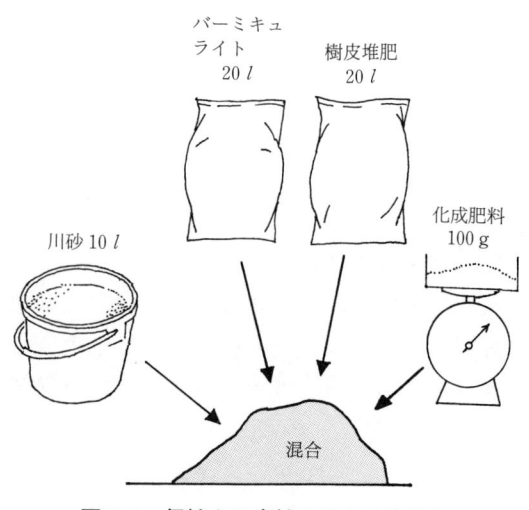

図 5-4　仮植えや定植の用土の作り方

発芽して間もない頃の苗の胚軸には，うすい色が付いている。この軸色が，将来咲く花の色とほぼ一致している（図 5-5）。

ふた葉が展開した直後　　展開してから数日後

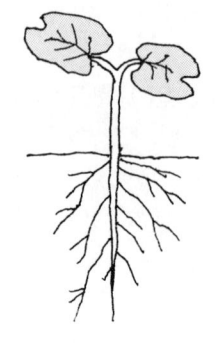

短い側根が　　　　　　　側根がたくさん
少し出ている　　　　　　出ている

図 5-3　移植適期の苗（左）と適期を過ぎた苗（右）

1. 子どもと花

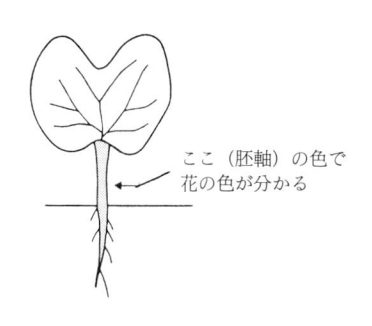

軸の色	予想される花の色（例）
淡緑色	白色
紅色	紅色かボタン色
茶色	茶色
紫色	紫色
紺色	藍色か紺色

図 5-5　軸の色と予想される花の色の例

保育者は子どもと一緒に苗の軸色を見ながら、やがて咲く花の色を想像して話し合うのも楽しいものであり、子どもの想像力も豊かになる。

（9）本鉢への定植と管理
1）定植の仕方

本葉が4～5枚になる頃、鉢の底を下から見ると、鉢底から白い根が出ている。この頃が定植の適期である。定植に用いる鉢は、直径18～21 cmのものを用いる。鉢が小さいと、水が不足して枯れてしまうことがあるので、多少大きめの鉢を使用する方が安全である。

定植に用いる用土も仮植えの用土と同じでよい。または、畑土50％、腐葉土30％、川砂20％を混合し、これに化成肥料を加えて作ってもよい。

定植の仕方は、小鉢を逆さにして、鉢から苗を抜き取り、本鉢の中央に植え、その周囲に用土を入れる。その後、用土を落ち着かせ、水を十分に与えておく（図5-6）。

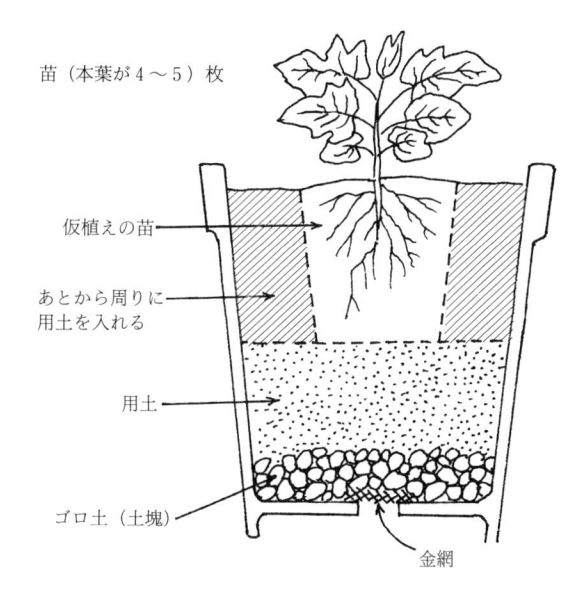

図 5-6　定植の仕方

2）鉢を置く場所

アサガオは、高温で、しかも強い日光が朝から夕方まで当たり、しかも風通しがよくないと育ちが悪い。それで、建物の南側で、近くに日光をさえぎる物体がない場所を選び、高さ30 cm位の台の上に置く。このような場所では、日当たりもよく、風通しもよい。特に、建物と建物の間の中庭は、日光の照射が悪く、通風も悪いので、このような場所は避ける。

3）その後の管理

梅雨明け頃からは、日射しも強くなるので、水やりも午前と午後の2回にする。追肥は、固形肥料（油粕を水で練って乾燥し、梅干し大の大きさに丸めたもの）を7～10日おきに、鉢の縁に押し込んで置く。水やりの度に肥料が少しずつ溶け出してくる。

（10）支柱立て
1）アサガオは蔓性植物である

アサガオは、丈夫な蔓性植物で、蔓は物に左巻きに巻き付く。左巻きを簡単に知るには、自分の左手に物を握った時、親指の方向に蔓が巻き付い

第5章　子どもの身近な植物

ていれば，それは左巻きである。これは，アサガオを上から見たときの，時計の針の回転方向と反対になる（図5-7）。

アサガオの蔓には，たくさんの毛が下向きに生えているので，棒に巻き付いた蔓は下にずり落ちることはない。これを子どもに観察させるには，手で触らせるとよい。また，アサガオの葉にも，小さな毛が生えているので，視覚だけではなく，触角も使って観察させるようにしたい。

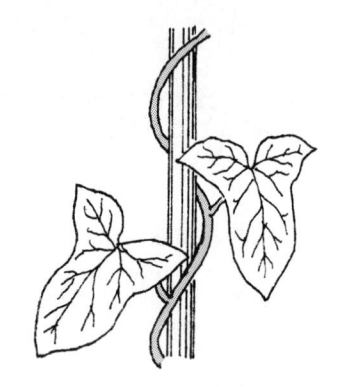

図5-7　アサガオの蔓の巻き方

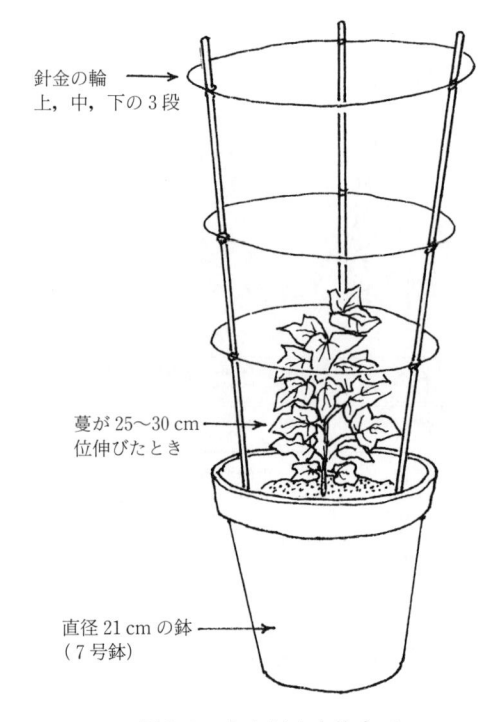

図5-8　あんどん支柱立て

2）支柱の立て方

アサガオは，物に巻きつくので，支柱を立てて，これに巻きつかせて育てる。支柱は蔓が20〜30 cm伸びたときに立てる。

アサガオの支柱は，鉢植えの場合は，3本の支柱を鉢に立て，これを円形の針金の輪に結びつけたもので，円形の輪は，上，中，下の3段にする。この支柱にアサガオを巻きつかせる（図5-8）。このような作り方を，あんどん作りと呼んでいる。あんどん作りは，幼稚園で自作するのは難しい。そのため，あんどん作りの支柱は，市販品を購入した方が無難である。

(11) アサガオの花と種子

1）アサガオの花が咲く時期

アサガオは，短日植物であるから，夏至（6月21日頃）を過ぎて，昼間の時間が，夜の時間より長くなると，花芽をつけるようになる。実際に花が咲くのは，7月末から8月中旬頃の，夏の最も暑い時期である。

アサガオの花芽は，昼間の長さが約15時間，夜間の長さが9時間のときには花芽が形成されるが，昼間の長さが16時間，夜間の長さが8時間では花芽が形成されない。夜間の長さが9時間以上では花芽が確実に形成されるとの報告がある。

2）アサガオの開花と温度

日本でアサガオの生育に最も適した時期は，晩春から夏にかけての，平均気温が17〜27℃の時期である。そして，立派な花が咲くのは気温が25〜30℃の頃である。30℃以上になるとよくない。したがって，アサガオの花の咲く適期は，東京より西の地方では7月下旬から8月上旬となる。

3）アサガオの開花の時刻

アサガオの花は，午前2時頃から開き始め，太陽が昇る頃には開ききってしまう。そして，日光が当たると花はしぼみ始め，午前中に花はしぼん

1. 子どもと花

でしまう。このような花を半日花という。

4) アサガオの花

アサガオの花の色は、赤、紫、青、白、茶など多彩で、アサガオの花ほど変化に富んだ花は、他に類を見ないほどである。幼稚園や小学校で教材として昔から使用されているのは、花の形とともに、色が変化に富んでいることもその理由のひとつと考えられる。

5) アサガオの色水づくりと色水遊び

アサガオの花を集め、小皿かビーカーに少量の水を入れた中で、花を指先でもむと、アサガオの色が水の中に出てくる。これをガーゼでしぼると、アサガオの色水ができる。

色水をコップに入れ、重炭酸ナトリウムを入れると、液が青紫色に変わる（アルカリ性）。

また、別のコップに色水をとり、これに酢を1滴入れると色が赤色に変わる（酸性）。

アサガオの花の色は、アントシアン（花青素）に原因していて、アントシアンは、細胞液が酸性のときは赤色、中性のときは白色、アルカリ性のときは青紫色になる。色水遊びは、この原理を応用したものである。

アサガオの色素を、白い紙や布につけると、その花の色に染まるので、これを利用して、色染め遊びをさせるとよい（図5-9）。

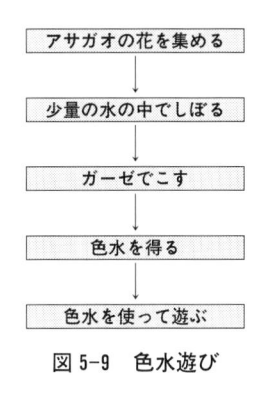

```
アサガオの花を集める
    ↓
少量の水の中でしぼる
    ↓
ガーゼでこす
    ↓
色水を得る
    ↓
色水を使って遊ぶ
```

図5-9　色水遊び

6) アサガオの種子

アサガオの花が咲き終わっても、しばらくは水やりをして、やがて蔓が枯れてから種とりをする。アサガオの実の中は3室に分かれており、各室には2個ずつの種子が入っている（図5-10）。収穫した種子は、陰干しにして、良い種子だけを紙袋に入れ、花色や種とりの日付等を書いて、なるべく涼しい場所に保管しておくと、来年の種子として使える。

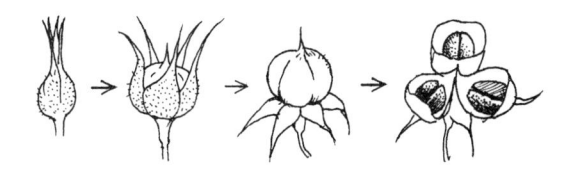

図5-10　アサガオの種子のでき方

2. チューリップ

(1) 教材としてのチューリップの長所と短所

チューリップを幼児教育教材という観点から見た場合、次のような長所と短所が考えられる。

1) チューリップの長所

① チューリップの花は、子どもになじみの深い身近な花の一つであり、また、子どもの歌や物語などによく登場する花である。

② 一般に栽培されているチューリップの花の形は、きわめて特徴的であり、いわゆる「チューリップ型」と言われるほどに、よく知られている。

③ チューリップの花の種類はきわめて豊富で、また、花の色もたいへんに多い。花の形も一重と八重咲きがあり変化に富んでいる。

④ チューリップは球根であり、寒さにも強いので、子どもにも比較的簡単に栽培ができる。

2) チューリップの短所

チューリップには、以上のような数々の幼児教材としての優れた特徴があるが、次のような困った点もあるので、保育者はこれらの点を解決するようにしたい。

① チューリップの花が咲く時期は，品種によっても異なるが，一般には3月中旬から4月下旬に開花するものが多い。

幼稚園では，この時期は学年の境に当たり，クラスが変わったときの取り扱いを指導計画の段階から考えておく必要がある。

② チューリップは，ウイルス病に感染しやすいので，球根は毎年新しいものを購入して栽培させる必要がある。したがって，球根の購入代金等の予算を確保しておく必要がある。

（2）チューリップの品種

チューリップには，開花の時期や，草丈，花の形，花の色などによって，いろいろな種類があるので，教材としてもっとも適したものを選ぶ。

【早咲き種】

開花期は，3月下旬〜4月初旬で，草丈は20cm前後の矮性種のものが多く，鉢栽培に向いている。卒園式に間に合うように花が咲く品種もある。

【中性咲き種】

開花期は4月上旬〜中旬で，草丈は35〜50cmで，花壇栽培や切り花用として向いている。鉢栽培のときは，草丈が高いので，大きな鉢に植える。主要品種はこれに含まれる。

【遅咲き種】

開花期は4月下旬〜5月上旬で，草丈は40〜50cmと高性種で，大輪の花を咲かせるものが多い。花壇栽培や切り花用としてよい。鉢栽培は難しいので花壇栽培がよい。

（3）チューリップの球根の選び方

チューリップの球根（図5-11）には，根や葉を成長させるに必要な養分の他に，花芽を作るもとになる部分や，さらに花が咲き終わった後に新球となる側芽がすでにできている。したがって，球根を選ぶときには，見た目にもある程度大きく，手で触ったときに球根の中が充実した感じのものを選ぶ。

チューリップの球根は，腰回りの大きさによって，12cm球，10cm球，8cm球等の分け方があるが，球周の大きい球根ほど立派な花が咲く。チューリップの品種にもよるが，ふつう6cm以下の球根には花が咲かない。

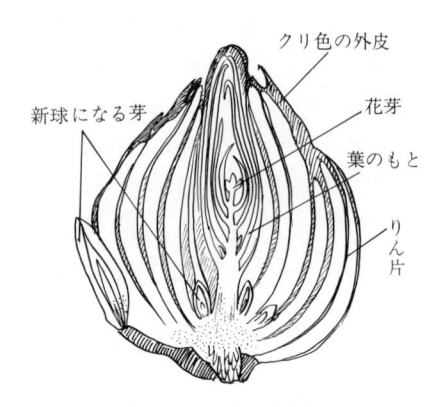

図5-11　球根の断面図

（4）球根を植える時期

チューリップの球根は，秋の早い時期に植えても成長がよくないので，ふつうは10月中旬から11月中旬頃に植えるとよい。

（5）チューリップの花壇栽培の方法

チューリップの球根は，成長に必要な養分を球根の内部に蓄えているので，非常に栽培しやすい草花である。園庭の片隅や，落葉樹の下などで，日当たりのよい砂地の場所に小さな花壇を作って，そこに球根を植えるとよい。日陰や湿った所はよくない。

球根を植え付ける予定の2〜3週間前に，石灰を1m²当たり200gを散布して土を耕しておく。そして，植え付ける前に，元肥として緩効性化成肥料を20〜30gと堆肥を300g施してから，土を平らにして整地する。

球根を植える場合には，開花時期や花の色，草丈等を考えて，品種を選定する。

球根を植える間隔は，前後左右は約15cm（球根2個分）程度が標準であるが，多少密に植えた方が

1. 子どもと花

花が咲いたときに美しく見える。そして深さが7～10cm位になるように土をかぶせる（図5-12）。

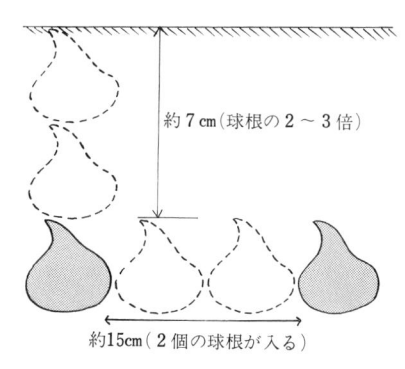

図5-12 球根の植え方
約7cm（球根の2～3倍）
約15cm（2個の球根が入る）

（6）チューリップの鉢栽培の方法

鉢は方々に移動することができるので、花が咲いたときに場所を移動させて、いろいろな場所で花を楽しむことができる。

チューリップの鉢栽培に用いる鉢は、直径が12cm位の4号鉢から、15～18cm位（5～6号鉢）がよい。

チューリップ鉢栽培の用土は、赤玉土5、川砂3、腐葉土2の混合土がよい。鉢底に素焼きの鉢のかけらを敷くか、金網を敷き、ゴロ土を入れ、その上に用土を入れる。

球根を植える深さは、鉢栽培の場合は球根の頭が少し隠れる程度（1～2cm）にする。これは鉢の中で根の張りをよくするためである。

（7）植え込み後の管理

球根を植えた後、約10日位で細根が出てくる。花壇栽培の場合は、ほとんど手入れは必要ないが、特に乾燥が強い場合には日中に水やりをする。チューリップの花芽は冬の低温によって刺激を受けて成長を開始する。したがって、植えた後、1月中旬～1月下旬までは戸外で管理する。チューリップは耐寒性が強い植物であるから特別に防寒をする必要はないが、もし防寒をする場合は、落ち葉をかけておく程度でよい。花壇栽培の場合は、2～3月、地上部に芽が伸び出す頃、追肥として1m²当たり化成肥料を10～20g施す。

チューリップは寒さには強いが乾燥には弱いので、冬の間にひどく乾燥させると花が咲かなくなることがある。したがって、冬の間も時々水やりをしたり、敷き藁や落ち葉をかぶせて乾燥しないように注意する。鉢栽培の場合は、追肥は必要ない。

（8）チューリップの花の開花

春になると芽が急速に伸び、芽に包まれていたつぼみが、葉の展開とともに膨らみ、大きくなる。やがて3枚の葉の間から長い花茎がのびて花が開く（図5-13）。

チューリップの花は、ふつうは一茎に一花が咲くが、枝咲き種では二花以上が咲く。花の形には、一重と八重がある。

開花の時期は、早咲き種では3月下旬～4月上旬、中性咲き種は4月上旬～中旬、遅咲き種は4月下旬～5月上旬になる。

（9）花後の管理

暖地では、ウイルス病のため球根は毎年更新しなければならないので、花が咲いた後は適当に処分する。

冷涼地では、花が咲いた後養分が花や種子に吸収されるのを防ぐために、花がらをつみ取る。茎は葉緑素を含んでいるので、光合成に役立つので残しておく。花壇栽培のものは水やりは不要であるが、プランター栽培のものは、葉が黄色くなる6月頃までは乾かないように水やりをする。

5～6月になり気温が25℃以上の日が続くと地上部が枯れてくる。秋に植えたチューリップの球根は、花が咲く頃にはほとんど原形を留めておらず、茶色の外皮だけが残っている。しかし、残った外皮の内側には新しい球根が育っている。ふつうは、そのうちの1個だけが大きく、他の数個は小さい。鉢栽培やプランター栽培のものでは小

図 5-13　チューリップの成長

さな球根ばかりになる。大きな球根の球周が7～8 cm あれば，その年の秋に植えて翌年花が期待できる。それ以下の球根は，もう1年花壇に植えて球根を大きく育ててやる必要がある。

葉が黄色く枯れたら試し掘りをして，新しくできた球根の外皮が茶色になっていれば掘り上げる。地上部は枯れていても，外皮がまだ白い状態であれば，掘り上げを遅らせる。

地上部は枯死するので，球根を掘り上げ，日陰で乾燥させて保存する。

3．ホウセンカ

（1）教材としてのホウセンカの長所と短所

ホウセンカを幼児教育教材という観点から見た場合，次のような長所と短所が考えられる。

1）ホウセンカの長所

① ホウセンカは，アジア南部原産の植物で，夏の暑い時期に花が咲く，夏の花壇の代表的な草花である。子どもの中には，この花の汁を爪に塗って遊んだ経験をもっているものもいるかもしれない。ホウセンカは栽培しやすい草花であり，前年のこぼれた種で発芽するものもあり，花壇でふつうに見られる植物である。

② 一般に花壇で栽培されている草花は，日当たりがよくないと育ちが悪い草花がほとんどであるが，ホウセンカは日当たりが多少悪くても結構よく育つので，日当たりが十分でない場所で栽培するのには好都合である。ふつう，日当たりが多少悪くても育つ草花はたいへん少ない。日当たりがあまりよくない場所でも栽培できる草花には，ホ

1．子どもと花

ウセンカのほかにアフリカホウセンカがある。アフリカホウセンカも園内で栽培するとよいであろう。

アフリカホウセンカは，温室や暖かい部屋では，一年中花を咲かせることができる。

③ ホウセンカの花の色は，赤，紫，桃，白，絞りなど多彩である。また，花の汁を爪に塗ってマニキュア遊びをするのに都合がよい。

④ ホウセンカの熟した果実に，指で軽くさわると，種子が勢いよくはじきとばされる。子どもは，遊びながら自然の種子の散布の仕方を学習できる。

2）ホウセンカの短所

ホウセンカは以上のように，日当たりが多少悪くても成長する草花であり，また，手入れも水やり程度でよいので，とりあげて欠点を指摘するものはない。

しかし，ホウセンカは寒さに弱いので，秋になって気温が低くなると枯れてしまう。

（2）ホウセンカの栽培
1）ホウセンカの種まき

ホウセンカは，4～5月頃種をまく。花壇をよく耕し，土を平らにしてから種をまく。種のまき方は，ばらまき，点まき，すじまきがあるが，いずれでもよい。種をまいたらその上に細かい土を薄くかける。その上にじょうろで静かに水をかけておく。

2）ホウセンカの育て方

本葉が出た頃，丈夫な苗を残して間引きをする。間引きをしないで密植のままにしておくと，茎が細く，弱々しい苗になる。適当に間引きをすると，苗は太く，丈夫に育つ。

夏の間は十分に水やりをする。

3）ホウセンカの花と実

ホウセンカは，8～9月に花が咲く。ホウセンカのおしべとめしべは，熟す時期がすこしずれているので，自花受粉が防げる。

花が終わると，子房がだんだん膨らんで，毛におおわれた緑色の若い実になる。

実は熟すると，黄色みがかってくる。実には5本のすじがあり，指で軽くさわると，そのうちの1本が左右に開いて，同時にくるっと内側に曲がり，中にある種をはじきとばす。また，さらに熟すと実は自然にはじけて種子を遠くに散布する。

4）ホウセンカの花の色染め遊び

ホウセンカの花は，水分が多く，その中に色素が含まれているので，赤い花を指先でしぼり，爪に塗ると爪が赤くなる。いろいろな色の花を使って染めて遊ぶとよい。

また，布や紙を染めると，花の色に染まるので，いろいろな色の花を使って，色染め遊びをするとよいであろう。

5）ホウセンカに赤インキを吸わせる

ホウセンカは，茎が太く，やわらかく，色水を吸わせると水の通路が見える。

白い花が咲いているホウセンカを，葉や花をつけたまま茎を切り，赤インキの中に茎を入れる。

赤インキにつけてから，約10分もすると，白い花が赤インキで赤く染まってくるのが見られる。約1時間もすると，葉も赤く染まる。

これは，赤インキがホウセンカの道管を通って葉や花に運ばれ，葉や花が赤く染まるのである。また，ホウセンカの茎をよく観察すると，赤インキの通路（道管）が赤く染まっているのが見られる。

（3）アフリカホウセンカ（インパチェンス）
1）インパチェンス

アフリカホウセンカは和名で，一般にはインパチェンス（Impatiens sultani Hook）と呼ばれている。インパチェンスは，植物分類学上は，ツリフネソウ科の多年草であるが，園芸上は，一年草として扱っている。南アフリカ産の植物であるが，最近は品種改良が進み，多数の品種が作り出されている。

近年は，ニューギニア・インパチェンスといわれる大輪系の新種が開発されている。

インパチェンスは，夏花壇，吊り鉢，プランター植えなどによい。インパチェンスは半日陰でも育つので，大きな木の陰など，ふつうの草花が育ちにくいところでもよく育ち，開花するため，一般によく栽培されている。

花の色も豊富で，赤，桃，橙，赤紫，白など非常に多彩である。

2）インパチェンスの栽培

インパチェンスは，種子から育ててもよい（実生）が，簡単に栽培するには，鉢苗を買ってきて，それを挿し芽して育てるのが失敗しなくてよいようである。

種子から育てる場合に次のようにする。

a）実生栽培——種子から育てる インパチェンスは，寒さには弱く，発芽・生育の適温が比較的高いので，暖地では4月，寒地では5月以降に種をまく。

種子は小さいのでピートバンを利用して，種が重ならないようにまく。種には土をかけない。発芽に光が必要なので，暗い部屋では発芽しない。

発芽までは乾かないように水やりをする。種をまいて10日位で発芽が始まる。発芽の適温は，15〜25℃である。

発芽して本葉が展開した後，苗と苗が触れあう前に，小鉢などに植え替え，苗を育てる。小鉢の用土は，有機質を含む肥沃で，水はけのよい土を使用する。そして，日当たりがよく通風のよい場所に置く。

苗が育ったら花壇や鉢に植え付ける。花壇植えは，真夏に半日陰になるような場所に，25 cm前後の間隔に植え付ける。

鉢植えでは，15〜18 cm鉢に1本程度を目安にして植え付ける。その後は，株の生育に伴って大きな鉢に植え替える。

b）挿し芽栽培 挿し芽は，清浄な川砂またはバーミキュライトなどを用いる。挿し芽は，茎の先端部を切り取り，ぬれた川砂などに挿す。20〜25℃で約2週間後に発根する。移植後は日よけをし，活着をよくする。生育が旺盛で，水を好むために，水やりを十分に行う。

4．タンポポ

（1）幼児教育教材としてのタンポポ

タンポポの花は，早春から夏にかけて，日本中ほとんどどこの草原や畑の道ばたでも，その特徴的な花を見ることができる。

タンポポの花は，株から伸びた花茎の頂上に1個の花をつけた頭花（頭状花序）で，花の色も鮮やかな黄色で，目立ちやすく，子どもも容易にタンポポの花を探し出すことができる。

さらに，花が終わると，白い冠毛に覆われ，風でふわふわと飛んでいく。子どもたちには，これを手にとって，口で吹いて飛ばして遊んだ経験を持っているものも多いであろう。

このように，子どもになじみやすい野草を観察し，遊びながら自然を観察しようとする習慣を身に付けるようにしたい。

（2）タンポポの種類

私たちがふつうに見ているタンポポは，ヨーロッパ原産のセイヨウタンポポである。

タンポポは，キク科タンポポ属の多年草植物で，根はゴボウ根で深くまっすぐに地中に入り，非常に丈夫な植物である。根を3〜4 cmの長さに切り，水に浸した綿の上にのせておくと，切った根から芽が出て来るほどである。

タンポポの仲間には，日本全国で見られるセイヨウタンポポのほか，関東地方に多いカントウタンポポ，近畿から四国・九州に多いカンサイタンポポ，関東以北の山地や北海道に多いエゾタンポ

ポなどがある。これらの花はいずれも黄色である。花が白いシロバナタンポポは，関西から西の地方に分布している。

セイヨウタンポポの花の総包片は強くそり返っているが，日本在来のタンポポは総包片が花にへばりついていて，そり返らない（図5-14）。

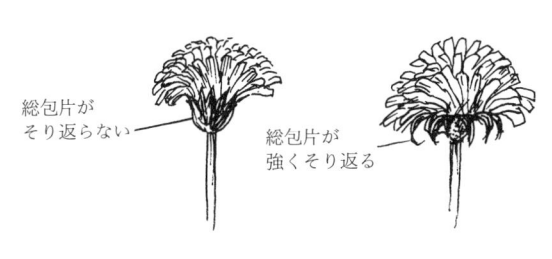

図 5-14 セイヨウタンポポの見分け方

（3）タンポポの花

タンポポの花は，およそ100〜200の小花が集合して一輪の花（頭花）を作っている。一つひとつの小花は舌状花からできている（図5-15）。

（4）タンポポの花の開閉運動

タンポポの花は，日中陽が照ると開き，陽が沈むと花は閉じる。西洋では「牧童の時計」の愛称がある。また，日中でも曇りや雨の日には花は十分に開いていない。

これは，タンポポの花に光の強弱によって開閉運動をする性質があるからである。このことを調べるには，花が咲いているタンポポに，光を通さないバケツやダンボール箱などをかぶせて内部を暗くし，3〜5時間暗い状態を保っておくと開いていた花がしぼんでいるのが見られる。

（5）タンポポの花茎の運動

タンポポの花茎は，一株から数本が出る。タンポポの花茎は花が開いた状態でも成長が続き，花茎は伸びている。花が終わると花茎は倒れるが，花茎はなおも成長を続けている。そして，冠毛が開く頃には，倒れていた花茎が再び立ち上がってくる（図5-16）。

図 5-15 タンポポの花のつくり

図 5-16 タンポポの花の変化

（6）タンポポの葉——冬はロゼット葉

タンポポは，冬も地上部が枯れない多年草であるが，冬は厳しい寒さをしのいで越冬するために，タンポポの葉は，大地にへばりついたような形に変化し，冷たい冬の風の影響を少なくするようなつくりになっている。

寒い冬が去り暖かくなると，葉は立ってきて，春から夏にかけてふつうに見られるタンポポの葉になってくる。

（7）タンポポを使った遊び

タンポポの花は，きれいな黄色をしているので，目立ちやすく，子どもも容易に見つけることができる。花を観察した後で，花かんざしを作ったり，花の腕輪を作って遊ぶのもよい。

白い冠毛をつけた花は，口で静かに吹くと，冠毛を付けた種子が，ふわふわと小さなパラシュートのように飛んでいく。

また，タンポポの花茎は，中空になっているので，花茎の両端に，軸に沿って縦方向に切れ目を入れ，それを水の中に入れておくと，そり返って，水車の羽のようになる。タンポポの小さな水車を作って，水車遊びができる（図5-17）。

また，花茎の一端に同様な切れ目を入れて，水につけて水車状のそり返りを作り，上に向けて下から口で吹くと玉吹き遊びができる。

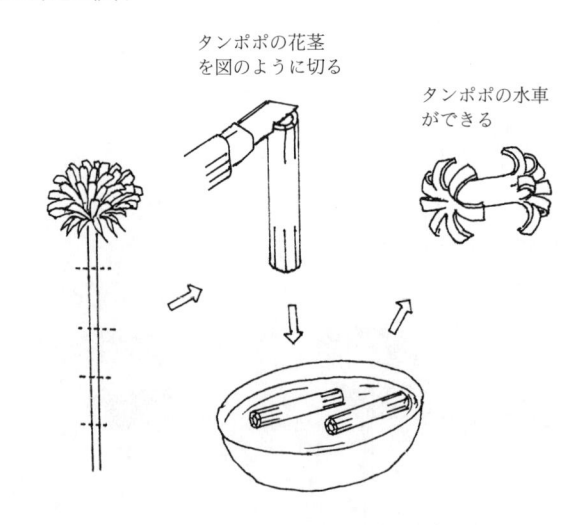

図 5-17　タンポポの花茎の水車

2．花壇と草花

　幼稚園や保育所の限られた面積の花壇を有効に生かしながら，一年中，休みなく季節の花を咲かせ続けることは容易なことではない。幼稚園や保育所は珍しい植物や希少価値の高い植物を栽培している「植物園」とはその性格が異なるので，栽培するのにあまりに高度の知識や栽培技術を必要とするような，植物を栽培することは望ましくない。

　花壇で草花を栽培する場合に，特に重要なことは，日当たりがよいかどうかということである。このことは，3節の「野菜園」の場合も同じであるが，1日に2～3時間しか日が当たらないところでは，種や苗から大きく育てることは無理である。そのような所では，つぼみをつけた花の苗を買ってきて，それを植えて，花を楽しむことはできる。しかし，花壇としては，やはり日当たりのよい場所を確保したいものである。

　幼稚園・保育所では，保育活動に役立つような草花や植木を選んで栽培するようにするとよいであろう。

1．四季の草花

（1）保育活動にのぞましい草花

　幼稚園や保育所で，保育活動に役立つ草花は多数考えられるが，およそ次のような条件に適する種類の草花が考えられる。

1）子どもが喜ぶ草花

　童話や幼児の歌などに登場する花のように，子どもが小さい頃からよく知っている草花。

2）栽培しやすい草花

　子どもが世話しても育つような草花。また，生育の途中で保育活動に利用しても，生育が阻害されたり，枯れたりしないような丈夫な草花。

3）狭い場所でも栽培できる草花

　一般に，幼稚園や保育所では，草花の栽培に十分な広さの花壇が得られない場合が多いので，やむなく鉢栽培やプランター栽培にしなければならないこともある。したがって，狭い場所でも栽培可能な草花が望ましい。

4）比較的少ない経費で栽培できる草花

　草花の種苗代や栽培容器代等に，あまり高額の出費を要しない草花がよい。ただし，種苗代や種子代は，あまり節約しすぎるとよい苗を得ることができない場合もあるので，ある程度の支出が必要なこともある。

5）花の咲く時期が長い草花

　なるべく長い期間にわたって花が咲いているものが，子どもにその草花を認識させるのに都合がよい。その逆に，サクラやキクの花のように，ある季節に特徴的な花を咲かせる植物が，四季の変化をとらえさせるのに都合がよいこともある。

6）花の色が豊富で鮮やかな草花

　花の色は，赤や黄色などのように鮮やかなものが子どもの好奇心をひきやすく，注意を向けさせるのに都合がよい。

7）草丈が適当な草花

　鉢栽培の場合は，草丈の高い草花は，鉢がよほど大きくないと，風などで転倒しやすい。また，鉢を移動させるにもたいへんである。また，草丈が高いと植物全体に日光を当てることも難しい。

　しかし，花壇の奥の方に植える草花は草丈の高いものがよい。

　このように，草丈の高さは，植える場所によっても異なってくるので，栽培計画の段階でよく検

第5章 子どもの身近な植物

討することが必要である。

8）子どもが安心して取り扱える草花

子どもの安全性を考慮して，毒や固いトゲなどのないものを栽培する。また，あまり種類は多くないが，植物によっては，かぶれて湿しんができるものもあるので，そのようなものは避ける。

植物の種類によっては，毒虫が発生するものもあるので，害虫駆除の計画も考慮しておくこと。

9）休み中の管理が容易な草花

当然のことながら，夏休み中などは，水やりほかを当番制などによって，父兄の協力を願う場合も考えられるので，なるべく簡単な管理で解決できるような方法を考える。

水やりのみであれば，タイマー付きの自動散水器（スプリンクラー）の利用も考えられる。

（2）四季を彩る主な草花

草花には，非常に多くの種類があるが，これを大きく分けると，一年生草花，球根植物，宿根草の三つのグループに分けられる。

はじめから，あまり多種類の草花を栽培しようとすると，途中でたいへんになってしまうので，はじめのうちは，代表的な花を数種類選んで栽培するとよいであろう。花の咲く時期を中心にして，四季の花壇の主役とも言える草花をあげると表5-1，表5-2のようになる。自分の担当する花壇には，どのような花を栽培すればよいかを，表を参考にして計画を立てるとよいであろう。

表5-1 春まき一年生草花と秋まき一年生草花

分類	草花名	栽培の時期 種まき（月）	栽培の時期 苗の移植（月）	花の咲く時期（月）
春まき一年生草花	アサガオ	5	6	7～8
	ヒマワリ	4～5	5～6	7～9
	ホウセンカ	4～5	5～6	7～9
	マリーゴールド	4～5	5～6	7～10
	オジギソウ	4～5	5～6	8～9
	サルビア	4～5	5～6	6～10
	ハゲイトウ	4～5	—	9～10
	アフリカホウセンカ	4～5	5～6	7～10
	ハボタン	7～8	10～11	11～2
秋まき一年生草花	キンセンカ	8～9	10～11	4～6
	パンジー	8～9	11～3	3～5
	スイートピー	10	—	5～6
	デージー	9～10	10～11	3～5
	ヤグルマギク	9～10	10～11	4～5

表5-2 球根草花と宿根草

分類	草花名	球根の植え付	株分けの時期	花の咲く時期
球根草花	カンナ	4～5		7～9
	グラジオラス	4～8		6～10
	ダリア	4～5		7～10
	アネモネ	9～10		4～5
	クロッカス	9～10		2～3
	スイセン	9～10		1～4
	チューリップ	10～11		4～5
	ヒヤシンス	10～11		4～5
宿根草	アヤメ		6	8
	アガーベラ		3～4	6～10
	キク		4～6	10～12
	ホオズキ		4	7～8
	ハナショウブ		6	5～6

2．春まき一年生草花

（1）春まき一年生草花

一年生草花（一年草ともいう）とは，種子から発芽して成長して花が咲き，実を結んで枯れるまでの期間が一年以内の草花のことである。しかし，元来多年生のものでも，播種後一年以内に開花するものは一年草として扱うものもある。また，品

種改良によって，多年草を一年草化したものもある。

（2）春まき一年生草花の種まき
1）種まきの時期
　一年生草花（一年草）は，種まきから始まる。春まき一年生草花は，熱帯原産の植物が多いので，発芽にかなり高温（20℃以上）が必要なので，その土地のヤエザクラの花が咲くようになってからまいたほうがよいものが多い。
　種子は，古いものは発芽しなかったり，発芽が悪いものもあるので，毎年新しいものを購入する。

2）種をまく方法
　種を花壇にまく方法には，花壇に直接まくじかまき法と，苗を育ててから苗を移植する移植まき法とがある。
　a）じかまき法　じかまきをする草花は，アサガオ，ヒマワリなどのように，種子が大きいものに多い。また，移植をきらう草花（ヒナゲシなど）は，原則としてじかまき法による。
　じかまき法では，種子をまく場所に，あらかじめ堆肥，鶏糞などの元肥を施して，地ごしらえをしておいてから種子をまく。
　b）移植まき法　じかまき法に対して移植まき法は，まき床や植木鉢，平箱などに種をまき，発芽後一度移植して苗を育て，その苗を花壇などに移植する方法である。移植まき法は，移植可能な種類について行われる最も一般的な方法である。この方法は移植という手間がかかるが，移植によって苗に小根が多く出て，根がよく発達し，丈夫な苗に育つ利点がある。
　c）種まきの方法　種のまき方には，ばらまき，すじまき，点まきがある。種まきの方法について述べると次のようになる。
　種まきには発泡スチロールの平箱を利用する。箱の底に水はけ用の穴を数個開け，穴から土が落ちないように網を張っておく。箱の底に，数cmの厚さに大粒のゴロ土を入れて水はけをよくする。ゴロ土の上にまき土を入れる。まき土は，腐葉土を混ぜた軽い土で，水はけがよく通気性のよい土がよい。肥料はない土がよい。市販のバーミキュライトや清潔な川砂に腐葉土を混ぜて用いるとよい。
　① すじまき　　板きれを用いてまき溝をつけ，まき溝の底に種をまく。大きい種をまくのに都合がよい。
　② ばらまき　　まき土の上に，種をばらまく方法で，細かい種をまくのに適している。
　③ 点まき　　指や棒で，まき土に穴を開け，一つの穴に種を1〜2粒ずつまく。アサガオのような粒の大きい種をまくのによい。
　いずれの方法も，種をまき終えたら，種が隠れる程度に土をかけ，じょうろ（如雨露）で十分に水をかける。また，植物名を書いた名札を立てて置く。
　なお，好光性種子といって，発芽に光が必要な種子（たとえばペチュニア，コリウスなど）には，まったく土をかけずに，新聞紙をかぶせ，水は底から吸わせるようにする。
　d）ピートバンも便利で効果的　種をまく場合，ピートモスを加工して板状にして作ったピートバンは，水を注ぐと吸水して厚くふくらみ，その上に種をまくとよい。ピートバンは，消毒済みであるので，苗腐敗病の発生も少なく便利で失敗も少ない。アフリカホウセンカ（インパチェンス）の種のように，小さい種をまくのに都合がよい。

3）苗の移植
　発芽したら，なるべく早い時期に間引きする。苗が大きくなってきたら，別の鉢やプランターなどに移植する。苗が生育するにつれて，間引いたり，2〜3度移植すると丈夫な苗に育つ。

4）定　植
　育てた苗を，花壇や別の容器に植え込むことを定植という。
　a）花壇に定植　育った苗を，花壇に植え付けるには，あらかじめ植える場所を地ごしらえをし

ておく。
　スコップで20～25 cmの深さに耕し，油かすや堆肥，化成肥料などを土とよく混ぜて平らに整地し，そこに比較的ゆったりした間隔で定植する。植えるとき株元はあまり強く押さえないように注意する。

　b）鉢やプランターに定植　　鉢やプランターなどの容器に植える場合は，どうしても密植になる。容器植えは，地植えに比べて条件が悪くなるので，排水や通気性はもとより，栄養に富んだ土を使い，肥料も施すようにする。

（3）購入した花苗の植え付け
　春の花壇に植える草花の苗は，前年の秋に種をまいて，寒い冬を越して育ってきた苗である。幼稚園・保育所では，いろいろな事情によって，冬の管理を十分に行うことは困難な場合が多い。そこで，春になって売り出される草花の苗を購入して，花壇に植え付け，子どもに春の花に関心を持たせるようにするとよいであろう。

（4）秋まき一年生草花
　1）秋まき一年生草花の性質
　秋に種をまいて，冬を経過して，春になってから開花する仲間で，寒さに強く，苗の時代に低温を受けて花芽が作られ，春の長日条件で開花する草花である。
　この種の草花は，秋に種をまいて，次の年の春に花が咲き，夏のはじめに枯れる草花であるので，足かけ2年にわたって生育する。したがって，昔は二年草といわれたこともあるが，現在では「秋まき一年生草花」と呼んでいる。なお，発芽から枯死まで1年以上2年以内の「二年生草花」もあるが，その種類は少ない。

　2）秋まき一年生草花の種類
　秋まき一年生草花は，春の花壇を飾る草花の主役で，キンセンカ，パンジー，スイートピー，デージー，ヤグルマギク，カスミソウなど多数の草花がある。

　3）種をまく時期
　秋まき一年生草花は，9月下旬から10月初めにかけての，秋の彼岸の前後が種まきの適期である。この頃は，まだ花壇には秋の花が咲いているので，種は鉢か苗床などにまき，苗を育ててから花壇に移植する。

　4）苗の育て方
　発芽がそろい，本葉が出始めてきたら，間引きを始める。間引きは2回位に分けて行うとよい。間引くときは，原則として成長のよいものを残して間引くようにする。点まきのものは，1カ所に1本を残して間引く。じかまきの場合は，苗はそのまま育てるので，間引き後は，すぐに化成肥料や油かすなどの追肥を行う。その後も，月に1～2回追肥を行う。
　移植まき法では，間引きした後，苗が込み合ってきたら，鉢やプランターなどに植え広げる。寒い間は，地上部の生育は悪いが，根は十分に伸び，春の定植時には丈夫な苗になる。
　冬季の防寒は，パンジー，ヤグルマギクなどの耐寒性種は，ほとんどしなくてもよい。

3．球根草花

（1）球根草花
　秋に植えたチューリップが，春になって見事な花を咲かせたり，水栽培のヒヤシンスが，土もなく，肥料もないのに，勢いよく根を伸ばし，きれいな花を咲かせる場面に，初めて出会ったときの感動は，誰でももっているであろう。
　球根植物は，広義には多年草に含まれるが，植物の根・茎・葉の一部が変形肥大化して，球状の根のような形になっているために，これらをまとめて球根類と称している。

（2）球根は植物のどの部分か

　球根は，植物体の一部が地下で養分を貯蔵して多肉化したものである。多くの場合，栄養繁殖に役立つ。球根という語は，園芸用に用いられる語で，植物学上はいくつかの範疇に分けられる。球根は，貯蔵する植物の場所によって，次のようにいろいろな名で呼ばれる。

　a）**鱗茎**（りんけい）　葉が肥厚変形したもので，これには二つのタイプがある。一つは，有皮鱗茎と称し，外側は薄い皮で包まれているもので，スイセン，チューリップ，ヒヤシンスなどがある。他の一つは，無皮鱗茎と称し，外皮が無いもので，ユリ類がこれに属す。

　b）**球茎**　地下茎が球状に肥大したもので，グラジオラス，クロッカス，フリージアなどがある。

　c）**塊茎**　地下茎が肥大して塊状または球状になっているもので，シクラメン，アネモネなどがある。

　d）**根茎**　地面や地下を水平に延びた地下茎が肥大したもので，カンナ，ジャーマンアイリスなどがある。

　e）**塊根**　根の一部が肥大したもので，ダリア，シャクヤクなどがある。

（3）春植え球根

　春植え球根には，カンナ，ダリア，アマリリス，グラジオラスなどがある。これらの球根は，暑さには強いが，寒さには弱いので，春に球根を植える。花は夏から秋にかけて咲く。そして晩秋になると地上部は枯れて休眠する。

（4）秋植え球根

1）秋植え球根の性質

　秋に球根を植えて，春に花を咲かせる種類で，夏になると地上部は枯れて，球根は休眠する。この仲間は，熱帯原産のものがほとんどで，夏は休眠しているが，秋になって涼しくなると発芽して成長する。

　この種類の球根は，植え付け後，低温をある期間経過しないと花芽が伸びない性質があるので，冬の間は，暖房のある部屋で越冬させないようにする。

2）秋植え球根の種類

　秋植え球根には，チューリップ，スイセン，ヒヤシンスなどよく知られたものが多数（約30種位）ある。

3）秋植え球根の植え付けの時期

　秋植え球根は，9月上旬から11月中旬に植え付ける。一般に，小さい球根ほど早く植え付ける。

4）秋植え球根の植え方

　球根を植え付ける間隔は，前後・左右とも球根の直径の3倍を目安にする。しかし，地上部の茂り具合や，花を咲かせたときの効果などを考慮して，球根を植える間隔を決めるとよい。

　球根を植える深さは，球根の種類によって異なるが，球根の2倍以上を標準にする。ただし，鉢植えやプランター植えの場合は，球根が地面から隠れる程度に植える。

　また，ユリのように，球根の上部から根が出るものは，3倍の深さに植える。

　花壇に植える場合は，土質は問わないが，水はけのよい場所に植える。肥料は，土を耕した後，腐葉土と化成肥料を混ぜて施す。

　球根を花壇に植える場合は，品種や系統の違うものを混植すると，花が咲いたときにさえないので，同じ品種のものをまとめて植えるようにするとよい。

（5）球根の水栽培

1）水栽培に用いる球根

　水栽培に適した球根は，寒い冬を越して春になった時に，花を咲かせるのに必要な養分を球根の中に貯蔵していることが必要である。そのためには，かなり大型の球根が適している。

　一般に，球根の水栽培には，ヒヤシンスが最も

よく用いられる。ここでは，ヒヤシンスの水栽培について述べる。

水栽培に用いるヒヤシンスの球根は，球根の周囲が15cm以上のものがよい。

ヒヤシンスの場合は，有皮鱗茎の外皮の色が，花の色とほぼ一致しているので，外皮の色から，将来咲く花の色の見当をつけることができる。たとえば，外皮の色が紫紅色のときは，花の色は紫・青・赤色で，外皮の色が白色のときは，白か黄色の花が咲く。

2）水栽培の容器

市販の水栽培容器には，プラスチック製とガラス製があるが，破損したときの安全性を考えて，プラスチック製のものがよいであろう。大きさは，球根の大きさに合わせる。

3）水栽培を始める時期

球根の水栽培を開始する時期は，秋もかなり涼しくなってきて，水温が15℃前後になった頃から始める。球根は，秋の低温によって休眠から目覚めてくるし，夜の低温によって発根が促進される。

これに相当する時期は，10月下旬から11月上・中旬に当たる。

水栽培開始の時期が早すぎると，気温が高いので発根しないし，容器の水が腐ったり，球根の底部が腐敗したりして失敗することがある。

4）管理の要点

水栽培開始の直後は，球根の発根部がわずかに水に浸る程度に固定して，容器を暗所に置くか，アルミホイルまたは黒い紙で包んでおく。

根が伸び始めたら，球根と水面の間が1～2cmあくように水の量を減らす。栽培中の水は，ときどき取り替える。

根が伸びたら，水位を下げ，根が空気に触れて呼吸できるようにする。

根が十分に伸びてきたら，凍らない程度の寒さに，30～40日間さらした後，室内に取り込む。およその見当としては，立春（2月4日頃）に，日当たりのよい暖かい場所に移す。この寒気に当てる期間が不十分だと，葉だけが伸びて花が咲かなくなるなど，その後の正常な生育に支障を生じることがある。

5）開花と開花後の始末

ヒアシンスの肉厚の葉（4～6枚）が，4～5cm位に伸びる頃になると，つぼみができ始める。つぼみは次第に色づき，やがて15～25cmに伸びた花茎に，釣り鐘状の肉厚の小さい花を咲かせる。花の色は，青，桃，白，紫，赤，クリーム色など多彩である。

花が終わったら，花柄を取り除いて，緑の葉や花軸のついたまま，花壇に植える。お礼肥（おれいごえ）として，化成肥料を根元の土に混ぜ，葉が半分隠れる程度に植えておけば，翌々年には春の花壇を美しく飾ってくれる。水栽培後の球根は，花壇に植えても，根が傷んでいるので，翌年開花する球根はできない。

4．宿 根 草

（1）宿根草とは

植物の中には，冬は地上部の大部分は枯れるが，地下部は休眠状態で越冬し，翌年ふたたび根茎から芽を出し開花・結実を繰り返す草本植物がある。このような植物を宿根草という。しかし一部には，地上部も枯死せずにロゼット葉（根出葉）の姿で越冬するものもある。これらを総合して多年草と呼んでいる。多年草は，球根類を別に独立させて扱い，球根類を除いた多年草を宿根草と考えればよい。

園芸では，露地栽培を基準にして，一・二年草，宿根草（多年草），球根類というように区別しているが，これらは，形態や生育特性，季節順応性などから区分されたもので，植物分類学的な区分と

は関係ない。

（2）宿根草の分け方

宿根草は，その性質によって大別すると次のようになる。ただし，この分け方は，多分に便宜的なもので，絶対的なものではなく，寒地・暖地によって異なってくる。

1）冬になると地上部が枯れて休眠する種類

これに属する草花には，サクラソウ，ホトトギスなどがある。

2）冬はロゼット形の葉をつけて越冬する種類

このタイプの草花には，キク，セキチクなどがある。

3）年中葉を茂らせている種類

このタイプの草花は，ヤブラン，オモト，シバザクラなどである。

4）冬は戸外では越冬できない種類

マーガレット，クンシラン，ベゴニア類などがある。

（3）宿根草の特徴

宿根草は，他の草花類にくらべて，あまり専門的な知識や技術がなくても，比較的楽に育てることができる。したがって，幼稚園や保育所で栽培するには最も適した草花ということができる。以下にその理由のいくつかについて述べよう。

① 宿根草には，日本産のものが多く，日本の気候風土に合っており，育てやすい。

② 宿根草の多くは，株分けで増やせるので，一年草のように，毎年種をまいて苗を育てる手間がいらない。また，生育の季節になると，自然に育ってくる。

③ 一度植えたら，毎年植え替えなくてもよいものが多い。

④ 草花の性質が強く，よく繁殖する。

⑤ 性質が多様で，草姿や花に変化が多く，それぞれ個性がある。

⑥ 季節感に富むものが多い。

⑦ 日陰地や湿地に育つものもある。

（4）宿根草の増やし方

1）株分け

宿根草の多くは，一度植えておくと，2～3年間は植え替えしなくてもよいものが多い。しかし，株が大きくなりすぎると，元気がなくなるので，株分けをする。株分けは，春と秋に行う。しかし，大部分は春に行う。

キクの仲間は，繁殖力が強いので，毎年のように株分けして植え直したほうが育ちがよい。

小菊を花壇に植えておくと，手入れも少なく，毎年花が咲く。5月初めに，古株を掘り上げ，新しい芽を1本ずつ15cm位の間隔に植えておけばよい。植えた後は水を十分かけて，土が落ち着くようにする。株の根元は周りよりも少し高めになるようにする。

2）挿し木

植物体の一部を切り取って，それから新しい植物を再生させる繁殖法で，この方法では親植物とまったく同じ個体を多数作ることができる。挿し木には，挿し木に使う植物の部分によって，次のように分ける。

a）枝挿し 花木や庭木などの，比較的硬い枝を挿す方法で，一般に挿し木というのは，この方法のことである。アジサイ，ユキヤナギなどの落葉樹は芽が出る前の3月頃に挿す（春挿し，または3月挿し，休眠挿しなどという）。この時期は，植物がまだ休んでいる時期で，切り口から病気が侵入しにくいため，日当たりのよい場所に挿しておけば，比較的楽に根が付く。バラ，レンギョウ，ムクゲ，ドウダンツツジ，ボケなどもこの時期に挿し木する。

また，ツバキやサザンカなどの常緑樹は梅雨の頃に挿し木する（これを梅雨挿しまたは緑枝挿しともいう）。この頃は，自然の湿り気や，温度などの条件に恵まれているうえに，発根に必要なホルモンがたくさんあるので，根が出やすい。この時期

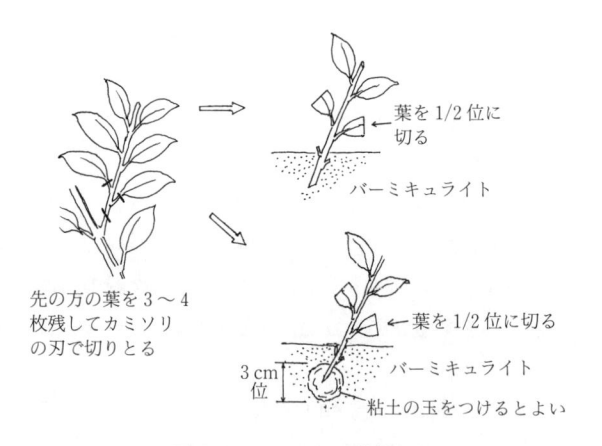

図 5-18 ツバキの枝挿し

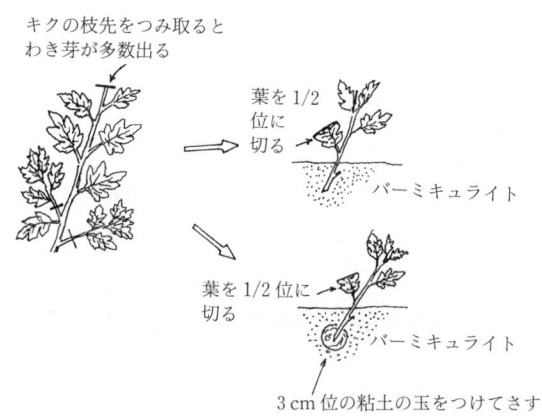

図 5-19 キクの芽挿し

には，ツバキ，サザンカのほか，ツツジ，アオキ，マサキなどの常緑花木のほか，キク，マーガレット，マリーゴールド，マツバギクなどの草花，ユキヤナギ，コデマリ，アジサイなどの落葉花木など，ほとんどの草木の挿し木ができる。

　ツバキやサザンカの場合を例にとって，挿し木の方法を示すと，次のようになる。他の草花の挿し木も，これと同じような要領で挿し木すればよい（図 5-18）。

　その年の春から伸びた新枝を約 15 cm の長さに，葉の付け根のすぐ下で，カミソリの刃のように鋭利な刃物で，斜めに切る。地中に挿す部分の葉を取り除き，地上の葉は 1/3 か 1/2 に切りつめる。30 分以上水につけてから，挿し床に挿す。

　挿し床は，発泡スチロールの箱や平鉢などを利用する。発泡スチロールの箱では，箱の底に排水用の穴を開ける。箱の下には，水はけをよくするために，たる木などを入れておく。

　b）芽挿し　草花類の柔らかい茎の先端部を，約 10 cm の長さにカミソリの刃で切り，枝挿しの場合と同じように地中に挿す部分の葉は切り取り，地上部分の葉は切りつめてから挿す。キク，マツバボタンなど多くの草花類はこの要領で挿し芽で増やす（図 5-19）。

　c）葉挿し　完全な 1 枚の葉か，葉の一部を挿す方法である。ベゴニア，レックス，サンセベリアなどは，葉挿しで増やす。また，ツバキやキクなども葉挿しで増やすこともできる。

3. 野　菜　園

　花壇もそうであるが，野菜園として重要なことは，日当たりがよく，排水性のよいことである。土質は，努力によって，改善することが可能であるが，日当たりは如何ともしがたい。
　野菜園で，少量の作物を栽培するのであればいろいろな支障は比較的少ないが，やや大量のサツマイモやジャガイモ，トマトなどを栽培するときは，クラスだけでは手に負えないこともあるので，計画の段階から園の行事の中に組み入れて，それなりの応援を依頼するようにしておくとよい。
　野菜園で野菜を栽培する場合には，日当たりの問題のほか，土質の問題や連作の問題など，いろいろな問題が潜んでいる場合もあるので，よく調べて見る必要がある。なるべく計画の段階で詳細に調べておいた方が，思わぬ失敗がなくてよいであろう。

1．野菜栽培の基礎

（1）野菜づくりと土質
　野菜は土質によって，よくできるものもあるし，できないものもある。地域によっても土質に違いがある。しかし，作物によって土を変えるわけにはいかないので，野菜園の土質を知って，それに適する野菜を作るようにする。
　日本の土質を，大きく分けると，重い土と軽い土に分けられる。

1）重い土
　一般に重い土といわれる土は，粘土質の粘り気のある土で，土の粒子は小さく，膠質（コロイド質）を多く含んでいるため，粒子同士がくっつきやすい。そのため，土が固まりやすく，乾くと硬く固まってしまい，通気性も悪くなる。掘ったり，耕したりするのに苦労する。
　しかし，よく耕して風化させると，根の発育によい団粒構造になりやすく，また，肥料もちのよい特性がある。
　この種の土の代表的なものが荒木田土と呼ばれる土で，大きい河川の流域に多い粘土質の土である。赤土もこの部類に入る。

2）軽い土
　重い土と違って，粒子にほとんど膠質を含まないので，粒子がくっついて固まることがない。その点，作業がしやすく扱いやすい土である。しかし，肥料もちが悪い欠点がある。
　この種の土は，火山灰の黒ぼく土で，一見，黒々として，たいへん肥えた土のように見える。しかし実際には，通気性，保水性が低く，肥料もちも悪い。加えて酸性になりやすいという欠点がある。赤ぽく土も同様な欠点がある。海岸地帯に多い砂土も軽い土の一種である。砂土は，肥料もちが悪いのは黒ぼく土以上であるが，粒子が粗いために，通気性や排水性がよい。また，保水性にも富んでいるので，追肥をまめに行えば作物にはたいへんよい。

　作物に最も適した理想的な土は，通気性，排水性がよく，しかも保水性のよい土である。しかし，重い土にも軽い土にも，この性質を兼ね備えた土はない。そこで，作物を作るには，これから栽培しようとする野菜園の土を，できるだけ理想とする土に修正する必要がある。

（2）土質の修正法
　重い土にしても，軽い土にしても，最も効果的な土質の修正法は，堆肥や腐葉土のような有機質を畑の土の中に十分にすき込むことである。有機

質を十分に与えることは，肥料を与えるということよりも，土の粒子の間に堆肥を入れて間隙を作り，土の通気性，排水性をよくすることである。そして，粘土質の土では，粒子同士が粘着しにくい構造に変えることができる。

また，わが国の土壌ではほとんどが酸性土壌であるので，石灰（消石灰，苦土石灰）や草木灰を入れて，酸性を中和する。

（3）野菜づくりと日当たり

植物の生育には，日光がきわめて大切である。とりわけ野菜類の大部分では，十分な日当たりを要するものが大部分であるので，なるべく日当たりのよい場所を選ぶ。

日当たりを好む野菜
キャベツ，タマネギ，カリフラワー，ハクサイ，ジャガイモ，サツマイモ，ニンジン，ダイコン，サトイモ，ゴボウ，トマト，キュウリ，ナス，エンドウ，エダマメ，トウモロコシ，カボチャ

半日陰でもよい野菜
シュンギク，ネギ，ホウレンソウ，アスパラガス，パセリ，サラダナ，レタス，コマツナ

日陰でも栽培できる野菜
セリ，ミツバ，フキ，ウド，ニラ，ラッキョウ，ミョウガ

（4）土づくり
1）土をよく耕す

土づくりの第一は，土をよく耕すことから始まる。土をよく耕し，柔らかくすることは，土の中に十分な空気を含ませることになり，根の発育をよくすることになる。

土を耕すには，ふつう，スコップで掘り起こす。そのとき，スコップの掘る部分の深さ（約30cm）に掘る。粘土質の固い土では，掘り起こしながら，土塊を砕いて細かくする。

2）堆肥を入れる

土の構造をよくするために，堆肥や腐葉土（園芸店で販売されている堆肥でよい）を1m²当たり500g〜1kg，土とよく混ぜるようにする。

3）酸度を修正する

ほとんどの土壌では酸性であるので，アルカリ性の石灰を，1m²当たり100gぐらいを散布する。

（5）実際の地ごしらえの方法

野菜園の場所が決まったら，堆肥を全面にまき散らし，その上に石灰をまく。その後を，スコップでていねいに掘り起こしながら，土と堆肥，石灰をよくかき混ぜる。その際，溶性リン肥または過リン酸石灰を1m²当たり50g程度混ぜ合わせるとよい。

この作業は，種をまいたり，苗を植える直前ではなく，その半月〜1カ月前に行うのがよい。

（6）野菜栽培と肥料
1）植物の栄養素

植物の生育に必要な栄養素には，窒素，リン酸，カリの3成分がある。そのほかにも，微量元素が必要である。

a）窒素（N） 昔から葉肥（はごえ）としてよく知られている。植物の体を成長させるのに必要な肥料で，特に葉菜類の成長には欠かせない。しかし，窒素肥料はやりすぎると，葉は黒々と見た目には元気そうに大きく育つが，組織は軟弱に徒長して育つために，病害虫に犯されやすくなる。また，柔らかいので，水分含量が多く，風味に欠ける。果菜類では，草ばかりが育って花や実が付かなくなる。

b）リン酸（P） リン酸は，実肥（みごえ）ともいわれる。果実を収穫する果菜類には特に重要な肥料である。リン酸は，実だけではなく，植物体の組織を丈夫にしたり，体内成分の含有量を高める働きがあるので，味をよくする作用がある。野菜園でおいしい味の果実を作るにはリン酸肥料を十分に与える必要がある。

c）カリ（K）　根肥（ねごえ）ともいう。根菜類にカリ肥料を十分に施すと，見事な収穫が得られる。カリは，根の発育を促進する働きがあるので，根がよく発達し，土中からの栄養の吸収がよくなり，地上部の成長もよくなる。根が丈夫になると，炭酸同化作用も盛んになり，植物が丈夫になり，品質が向上する。植物の耐寒・耐暑性が高くなり，組織も丈夫になる。

カリ肥料は，植物の生育全般にわたって，重要な働きをする肥料で，肥料の3要素中で，最も重要な働きをする肥料といってもよい。カリ肥料は，水に非常に溶けやすいので，特に黒ぼく質や砂質土では，雨水とともに流失しやすい。したがって，追肥として施すのがよい。

d）微量元素　ミネラルと称するもので，ごく微量あればよい。ふつうは，土壌中の潜在量で間に合うことが多い。しかし，長年連作したときは欠乏することがある。欠乏しやすい成分は，鉄，銅，マンガン，マグネシウムなどの金属類である。

微量元素の補給剤は，市販の微量要素剤でよいが，堆肥などの有機物肥料を多用するのが最もよい。

（7）野菜園向きの肥料

それでは野菜園向きの肥料にはどんなものが市販されているかを見てみよう。

肥料としては化学肥料（無機物肥料）と有機物肥料とがある。さらに前者には肥料成分を1種類しか含まない単肥と，2種類以上を含む複合肥料とがある。

1）化学肥料（無機物肥料）

化学肥料は成分量が多く，多くは効き目が早い速効性の肥料である。肥効は長持ちしないものが多く，せいぜい1カ月位である。

a）単肥　単肥には，窒素肥料，リン酸肥料，カリ肥料がある。ふつうは，次の複合肥料を使用した方が便利であり，安全である。

b）複合肥料　窒素，リン酸，カリの3要素を含んでいるので，たいへん便利である。最近は，園芸肥料といえば，ほとんどが複合肥料になってきた。

たくさんの種類があるが，一番多いのは化成肥料といわれるものである。これは顆粒状白色の肥料である。

成分的には，3要素を含むが，その含有量には多くの種類がある。化成肥料には，肥料成分の表示があるので，それを見ると成分が分かる。たとえば，表示に10－8－7と数字が書いてあったときは，最初の数字が窒素，次の数字がリン酸，最後がカリとなっている。この例では，窒素10％，リン酸8％，カリ7％である。したがって，葉菜類では最初の数字（窒素）の大きい化成肥料を与え，果菜類には2番目の数字（リン酸）の大きい肥料を，根菜類には3番目の数字（カリ）の大きい肥料を与えるとよい。

2）有機物肥料

有機物肥料は，動植物質のものが多く，効き方も，一度腐敗分解されてから吸収されるので，遅効性のものが多い。

また，有機物肥料には，成分的に3要素を含むが，そのほかにも，微量要素を含んでいる。また，化学肥料のように土を荒らすことがないばかりか，むしろ，土質を改良する働きもある。

主な有機物肥料を表5-3に示した。

表5-3　有機物肥料とその性質

肥料名	N:	P:	K	酸度	遅速
油粕	5	2	1	中	遅
魚粕	8	3	－	中	遅
鶏糞	4	2	1	中	やや速
米粕	2	4	1	中	遅
骨粉	4	20	－	中	遅
堆肥	1	0.5	1	中	遅
みやこ肥料	2	6.5	－	中	遅

（8）病害虫の対策

植物は、一度病気にかかると、犯された部分はたとえ病気が治っても、元へは戻らない。害虫に犯された場合も同じである。

したがって、植物栽培の最大の予防は、病気にかからないような環境とからだづくりをすることであると言えよう。

1）耐病性の品種を選ぶ

病気を出さない最もよい方法は、なるべく病気にかかりにくい品種を選ぶことである。しかし、実際には、それを見分けることはなかなか難しい。

そこで、次のような点について気を付ければある程度は目的を達することができる。

最近は、遺伝現象を利用した品種改良が盛んで、トマト、ナス、キュウリなどは、ほとんどが一代交配種になっている。一代交配種は、在来の純粋種よりも病気に強く、栽培しやすい品種である。

2）肥料の与え方に注意する

肥料の3要素中の窒素分が多すぎると、植物体が軟弱に育つため病害虫に犯されやすくなる。これに対して、リン酸やカリを十分に与えると、組織が強く育ち、病害虫に対する抵抗力が強くなる。

3）栽培環境を整える

栽培環境のうち、日当たり、温度、湿度、通風などをよくするようにする。

野菜類のほとんどは、日当たりのよいところを好むので、野菜園はできるだけ日当たりのよい場所を選ぶ。温度は、高温になるほど病害虫の活動は活発になり、また、植物も高温になると徒長しがちであるから、夏の高温期には特に病害虫にやられやすいので注意する。また、湿度の高い梅雨時と、9月の多雨時には病害虫が発生しやすい。

（9）連作障害に注意する

畑地で同一作物を、連続して何年も栽培すると、だんだん育ちが悪くなり、収量が減少する。この現象を連作障害と言う。古くは一般に忌地（いやち）と言われた。

連作障害は野菜類に顕著である。特に、エンドウ、ゴボウ、スイカ、トマト、ナスなどは連作すると収穫が著しく減少する。

これらの作物を栽培した畑では、数年から10年くらいは同一作物の栽培をしない方がよいとされている。表5-4に主な野菜類と望ましい輪作周期の例をあげる。

表5-4 主な野菜類と望ましい輪作周期

野菜名	望ましい輪作周期
キャベツ	3年
ホウレンソウ	3年
ナス	8年
トマト	8年
カボチャ	2年
スイカ	10年
イチゴ	2年
インゲン	3年
トウモロコシ	2年
サツマイモ	2年
ジャガイモ	3年
ダイコン	3年

（講談社『園芸大百科事典』、1981より抜粋）

2．トマト

（1）幼児教育教材とトマト栽培

① トマトは子どももよく知っている野菜で、興味や関心も強い。しかし、子どもが目にしているトマトは、八百屋やスーパーで売られているトマトで、実際に栽培されているトマトを見ることは少ない。

② 園児にトマトを栽培させる場合、トマトの収穫の時期が、幼稚園の夏休みになりやすいので、収穫の時期を考慮して栽培を開始する必要がある。

3. 野 菜 園

③ トマトの栽培は，他の野菜の栽培と比べて，かなり高度の栽培技術を必要とする面がある。よく研究してから栽培を開始する方が，失敗が少なくてよいであろう。

④ 栽培技術面から考え，また，子どもの関心を考慮すると，園児に栽培させるトマトは，一般のトマトよりもミニトマトの方が適していると思われる。

(2) トマト

トマトは，ナス科の多年草であるが，冬になって霜が降ると枯れるので，栽培上は一年草として扱っている。

トマトは，豊富なビタミン源として，世界各国の重要野菜となっている。

現在のトマトは，品種改良がすすみ，耐病性の強い品種が開発されてきているので，かなり栽培しやすい作物になってきた。

(3) トマトの容器栽培と畑栽培

1) 容器栽培

トマトを容器で栽培するには，栽培期間が長いので，なるべく大型の容器を用いるようにする。35cm×58cm程度の野菜栽培容器がよい。

また，トマトは野菜の中でも特に日光を必要とする作物であるから，日当たりのよい場所を選ぶ。午前中の日照は，トマトの生育に不可欠の条件である。

2) 畑栽培

トマトを栽培する野菜園は，排水がよく，できるだけ耕土が深く，日当たりと風通しのよい場所を選ぶ。

(4) 苗の購入

a) 苗の購入時期　トマトは寒さには比較的強いが，霜には弱く，霜に当たるとすぐに枯れてしまうので，畑や容器に植え付ける(定植)時期は，その地域の霜の恐れがなくなってからにする。関東以西の平暖地では，4月25日から5月上旬頃になる。

b) 苗の購入　トマトの苗は，種をまいて育ててもよいが，トマトの育苗には，かなり高度の技術と資材が必要であるし，また，長期の日数(50～60日)が必要である。したがって，幼稚園では，市販の苗を購入した方がよい。

c) よい苗の見分け方　トマトの苗を購入するには，次のような点に注意する。

① 品種名のはっきりした，耐病性品種を選ぶ。

② 苗の本葉が8～9枚付いており，つぼみが付いていないものを選ぶ。

③ 葉と葉の間(節間)が間のびしていないものを選ぶ。

④ できるだけ苗(根)鉢の大きい苗を選ぶ。鉢の大きさは12cm位が望ましい。

⑤ 茎の大きさは鉛筆位の太さがよい。

(5) 定植の準備

さきに「野菜栽培の基礎」の項で述べた要領で，定植の20日位前に耕し，整地しておく。この20日位の間に，元肥は土になじみ，適当な水分によって肥料の分解が進行し，定植と同時に肥料の吸収が可能な状態になる。

(6) 定植の仕方

1) 定植の要領

定植は，できるだけ暖かい日の午前中に行う。

まず地ごしらえをした畑に，移植ゴテなどで植え付ける穴を掘り，穴の底に堆肥に化成肥料を混ぜたもの(堆肥を小バケツ1/2に，化成肥料を軽く一握り混ぜたもの)を入れる。その上に，間土として，堆肥と根が直接触れないように，畑の土を5～10cmの厚さに入れる。

次に，ビニール鉢から苗を抜き出し，根鉢をうね面より少し高い位置に置き，周囲から土を寄せて植え付ける。株元の周囲には，浅い円状の溝を付ける。

第5章 子どもの身近な植物

苗の横には，支柱を立て，この支柱に，植え付けた苗を，ヒモで8の字がけに結束する。トマトの苗と支柱の間は，指1本が入る位の余裕をもたせる。

植え終わったら，根鉢と土がよくなじむように，十分に水を与えておく。

2）定植後の管理

定植後，晴天の日が続くと，1～2日に1回水やりをする。水やりは，午前中に行う。午後の水やりは，水によって下がった地温が，回復しないうちに夜になってしまうのでよくない。

(7) 整　枝

トマトの整枝の方法には，茎の伸ばし方によって，二つの方法がある。

1）有支柱型の整枝

この方法は，トマトの本葉3枚ごとに花房をつけながら，どこまでも伸ばしていく方法である。このタイプの整枝のやり方は，葉腋（葉のつけ根）から出る腋芽はすべて小さいうちに，晴天の日にかき取る方法である。すなわち，1本のトマトの茎を，枝分かれすることなく，どこまでも伸ばすやり方である。

2）芯止まり型の整枝

この方法は，第一花房（最初にできた花房）直下の腋芽を残して，その下の腋芽はすべてかき取る方法である。有支柱型の茎が1本に対して，芯止まり型は，2本仕立てにする方法である。2本整枝した後は，原則として腋芽取り作業はしなくてもよい。

しかし，着生したすべての花房を太らせることは無理であるから，花房が7つほど付いたら，残りの花房は摘み取ってもよい。

ミニトマトでは，2本仕立ての状態で，できた花房は摘み取らないで，そのまま放置する。したがって，いくつもの枝が生じるとともに，多数の実ができる。

(8) 追　肥

1）1回目の追肥

定植後3日位してから，400倍の液肥を1株当たり1ℓ程度施す。この頃になると，茎葉がたくましく成長を始める。

2）2回目追肥

第一花房の果実が，直径2cm位になった頃（開花後15日位）。この時期から果実は急速に肥大し始めるので，この時期は，追肥の最も重要な時期である。この時期に，追肥が遅れたり，量が不足したり，水分が少なくて吸収が不足したりすると，果実の肥大が進まなくなる。

3）3回目の追肥

第3段目の花房が直径2cm位に成長した時期。この時期は，第1段の果実が収穫直前であるが，第5段の花房は花盛りの状態にあるので，株にかかる負担は大きい。

4）4回目の追肥

第5段目の花房が直径2cm位に成長した時期。

このように，1，3，5，7段の花房の大きさを目安として追肥をする。

3．サツマイモ

(1) 幼児教育とサツマイモ栽培

① イモ掘りは，子どもにとっては宝探し以上に人気があるという。幼稚園でも，野菜園にサツマイモを栽培し，イモができたら，イモ掘りを楽しみ，さらに，サツマイモを仲間と一緒に食べると，楽しさは倍増する。その楽しさは，子どもにとっては，一生忘れられない楽しい思い出となろう。

② 苗の植え付けは，5月初めから6月初め頃であるが，サツマイモ掘りは，秋であるので，幼稚園の行事に組み入れやすい。すこし大規模に栽培

3. 野菜園

する場合は，父兄の応援を依頼することも可能かもしれない。

③ サツマイモの栽培には，高度の栽培技術は必要でなく，ある程度の基本を守って栽培すると，あまり失敗することは少ない。

（2）サツマイモ

サツマイモは，ヒルガオ科に属する植物で，アサガオと同じ仲間である。亜熱帯地方では，アサガオの花に似た花が咲く。

サツマイモの食用部分は，根に養分がたまり，大きく膨らんだもので，古くから食料とされてきた。

（3）サツマイモの品種

サツマイモ栽培に適した品種は，高系（こうけい）14号が，味も良く，収量も多い。金時（きんとき）は，味は良いが，収量が少ない。

（4）サツマイモ栽培の特色

サツマイモは，高温で，強い日照が必要である。乾燥には強く，乾燥によって枯れることは滅多にない。逆に，水分が多いと味が悪くなる。

肥沃な土地よりも，やせた土地の方が栽培しやすい。肥料の中では，カリがイモの肥大を助ける。窒素は少ない方がよい。窒素が多いと，蔓が伸びすぎて，見かけはよいが，イモがはいらない。

（5）サツマイモの苗つくり

サツマイモの苗は，春の彼岸の頃（3月下旬），サツマイモを電熱温床の苗床に植え付ける。少量であれば暖かい室内でもよい。やがて芽が出るので，それを育てて苗にする。

大量に苗が必要なときは，事前に種苗店に依頼して苗を確保しておく。

（6）サツマイモのうねつくり

サツマイモを植え付けるには，植え付ける予定の畑を耕し，堆肥を入れて，苗を植え付けるうねを作っておく。サツマイモを植えるうねは，高うねと言って，地面より高く作る（図5-20）。

うねとうねの幅は，70〜80 cm位にする。うねの中には，堆肥（腐葉土）や鶏糞，刈り草などを混ぜて埋めておく。なお，サツマイモにはカリ肥料が重要であるから，木灰を $1m^2$ 当たり $300 ml$ を散布しておく。このうねの中の堆肥のところにイモができる。堆肥がないとイモは小さくなり，また，蔓から遠く離れたところにできる。

サツマイモがよくできる土地は，強い日照があることが第一条件である。日照が悪いと，イモの茎だけが伸びて，イモができない。

土質は，火山灰や砂地がよい。また，じめじめした土地にもイモはできない。

① みぞを掘り，堆肥や鶏粉，刈り草などを入れる
　　70〜80 cm

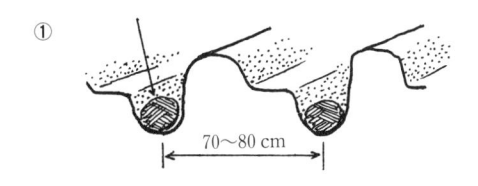

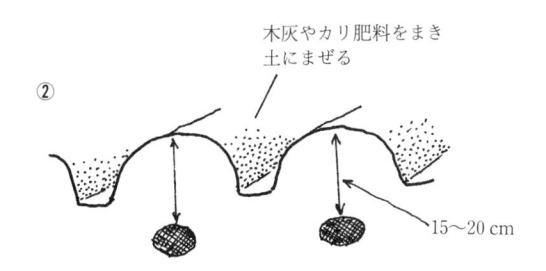

② 木灰やカリ肥料をまき土にまぜる
　　15〜20 cm

堆肥の上に土をかぶせて高うねを作る

図 5-20　うねの作り方

（7）サツマイモの苗の植え付け

3月に植えたサツマイモの苗が伸びて，苗の長さが20 cm位になったら，切って苗にし，畑に植え付ける（図5-21）。

苗の植え方には，斜め植え，舟底植え，水平植

え，改良水平植えなどいろいろの植え方があるが，どれでもよい。

苗を植えるには，うねに指先で浅く筋をつけ，そこに苗を5cm位の深さに挿す。苗の葉や芽は土の中に埋めないようにする。苗は10cm位土に埋まるように植える。

る。早掘りはこの頃から始めるが，幼稚園では，十分にイモがはいる秋までおき，霜が降る前に掘る。

茎や葉が枯れた頃，蔓をかき取り，くわやスコップで，イモを傷つけないように掘り上げる。

（9）サツマイモの水栽培

サツマイモは，イモの中に成長に必要な養分を蓄えているので，水栽培ができる（図5-22）。

浅いプラスチックの容器に少し水を入れ，その中にサツマイモを入れる。芽が出る方を上に向け，サツマイモの一部分が水に浸るようにする。サツマイモの芽は水につからないようにしておく。

水につけてから，約2～3週間も経つと，芽から茎が伸びてくる。イモの水に浸っている所からは根が出てくる。5～6週間も経つと葉もたくさん出てくる。サツマイの苗は，この伸びた茎と葉を切り取って植えるのである。

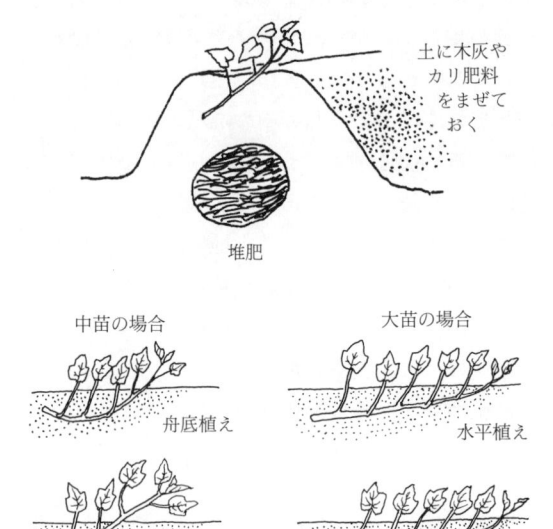

図5-21 サツマイモの苗と植え方

図5-22 サツマイモの水栽培

（8）サツマイモのイモ掘り

盛夏の頃になると，イモの蔓はぐんぐん伸びる。イモは植え付けて80日位経つと急速に太り始め

4．ジャガイモ

（1）幼児教育とジャガイモ

① 子どもは，食用にするジャガイモのイモの部分は，日常，家庭で目にすることもあるが，イモが土の中に入っているところは見ていない場合が多い。そこで，幼稚園でジャガイモを栽培してイモ掘りをし，掘りあげたイモをゆでて，みんなで食べるときのおいしさを体験させる。この体験を通して栽培の喜びを知り，ひろく自然に興味を持ち，自然を知ろうとする態度を育てるきっかけを作るようにしたい。

② ジャガイモは，3月に種イモを植えて，6～7月には収穫できるので，年間の保育計画のプログラムに組み入れやすい。

③ ジャガイモは，生育も早く，育てやすい野菜

3. 野菜園

であるので，畑がなくても，鉢や箱，ビニール袋に土を入れても栽培できる。

④ サツマイモには連作障害は見られないが，ジャガイモは連作障害があり，一度ジャガイモを栽培した後は，2～3年は他の作物を作って，連作を避ける。野菜園が広い場合は，畑を四つに仕切って，順番に栽培していくと連作が避けられる。

⑤ ジャガイモは，地下茎が肥大した塊茎であるが，これは，サツマイモの根（塊根）とは形が違っていることに気付くようにするとよい。

(2) ジャガイモの来歴

ジャガイモの原産地は，南米アンデス高地のペルーとボリビアの境にあるチチカカ湖周辺（標高約4,000m）とされている。

野生種は，あくが強く，また，種族維持のためか，イモは親株から1m位離れて付くが，栽培種は株元に付くように改良されている（図5-23参照）。

図5-23　ジャガイモ

日本へは，慶長3年(1598)に，オランダ人によってインドネシアのジャカルタから長崎に入ってきた。"ジャカルタ"がなまってジャガイモとなった。また，寛政年間(1789～1800)にロシア人が北海道に飼料作物として伝えたが，食用の価値が認められて，東北地方へ普及した。一方，明治39年函館ドック社長の川田龍吉男爵がアメリカより導入したジャガイモを改良して男爵イモと命名，この種が全国に普及するようになった。

(3) 種イモ

イモの外皮には，芽と呼ぶ窪みがあって，芽には数個の芽群があるが，中央の主芽だけが発芽する。芽群は頂部に多く，ここから強い芽が出る。したがって，種イモは半分か四つ切りにして使うが，芽群の多い頂部と，基部を結ぶ方向に切るようにする。

栽培しやすい品種は，男爵であるが，収量の多いのは農林一号，味の良いのはメークイーンなどと多彩である。

(4) イモの植え方

ジャガイモは，冷涼な気候を好み，適温は15～25℃である。30℃以上では生育が悪く，イモの肥大もよくない。イモは塊茎で，茎が肥大したもので，茎や葉を大きく育てると，できるイモも大きい。

種イモの植え付けは次のようにして行う（図5-24(1)）。

① イモを植えるには，畑をよく耕した後，平らに整地する。

② 整地した畑に，鍬で60cm間隔に溝を切る。切った溝の中に，種イモを30cm間隔に植える。イモの切り口には灰をつけておく。

③ 種イモと種イモの間に，化成肥料を置く。

化成肥料は種イモに触れないように気を付ける。

④ 種イモと肥料に土をかけて，うねを完成する。

(5) 追肥と土寄せ

① 芽の出る直前に1回目の追肥を行う。

うねの片側（種イモに近い方）に，尿素肥料のひとつかみを1mの長さ散布し，土をかける（図5-

第5章 子どもの身近な植物

② 芽が出て20日位経った頃，2回目の追肥を行う。今度は①で肥料を散布したうねの側面の反対側の面を鍬で掘って溝を作り，溝の側面(イモに近い方)に，①と同じように尿素肥料のひとつかみを1mの長さに散布する。

③ そして，土寄せをして高うねにする(図5-24(2))。

(6) 手入れと収穫

芽が出たら，芽を2本だけ残して，他の芽はかき取る。イモは種イモの上に付くので，2度ほど土寄せをし，高うねにする。

5月上，中旬頃には美しい星形，紫色の花が咲く。この頃からイモは太り始める。収穫は葉が黄色になり始める6月上旬～中旬頃になる。

(1) 種イモの植え込みと1回目の追肥

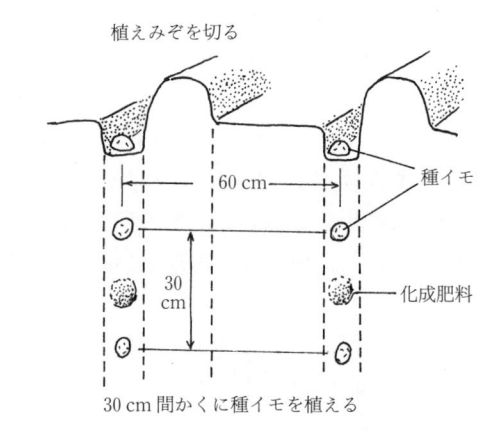

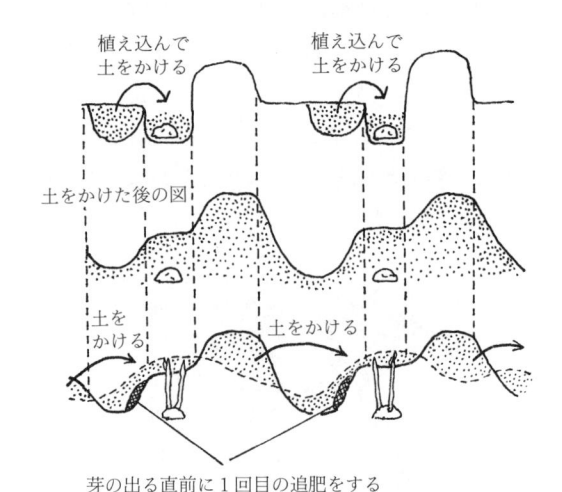

(2) 最終の高うね

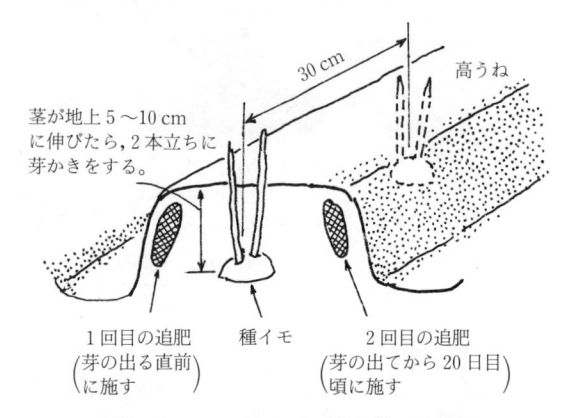

図 5-24　ジャガイモの植え付けと管理

第6章 子どもと身近な動物

　子どもたちは動物が大好きである。それは生き物であることが子どもたちにも容易に認識することができ、親しみを持つからであろう。この子どもたちの生き物に対する親しみを、より深めより発展させてやることが、保育「環境」の重要な役目であることはいうまでもない。動物こそは、子どもたちの観察力と直感力を育て、生き物に対する親しみと愛情を深める大切な対象なのである。

　そこで1節は、子どもと虫（モンシロチョウ、カブトムシ、アリ）、2節には、子どもと鳥（ニワトリ、ジュウシマツ、スズメ）、3節では、子どもと動物（ウサギ、キンギョ、カタツムリ、ダンゴムシ）として、子どもたちの身近な動物をとりあげた。これらの動物の飼育観察を通して、生き物に対する親しみと、その生態的特徴を直接五感によってとらえさせたい。

　動物の中には、そのライフサイクルの全過程を、人工的な飼育環境で過ごすことのできるものもあるが、それがきわめて困難な種類がいることを知らねばならない。特に「アリ」は、成長して翅が生えると飼育することが不可能となるので、翅が生える前に全集団を採集してきた元の場所に戻さねばならない。また逆に、「ダンゴムシ」は、飼育下ではそのライフサイクルが速くなり、個体数が急激に増え、その全個体数を飼育管理することが困難となり屋外の自然環境に戻すことになる。

　特に、「2節 子どもと鳥」で、野鳥のスズメの飼育をとりあげた。スズメはあまりにも私たちの身近にいるために、一般的にはスズメを飼育をしようとは考えない。だが、スズメは一度雛から飼育されると飼育者に馴れると共に、スズメと人間とが、強く深い愛情の絆で結ばれ、屋外に放しても時々近くまで寄ってくる。この感動的な体験を是非、子どもたちや保育者に経験して欲しいからである。

　まずスズメは野鳥であるから飼育許可が必要と思うかもしれないが、この鳥は飼育許可がいらない。雛の入手は無理して巣から持ってくるのではなく、平素から保護者や子どもたちに、スズメの雛が欲しいと伝えておくと、民家の軒先や雨といに巣をかけたものが、強風や掃除によって落ちているのを意外と簡単に入手できる。スズメの飼育の素晴しさを一度は経験して欲しいものである。

　アリやスズメは、そのライフサイクルの一部を人工的な環境で飼育し、あとは自然環境に上手に帰してやることを学ぶ貴重な体験である。野に生きる動物は、自然環境の中で生息するのが、最もよいのであって、飼育環境はあくまでも人工的な環境であることを忘れてはならない。しかし、近年その自然環境が心ない人たちによって、破壊されつつあることからも、動物の飼育を通して一つの生命を維持管理する大切さを子どもの時から身に付けさせたい。

　本来ならば、私たちが屋外の自然環境の中へ出かけて行き、その環境に生息する動物たちをありのままに観察することが基本的な姿勢である。しかし、すでに長いこと人間の作った環境の中で飼育改良された動物たち（ニワトリ、ジュウシマツ、ウサギ）は、いま外にだされても生きられない。

　そこで「4節 動物の飼育と飼育環境の整備」で、これらの飼育動物は、自分では飼育環境（飼育施設、水槽、飼育箱、飼育瓶、飼育池）などを選ぶことができないので、私たちが如何に動物たちの飼育環境を快適に維持管理するか、重大な責任をもっていることを知り、私たちが動物を飼っているのではなく、動物に飼われている気持ちで動物と接するようにしたい。

第6章　子どもと身近な動物

1．子どもと虫

　昆虫は，100万種をこえる動物の中で約80万種を占め，海洋を除く地球上のあらゆる所に生息していて，その起源は約3億5,000万年前の両性類全盛期にさかのぼる。この時期にはまだ飛ぶことができなかったが，やがて翅が出現し，コウモリや鳥類が現れるよりも約5,000万年の昔に空中を飛び，長い間地球上において飛ぶことのできた唯一の動物であった。
　このように種類が多く，また翅にそれぞれ特徴がある昆虫の中から，童謡や童話によく登場する昆虫としてモンシロチョウとアリ，子ども特に男の子に人気があるカブトムシの3種をとりあげた。それぞれの昆虫の生態的特徴，飼育方法，観察の要点を理解すると共に，子どもと一緒に保育所や幼稚園の園庭や樹木，また花壇にやってくる昆虫をありのまま観察することも大切である。

1．モンシロチョウ

（1）モンシロチョウの生態的特徴

　モンシロチョウ（図6-1）は，シロチョウ科の蝶で白地に黒い紋があることから名づけられ，日本全国に広く分布する。

図6-1　モンシロチョウ

　関東地方の平野部では，3月上旬〜11月中旬頃までに5回（北海道のような寒い地方は年に2〜3回）発生する。そして第6回目（最後）の卵は成虫前のサナギの時期まで発育し，サナギの状態で越冬して翌春に成虫（蝶）に変わる。

（2）モンシロチョウの季節型

　モンシロチョウは，サナギで越冬し翌春ふ化して成虫（蝶）になる（春型）ものと，その年の春から秋にかけて成虫（蝶）になる（夏型）ものがある。
　春型と夏型では，体の大きさや翅の模様にも違いがあり，これを季節型という（図6-2）。一般に春型は，翅の裏面が黄色みを帯び表面の黒い紋が白っぽいが，夏型は地色が純白で表面の黒い紋が濃くはっきりとして春型よりも大きい。

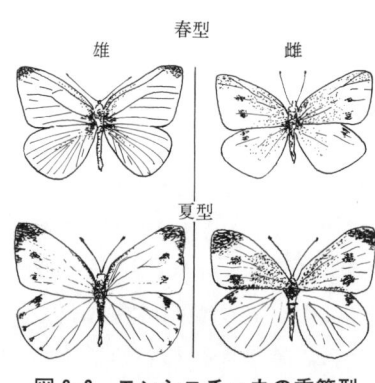

図6-2　モンシロチョウの季節型

（3）飼育の方法
1）卵や幼虫の採集

　モンシロチョウは，発生回数が多いことや，食草（幼虫の食べ物となるアブラナ科の植物）の葉に産卵することから，卵や幼虫の採集は簡単にできる。
　まず卵や幼虫は，モンシロチョウの食草のある場所（キャベツ，ダイコン，ハクサイ，カラシナなど

の畑)に出かけ,食草の葉裏を一枚一枚ていねいに覗いて,卵や幼虫を見つけたら,その葉ごと採集してあらかじめ用意したビニール（空気穴をあけた）袋に入れる。

2）飼育容器

採集した卵や幼虫の飼育容器は,透明なプラスチックやガラスの容器（図6-3）を使い,卵や幼虫の付いた葉と新しい葉（2～3枚）を一緒にして,水を入れた容器に挿す。

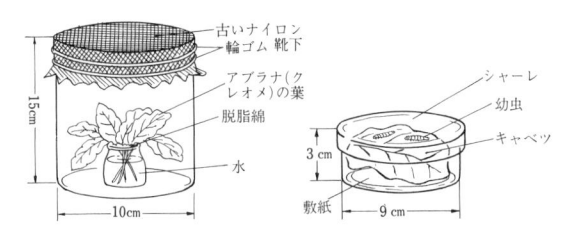

図6-3　飼育容器

水を入れた容器の口にできるすき間は,脱脂綿などでふさぐ（卵から幼虫がふ化して食草上を移動する時,水中に落下しないため）。

こうして飼育すると食草の鮮度が保たれ,また幼虫の旺盛な食欲にも応じられる。

3）幼虫の食べ物

幼虫の食べ物は,前述のアブラナ科（ダイコン,ハクサイ,キャベツ,カラシナ）等の野菜の葉やアブラナ,イヌガラシ,ハギ,コマツナギ,クロツバラ等であるが,花を鑑賞するために栽培されるクレオメは,フウチョウソウ科の植物であるが,その葉も好んで採食する。

4）飼育上の注意

① 飼育容器は,直接日光の当たらない場所に置く。

② 食草を挿した容器の水は,毎日交換すると共に,葉も様子をみて新しいものと交換する。

③ 幼虫の移動は,直接手やハシ等の道具でつまないで,幼虫の付いている葉をハサミで切りとって,新しい葉の上にのせてやる。

（4）モンシロチョウの一生

サナギからふ化した成虫（蝶）は,翅が乾くと食草の周囲を飛び回るが,特に雄は雌を探して高く飛び回る。雌は葉の裏に止まったり,食草の間を低く飛んでいる。

やがて雄は雌を見つけて交尾するが,一度交尾をした雌は二度目の交尾を拒む。これは一度の交尾で多くの精子を,体の中にある精子嚢に蓄えることができ,その蓄えた精子で短期間に多くの受精卵を産むことができるからである。

交尾を終了した雌は,幼虫の食草である葉裏に産卵管を伸ばして,黄白色の長さ2mmほどのとっくり形の卵（図6-4）を一粒ずつ産みつけ,産卵後数日で死んでしまう。

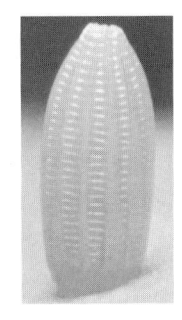

図6-4　モンシロチョウの卵

卵の色が日が経つにつれて,黄白色から濃いオレンジ色に変り,卵の先端が透き通ってきたらまもなく幼虫が誕生する。

卵の殻を食い破って出てきた体長3mm程の幼虫は,しばらくすると自分の出てきた卵の殻を食べ（図6-5）,その後頭の下にある歯の形をした大

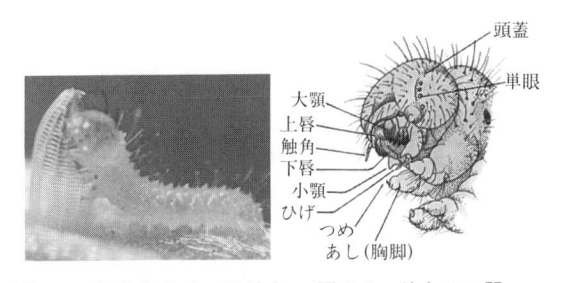

図6-5　卵の殻を食べる幼虫　図6-6　幼虫の口器

顎で，食草の葉を嚙みちぎって食べる（図6-6）。

食草をもりもり食べて成長した幼虫は，脱皮を重ねる（4回）たびに，体の色も濃い黄緑色となり食草の葉色と区別しにくくなる。

4回目の脱皮をして35cmぐらいの5令（幼虫の成長の脱皮の回数＝令で表す）の幼虫（図6-7）になると，やがて食草を食べるのを止めて，近くの枯れ枝やフェンス，塀などサナギになる場所を探して移動する。

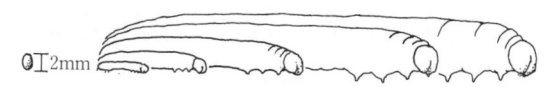

図6-8 幼虫の糸かけ

卵　1令（3～6mm）。2令（7～12mm）。3令（13～18mm）。
　　4令（19～30mm）。5令（30～36mm）。
※幼虫の大きさは食物の量によって変わる．図の幼虫の大きさは一応の目安である。

図6-7　幼虫の成長（1令〜5令）

図6-9　サナギ

場所が決まると静止し，糸を吐いて足場をつくり，腹の先端を固定し，さらに糸を吐きながら頭を回して体に糸の輪をかける（図6-8）。

太い糸の輪が体全体にかけ終わると脱皮が始まる。脱皮は先ずアオムシの頭部の後方が縦に割れ，中から薄緑のサナギが現れ，そのサナギが体を動かしてアオムシの殻から抜け出す（図6-9）。

気候が温暖だと，サナギ内部の変化(特に翅の変化)が進み，蛹化後2週間位で翅の模様が透けて見えてくると，間もなく成虫（蝶）がサナギの殻を破ってふ化する（図6-10）。

1）サナギの色の変化

サナギの色は，幼虫（アオムシ）がサナギになる場所によって変化し，捕食者（鳥類）に見つからないように，周囲の色に似せた保護色になる。

幼虫が食草の採食を止め，食草から移動を始めたら飼育容器の周囲を，色パラフィン紙で包んでその変化を確かめてみる。

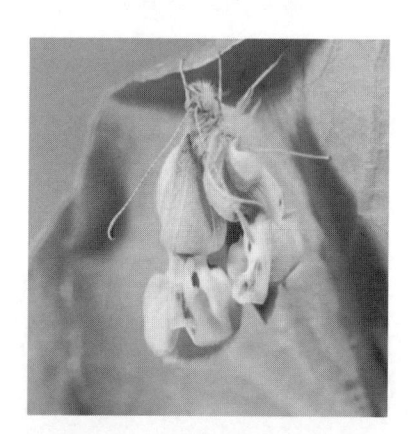

図6-10　成虫（蝶）のふ化

2）モンシロチョウの口器

蝶の口器を虫めがねで見ると，細い管状（ストロー状）の口器が，下唇と突き出たひげの間に巻き込

図6-11　モンシロチョウの口器

1. 子どもと虫

まれている。前足に砂糖水を付けると、長い口器をのばして前足に付いた砂糖水を吸う様子が観察できる（図6-11）。

3） モンシロチョウの目

モンシロチョウの目を虫めがねで観察すると、頭部から大きく飛び出している。チョウは空中を飛びながら、この目（小さな六角形の目の集まり＝複眼からできている）で、花の色や形を見分けて、花に近づくが、蜜の匂い（前足の先端で匂いを感じる）がないと飛び去る（図6-12）。

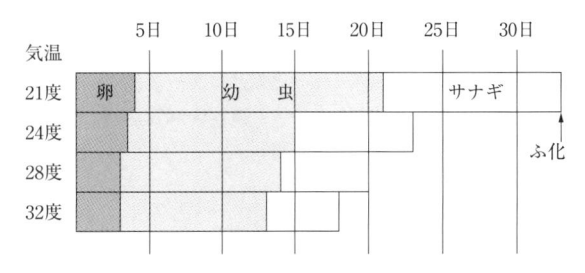

図6-12　モンシロチョウの目

4） モンシロチョウの成長と温度

モンシロチョウの成長は、温度によって変わる。春～秋よりも、夏の方が卵～成虫（蝶）までの期間が短い（図6-13）。

図6-13　モンシロチョウの成長と温度

5） モンシロチョウ（幼虫）と寄生昆虫

他の昆虫の体の中に卵を産み付け、体の中身を食べつくして成虫となる昆虫を寄生昆虫という。

モンシロチョウの幼虫には、体長数mmの小さなアオムシサムライコマユバチが寄生する（図6-14）。

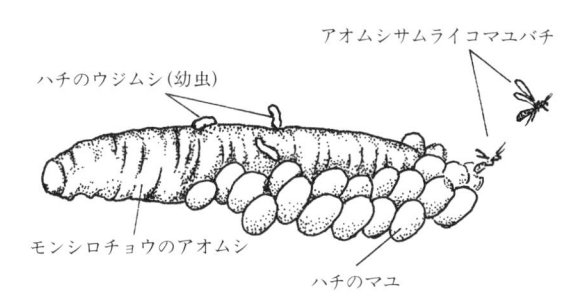

図6-14　アオムシサムライコマユバチの寄生

6） モンシロチョウの仲間

モンシロチョウは、イヌガラシやタネツケバナの葉を幼虫の食草とするスジグロチョウ、ミヤコグサやアカツメグサを食草とするモンキチョウ、ハギやネムを食草とするキチョウなどもシロチョウ科の仲間（図6-15）に属する。

最近農薬の影響をうけて、キャベツ畑からモンシロチョウの姿が消え、代わりに空き地に生えるタネツケバナを食草とするスジグロチョウの姿が多くなった。

1 モンシロチョウ（雄）
2 モンシロチョウ（雌）
3 スジグロシロチョウ（雄）
4 スジグロシロチョウ（雌）
5 モンキチョウ（雄）
6 モンキチョウ（雌）

図6-15　モンシロチョウの仲間

2．カブトムシ

（1）カブトムシの生態的特徴

カブトムシ（図6-16）は，コガネムシ科の鞘翅目（薄くて大きい後翅は硬く甲羅状になった前翅＝鞘にたたんで仕舞う）または，甲虫類（鎧・兜を付けたように見える）と呼ばれる仲間（20万〜25万種）に属し，全動物界最大の目である。

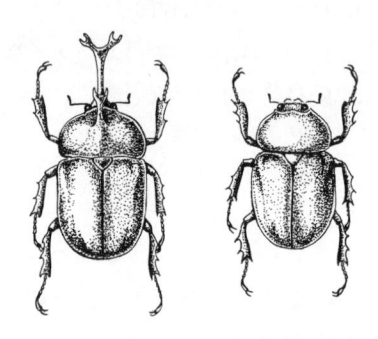

図6-16　カブトムシの雌（右）雄（左）

飛ぶ機能（推進力）は後翅で，前翅は体を浮かせる浮力の役目と，地上生活で後翅や腹部の保護に役立っている。

卵，幼虫，サナギの期間は地中生活で，成虫に変態してから地上に現れ，昼間は土の中に潜っているが，夕方から夜間にかけて行動する夜行性昆虫である。

（2）飼育の方法（幼虫）
1）幼虫やサナギの採集

春の終わりから初夏にかけて，クヌギやコナラ林で落ち葉が積み重なって腐葉土となっている場所やクリ，クヌギ，コナラ林に近い田畑に積んである堆肥の下を掘り起こす。

堆肥や腐葉土の中から，7〜8cm位の幼虫やサナギを見つけたら，その場所の土と一緒に通気性の良い容器に入れて持ち帰る。

2）幼虫の飼育容器

幼虫の飼育容器は，幼虫の数によって異なるが，10〜15頭の幼虫を飼育する場合は，プラスチックかガラス製の水槽5号（45.5cm×30.3cm×30.3cm）の底に土を入れ，手のひらで良くたたいて厚さ10cm位に固める。その上に腐葉土を軽く手のひらで押さえながら18〜20cmの厚さに敷き，10cm程の深さの場所に幼虫が一箇所に固まらないように入れる（図6-17）。

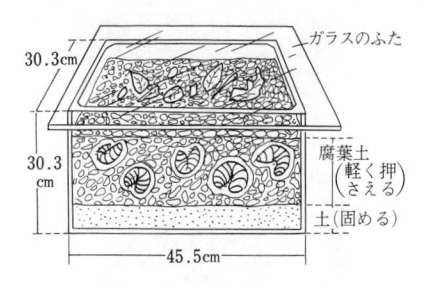

図6-17　幼虫（10〜15頭）の飼育容器

飼育する幼虫が1〜2頭ならば，素焼きの植木鉢を利用する（図6-18）。

図6-18　幼虫（1〜2頭）の飼育容器

3）幼虫の食べ物

カブトムシの幼虫の食べ物は，腐葉土以外にオガクズ（十分に腐っていること），コナラやクリの朽ち木，シイタケのほだ木（朽ち木）など植物質の腐食したものを採食するが，カビが発生したものや通気性の悪いものは使用しない。

4）幼虫飼育の注意

① 飼育容器は直接日光に当てないこと。
② 腐葉土には常に一定の湿度を保つために，2日に1回霧吹きをする。

③ 幼虫は糞を腐葉土の上に押し出すので,溜まったら腐葉土を交換する。

(3) 飼育の方法（成虫）
1) 成虫の採集

7～8月の早朝,クヌギ,コナラ,アベマキなどブナ科の樹木の幹を巡回して,樹液をなめに集まっている成虫を捕獲する。あらかじめ木の幹にハケで糖蜜を塗っておいて,集めて捕える方法もある。

2) 成虫の飼育容器

カブトムシの成虫は,夜行性で昼間は土の中に潜っているので,幼虫の飼育と同様にプラスチックかガラス製の水槽を用いるが,容器の蓋はしっかりとした金網を張ったものを使用する。

水槽の中には,土と腐葉土を半分ずつ混ぜたものを厚さ10cmに入れ,クヌギなどの木の枝(太さ直径3～5cm)2～3本を止まり木として,根元を少し埋めるようにして斜めに置く(図6-19)。

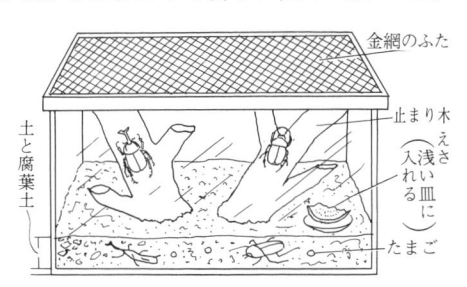

図 6-19　成虫の飼育容器

3) 成虫の食べ物

餌はスイカ,キュウリ,リンゴ,モモなどの果物を与えるが,止まり木に直径1cm,深さ2cm位の穴を開けその中に脱脂綿を詰め,スポイトで蜂蜜や果汁,カルピスなどをしみ込ませてもよい。

リンゴやモモなどの果物を与える時は,皮を剥かずに二切りにし,切り口を上にして土の上に置く。

4) 成虫飼育の注意

① 飼育容器は,幼虫の飼育容器と同じように直射日光に当てないようにする。

② カブトムシの成虫は,食べ方が乱暴なので飼育容器内部の清掃を頻繁にする。

③ 飼育容器内の土が乾いたら霧吹きをする。

④ アリが餌に来ないようにする。

⑤ 餌の果物は,カブトムシの体より大きく切って与える。

⑥ 成虫が死んだら死骸は除去するが,飼育容器内の土は,9月下旬までそのままとし,10月上旬頃に静かに容器内の土をかき出すと,中から5cm位に育った幼虫が出現する。

(4) カブトムシの一生

カブトムシの雌は,堆肥や落ち葉の積み重なった腐葉土の中に潜り込んで,直径3mm位の白い楕円形の卵を産む。卵が水分を吸収して大きくピンポン玉のように丸くなる(10日位経つ)と,幼虫がふ化する(図6-20)。

図 6-20　卵から幼虫

ふ化した幼虫は,6本の足を引きずるようにして移動し,堆肥や腐葉土などの腐敗した植物質を食べて成長する。幼虫は3回の脱皮(3令)後越冬し,春になると土で固めた蛹室を作りサナギになる準備をする。6月～7月頃,蛹室の準備が終わると背中が割れてサナギが出てくる(雄は角があり,雌にはない)(図6-21)。

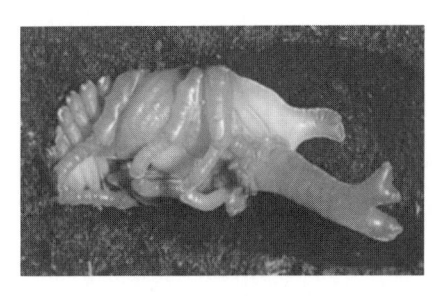

図 6-21　サナギ（雄）

第6章　子どもと身近な動物

さらにサナギは，初夏に地中で脱皮して成虫となり地上に出てくる。ふ化したばかりの成虫の体は，白くて柔らかいが，次第に色づき，硬くなるのに一日かかる（成虫，図6-16）。

(5) カブトムシの交尾は餌場

カブトムシは樹液の出る餌場に，早朝か，夕方から夜にかけて飛んでくる。そこで仲間と出会い交尾する（図6-22）。

交尾が終わった雌は，夕方堆肥や腐葉土に飛んでいき産卵する。

図6-22　カブトムシの交尾

(6) カブトムシのなわばり争い

カブトムシは，ブラシのような口器で樹液や果実の汁を舐めて生活している。森で樹液のでる場所は限られているので，1本の木に多くの昆虫が集まってくる。そこでなわばり争いが起こる。カブトムシの雄は，樹液を独占するために相手を角ではね飛ばして自分のなわばりを守る（図6-23）。

図6-23　カブトムシのなわばり争い

(7) カブトムシの仲間

カブトムシに一番近い仲間は，コガネムシ科の甲虫類で，葉を食べるコガネムシ類，花に集まるハナムグリ類，樹液に集まるカブトムシやカナブン類，糞に集まるダイコクコガネ類などがいる。

しかし広く甲虫目で見るとクワガタ科，カミキリムシ科，ゾウムシ科，ツチハンミョウ科，タマムシ科，ホタル科，テントウムシ科，ゲンゴロウ科，ミズスマシ科，ゴミムシ科などその種の数は多く，動物界最大のグループである（図6-24）。

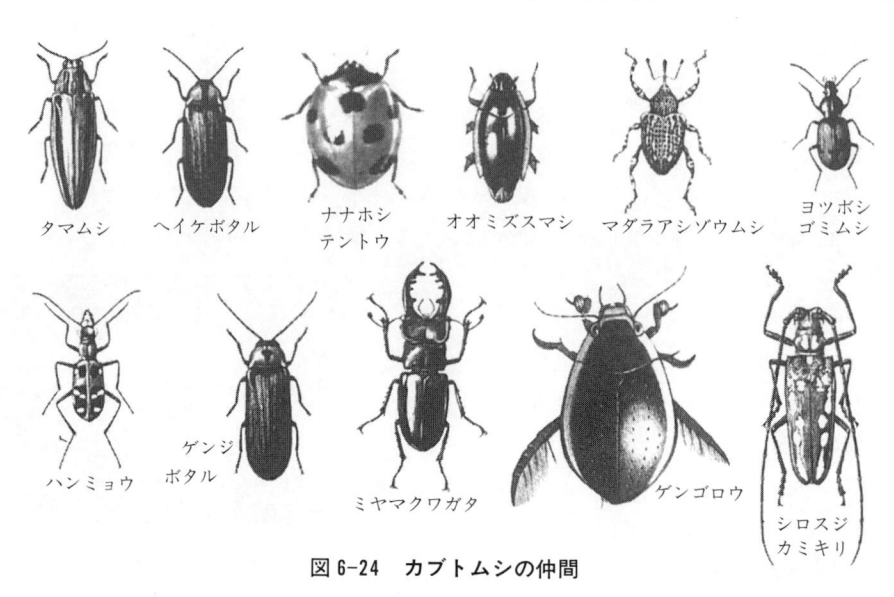

タマムシ　ヘイケボタル　ナナホシテントウ　オオミズスマシ　マダラアシゾウムシ　ヨツボシゴミムシ

ハンミョウ　ゲンジボタル　ミヤマクワガタ　ゲンゴロウ　シロスジカミキリ

図6-24　カブトムシの仲間

3. ア　リ

（1）アリの生態的特徴

アリは日本に約250種生息している。海抜0mの海岸から標高300mまでの土中や樹木の中，枯れ葉を集めて造った巣，人工的工作物中などいたる所に生息する翅の退化したハチの仲間である。

アリはミツバチと同じように，一匹の女王アリを中心にした社会生活をする昆虫である。

巣の中には，女王アリ，働きアリ，沢山の雄アリや幼虫が生活している。春から夏にかけて，地表をはい回っている沢山のアリは働きアリである。

アリの社会生活は，動けない多くの幼虫を育てるために始まった社会である。多くの仲間が協力して生活し，一匹では餌を取ることも，子どもを育てることもできない。

（2）アリの飼育

1）アリの採集

普通に見られるアリは，クロオオアリかクロヤマトアリである。そこでどちらかのアリを巣ごと（アリのすみ家である石の下を注意深く掘り，一つの巣から女王アリ，雄アリ，働きアリ，サナギ，卵などできるだけ土と共に）採集する。

女王アリは，地中の深い所に生活しているのでなかなか採集できない。働きアリだけでも飼育はできるが，同じ種類でも違う巣のアリは，一緒に飼育することができない。

2）アリの飼育容器

アリを飼育するには，観察しやすい透明なガラスかプラスチックの容器がよい（図6-25）。

アリを採集するときに，この容器を持っていき，アリと巣を土ごとこの容器に入れて，容器の底を軽く叩いて土を落ち着かせてから，布か防虫ネットで蓋をする。

飼育容器の周囲を黒い布か紙で覆って，1～2日置いておくと，壊れた巣を修復し始め，一緒に

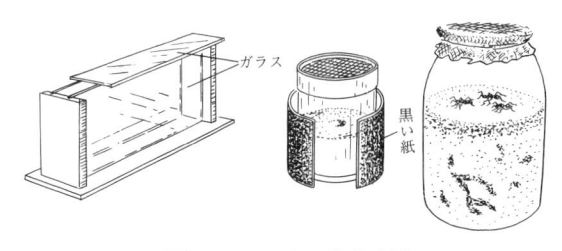

図6-25　アリの飼育容器

いれた卵やサナギを運び込んで生活が始まる。

3）アリの食べ物

クロオオアリは雑食性であるから，けずりぶし，リンゴなどの果物，パンやビスケットなどを小皿に乗せて与える。

4）飼育上の注意

① 飼育容器は，直射日光の当たらない所に置く。

② 観察する時以外は，飼育容器は黒い紙か布で覆っておく。

③ 餌を土の上にじかに置くとカビが生えて，アリが死ぬことがあるので小皿の上に置く。

④ 霧吹きで飼育容器の土を時々湿らせる。

⑤ アリに翅が生えてきたら，採集した場所にもどす。

（3）アリの社会生活

1）女王アリの生活

a) 結婚飛行　　アリの社会生活は，翅をもった雄アリと女王アリ（図6-26）の結婚飛行から始まる。

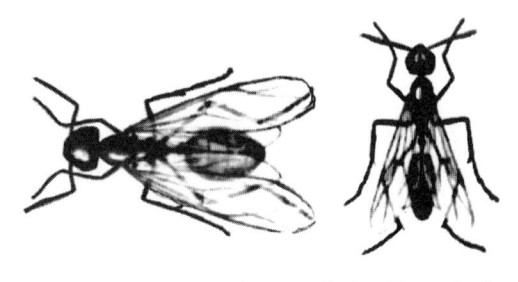

図6-26　翅の生えた女王アリ（左）と雄アリ（右）

第6章　子どもと身近な動物

　5月～6月のむし暑い風のない夕刻，翅をもった雄アリと女王アリが一斉に巣から飛び立ち，空中で交尾が行われる。

　b）産卵～幼虫　　交尾を終了した雄アリは，地上に降りて死に，精子を蓄え地上に降りた女王アリは，地中生活に不便な翅を抜いて，産卵の部屋を造って卵を産む。

　卵からふ化した幼虫は，女王アリから口移しで養分を与えられて育つ（図6-27）。

図 6-27　幼虫の世話をする女王アリ

　その間，女王アリはまったく餌をとらずに育児に専念する。

　2）働きアリの生活

　a）働きアリの誕生　　働きアリは，ふ化するとすぐに女王アリや幼虫の世話を，女王アリに代わって行う。女王アリは産卵に専念する。

　b）働きアリの作業　　働きアリは，どんどん増える卵や幼虫の保管場所を確保するために，巣穴の拡張作業や餌の収集におわれる。

　c）次世代の女王アリと雄アリを育てる　　1年のある時期に，養分を十分与えて育てた次世代の女王アリ，また未受精卵から翅をもった雄アリが出現，これらの翅をもったアリは，それぞれ専用の部屋を与えて，働きアリが世話をする。

（4）アリの様々な生活様式

　アリは種類によって，いろいろと異なった生活様式がある。

　① 異なった種類の昆虫を集める種類（クロヤマアリ，アズマオオズアカアリ）

　② 草の実を集める種類（クロナガアリ）

　③ 蜜を集める種類（クロキクシケアリ）

　④ アブラムシから蜜をもらう種類（クロクサアリ）

　⑤ 牧場を持つ種類（トビイロケアリ）は，アブラムシやカイガラムシを，土で造ったトンネル状の囲いに飼育して，このムシが分泌する蜜を採集する。

　⑥ 奴隷狩りをする種類（アカヤマアリ，サムライアリ）は，クロヤマアリの巣からサナギを盗み運び出して，自分の巣の匂いを移し，サナギからふ化した働きアリに自分たちの卵や幼虫の世話をさせる。

（5）アリの仲間

　アリの仲間は，ハチを含めた膜翅目に属し，この目には約10万種類以上が該当し，甲虫目や鱗翅目に次ぐ大きなグループである（図6-28）。

　体は円筒形で，2対の膜質の翅を持ち，後翅は前翅に比較して小型である。

クロオオアリ　トビイロケアリ　サムライアリ　クロヤマアリ

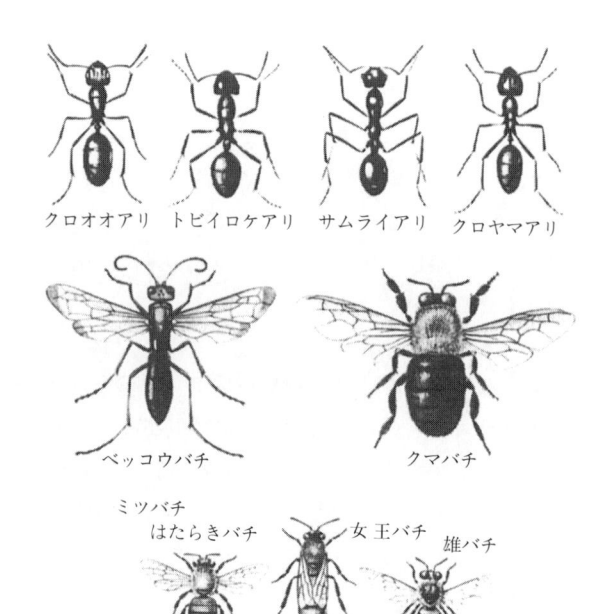

ベッコウバチ　　　　クマバチ

ミツバチ
はたらきバチ　　女王バチ　雄バチ

図 6-28　アリ・ハチの仲間

2. 子どもと鳥

　現在，世界には約8,600種類の鳥がいる。そのうち日本には439種が生息していて，野外で普通に見られる鳥は，280種ぐらいである。初めて地球上に鳥が姿を現わしたのは，約1億5,000万年前と思われ，最初の鳥，始祖鳥の化石は1861年にドイツにて発見された。その化石の特徴から鳥は，爬虫類から進化したと考えられる。

　公園や園庭に飛来する小鳥は，子どもたちにとって，大空を自由に飛ぶことのできる憧れの動物であり，また親鳥の羽の下を出たり入ったりしている雛鳥は，触ってみたい，手のひらに乗せてみたい衝動を子どもたちに与える。この羽根と翼を持った小さな生き物は，子どもたちに一緒に遊んでみたい，卵から雛をかえして育ててみたいという気持ちをいだかせる。この興味・関心から，鳥たちを単なる観賞用のペットとして子どもたちに与えるのでなく，同じ生命ある生き物として接するべきである。

　そこで子どもたちが，身近で接することのできる鳥として，ニワトリ，ジュウシマツ，スズメをとりあげ，鳥と共に生活することから，豊かな感性と生命を尊ぶ心情を育てたい。

1．ニワトリ

(1) ニワトリの生態的特徴

　ニワトリは翼を持っているが，飛ぶこともできないし，また実際に上手に飛ぶことはできない。

　このニワトリは私たち人類とは，非常に古い歴史があり，最初はインド，インドシナ，マレー半島に生息する赤色野鶏の習性（野鶏は普通10〜12個の卵を温めるが，外敵などに卵を取られると，また卵を産みたす習性がある）を原住民が利用し，産んだ卵をすぐにとってしまって，卵をたくさん産ませるように飼い馴らした（6,000年前）もので，それが各国に渡来し，飼育技術の進歩と品種改良とによって，愛玩・観賞用，採卵用，卵・肉兼用などと，その目的によって多数の品種がある。

(2) 飼育の方法
1) ニワトリの種類

　ニワトリの品種は，飼育目的によってそれぞれ異なるが，教育の場における飼育動物の条件に適合した品種を選ぶようにしたい。

① 丈夫であること。
② 飼育飼料の調合が複雑でないこと。
③ 人間が作った環境で増えること。
④ 飼育に特別な技術を必要としないこと。
⑤ 高価でないこと。

　以上の5条件を考慮すると，性質は穏和で，粗放な飼育下でもよく育ち，雌の抱卵性に優れているロック・ホーン（白色レグホン×横斑プリモスロック），ナゴヤ，ウコッケイ，ロードアイランド・レッド，横斑プリモスロックなどを選んで，雄2羽にたいして雌4〜5羽から飼育をはじめるとよい（図6-29）。

2) 鶏舎と運動場

　子どもたちの観察やふれあいなどや，ニワトリの羽数によって鶏舎の広さを考えなければならないが，鶏舎は最低間口1.8m，高さ1.5m，奥行き1.8mで雨よけの屋根とイヌ，ネコなどの侵入防止用の金網を設置し，床面は排水をよくし，糞の除去を考えて砂を敷く。

　鶏舎に隣接する運動場は，少なくとも鶏舎と同じ面積は欲しい（図6-30）。

第6章　子どもと身近な動物

図6-29　ニワトリの品種

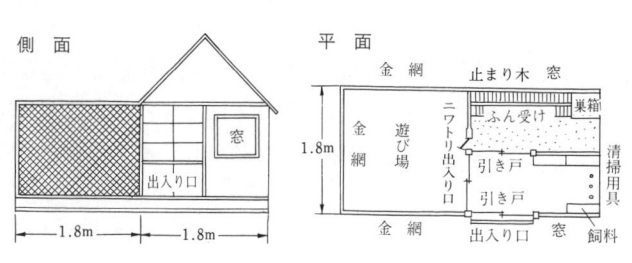

図6-30　鶏舎と運動場

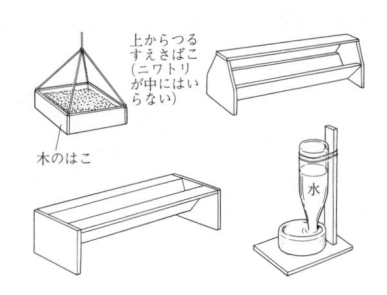

図6-31　給水器と給餌器

　鶏舎の付帯設備としては，止まり木，産卵用の巣箱，給水器，給餌器などを設置する（図6-31）。

3）受精卵と未受精卵の見分け方

　母鶏に抱卵させて，卵（端黄卵）から雛をふ化させることは，子どもたちにとっても雛の誕生は楽しみである。しかし，せっかく母鶏に卵を抱かせ，21日後になっても雛がふ化せず，卵が未受精卵とわかってがっかりすることがある。

　このような無駄な時間を避け，子どもたちの期待を裏切らないためには，前もって卵が受精卵であるか未受精卵であるかを鑑別できれば解決できる。

　受精卵か未受精卵かを鑑別する方法には，自然光線で見分ける方法と検卵器を作成して見分ける方法との2通りある。

　自然光線による方法は，素人にはなかなか判別が難しい。そこで子どもたちが見てもその区別がはっきりと分かる検卵器の作成・使用を勧める。

　検卵器を作成するためには，40Wの電球をスイッチ付きのプラグにはめ，スイッチの部分を除いて，図6-32のように，黒のラシャ紙を二重にして電球がラシャ紙に接触しないように包む（電球の熱で紙が焼けるおそれがある）。そうした後，円筒の先端部をハサミで切る（直径1cmの穴になるようにする）。

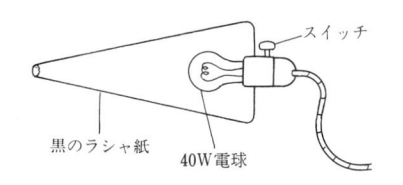

図6-32　検卵器

　この検卵器を持って，頭から厚い布を被るか，物入れなどの暗い場所で，検卵器の先端に卵をあててスイッチを入れると，光源によって卵の中が透過される。受精卵は発達した血管によって全体が赤く見え，未受精卵は白く透き通って見える。

4）初雛の食べ物

　母鶏が抱卵して雛をふ化させた場合は，母鶏が雛に餌の採食方法を教えるが，人工的にふ化した雛を購入した場合は，卵からふ化した直後の雛には，一昼夜餌を与えない（雛のお腹にある卵黄が消化されるのに必要な時間）。

　ふ化後2日目の朝に，市販のチックフード（初雛

用配合飼料)を水で湿らせた上,よく攪拌してから紙の上に広く散布し,雛がついばむようにする(夕方に餌をやると,食べた餌が運動時間が不足するために,消化が不十分で食滞を起こし,健康上よくない)。

はじめ,雛は餌を散布しても気が付かないことが多いので,紙の上をコツコツと叩いてチックフードを動かしたり,餌を摘んで雛の目の前に振りかけてやったりすると,雛は本能的にその動くものを追いかけてついばむ行動から,餌を食べることを学習する。これを雛の「餌付け」という。

5) 育雛箱の製作

育雛箱の製作は,リンゴ箱大の木箱もしくは段ボール箱を利用する。まず箱の上面の半分を切り取り,防虫網を張った開閉自由な蓋をつけ,残る半分はそのまま補強して蓋とする。

補強した蓋の内側に40Wの電球をサーモスタットを連結して取り付ける(図6-33)。

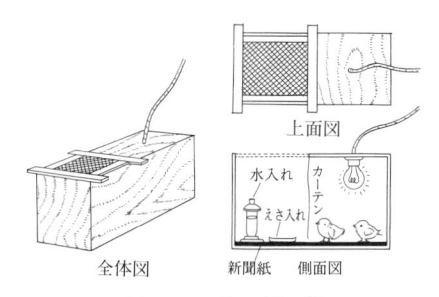

図6-33 育雛箱

6) 育雛箱の管理方法

ふ化後1週間は,室温を約38℃に保って温めるが,適温であるかどうかは,雛の睡眠の姿勢を観察して決める。

雛がバラバラと適宜に散在し,首を落として羽根を広げ,体を横に倒していかにも心地よさそうで,ちょっと覗いたぐらいでは気が付かずにスヤスヤ寝ている状態ならば適温である。

室温が高すぎる時は,雛が電球から離れて,口を開いてハーハー喘いでいる状態であり,逆に温度が低い時は電球に近づき,互いに体を相手の下に潜りあう行動をとる。

餌付け日より毎週3℃位ずつ育雛箱の温度を下げていって,餌付け後25日~30日位で加温を止める(中雛となり外気温に耐えられる)。

湿度は育雛初期で50%。多湿の場合は,雛の寝ている状態が苦しそうで,だんだん元気がなくなり,食欲不振となっていろいろな病気の原因となる。逆に湿度が低いと,餌の消化を妨げて発育が悪くなると共に,羽毛が白っぽくなって雛特有のふっくらした状態が失われる。

育雛箱に敷いた新聞紙などは,毎日交換して,糞や尿による悪臭ガスの発生や体の汚れを防ぐ。

7) 中雛の食べ物(ふ化後25日~50日)

ふ化後1ヵ月経つと,ふわふわとした綿状の体羽が換羽によって抜け変わり,口嘴や翼もしっかりしてくる。この頃になったら,育雛箱から鶏舎に移して,市販の中雛用配合飼料を中心に,青菜(ダイコンの葉,コマツ菜,菜っ葉クズ)を細かく刻んで,朝と夕に与える。

8) 成鶏の食べ物(ふ化後60日以降)

ふ化後2ヵ月経つと,体つきも足元もさらに立派になり,雄は雄らしく,雌は雌らしくなる(図6-34)。

図6-34 ニワトリの成長

9) ゆで卵で遊ぶ

ゆで卵を静かに動かすと,その動かし方によって,ゆっくり円を描いた回転をしたり,起き上がりこぼしの様に回転したり,コマの様に回すと,

第6章　子どもと身近な動物

その回転が玉の様に見えるなど，ゆで卵でいろいろな運動をさせることができる（図6-35）。

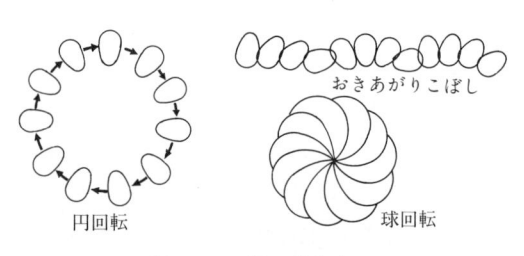

図6-35　卵の動き方

2．ジュウシマツ

（1）ジュウシマツの生態的特徴

ジュウシマツは，カエデチョウ科の完全に家禽化された鳥で，野性には生息していない。

古い時代に中国，東南アジアに生息するコジロキンバラ（タンドク）とギンバシとの交配によって生じたという。

わが国には享保年間（1716-35）に中国から輸入され，愛鳥家の手によっていろいろな羽色のもの（ナミジュウシ，シロジュウシ，クロジュウシ，チャジュウシなど16品種）が作り出されたが，コブチジュウシマツやナミジュウシマツが一般的である（図6-36）。

図6-36　ジュウシマツ

ジュウシマツ（十姉妹）の名前は，「何十羽一緒の籠にいれても少しも争わず，非常に仲の良い兄弟姉妹である」ということから名づけられた。

実際に性質も温和で，少しも荒々しいところがなく，環境の順応性に富み繁殖能力も高い。

（2）飼育の方法
1）禽　舎

禽舎（間口1.5m，高さ2.0m，奥行3m）は，運動場と一体とした構造にする（図6-37）。

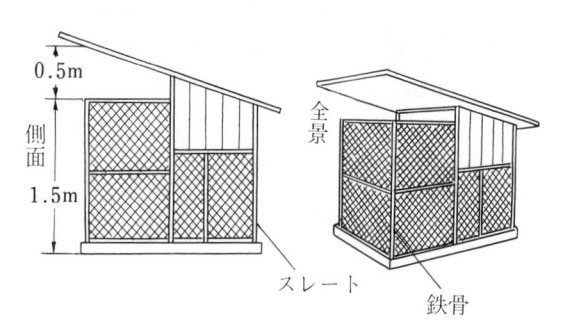

図6-37　禽舎と運動場

運動場に張る金網は，ビニール被覆にしたものを二重に張る（錆びにくく，ネコなどの爪にも触れず安全である）。また運動場の中には，灌木を植えて止まり木とする。

禽舎へ出入りする扉は，できるだけ小さく（高さ1.5m，幅60cm位），鍵は外側に，留め金は内と外の両方に付ける。

2）止まり木

止まり木は，太さ（図6-38）に注意して，禽舎と運動場とに最低3段階（一番低いもので地上より60cm）の高さに回転しないように取り付ける。

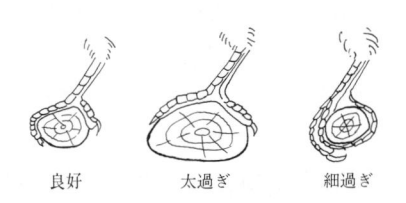

図6-38　止まり木の太さ

2．子どもと鳥

水飲みや水浴びのための池は，運動場内に作り，深さは最深部5cm位の遠浅で，縁の広いものにし，常に清潔であるようにする。水道の蛇口は，禽舎の中に設置するのが一番よいが，近くの蛇口からホースで引く場合，禽舎への引き込み方に注意する。

3）巣（壺巣）

巣は，市販のワラでできた壺巣（図6-39）を，小屋の中の壁面に口を30度ほど上に向けて（卵や雛が落下しないように），針金でしっかりと固定する。

壺巣の数は，1〜2羽に1個とし，雛の巣立ちが終わったら，壁面から外して熱湯につけて乾燥させるか，防虫剤を散布してダニなどの寄生虫を駆除する。

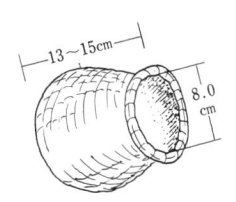

図6-39　壺　巣

4）食べ物（小鳥屋かペットショップで購入）

a）一般飼料　禽舎の場合は，ヒエ6合，アワ2合，キビまたはカナリヤシード2合(計1升)を，陶器製の餌入れ（図6-40）に入れるが，必ず補充時には，容器の中を指でよくかき回しながら口で殻を吹き飛ばしてから入れる。運動場にも同様な餌入れを置くが，餌入れの上に前もって簡単な屋根を作っておく。

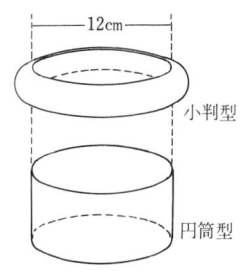

図6-40　陶器製餌入れ

b）発情用飼料　ムキアワ3合に鶏卵（新鮮な生の卵黄のみを用いる）2個。まず卵黄をボールなどの容器に入れてムキアワを加え，よく攪拌して素早く乾燥させる。そのとき卵黄は泡と一緒に固まるので，紙の上に広げよくほぐしてから与える。

c）保健飼料　野菜の葉は，重要なビタミン源で，小鳥の健康を維持し，発情・生理・育雛にとって大切な飼料の一部である。コマツ菜，キョウ菜，ハクサイ，キャベツなどを葉挿し（図6-41）にしっかりと，抜けないように挿し，後から水を入れる。

ボレー粉（カキの殻を粉にしたもの）は，カルシウムの供給源で，産卵期の雌にとっては一日も欠くことができない（卵詰まり，軟卵などの産卵障害を防ぐ）。

容器は，発情用飼料と同じプラスチック製の容器に入れる（図6-42）。

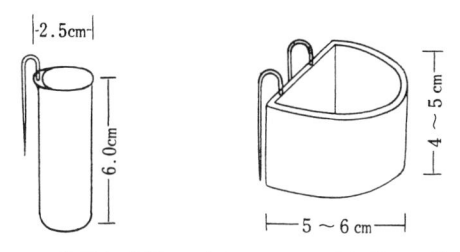

図6-41　葉挿し容器　　図6-42　アワ卵・ボレー粉容器

5）巣引き

ワラ製の壺巣に親鳥が巣材（ワラやシュロの巣材を金網に架けておく）を運び始めたら発情飼料（アワ卵）や保健飼料（ボレー粉）を与える。

巣材を運び産座ができると，やがて雌は腹部の羽毛を抜いて産座に敷き，交尾が終わると7〜10日の内に初卵を産む。

6）産　卵

産卵は毎日1個ずつ5〜6個産み，3〜4個目より抱卵を開始する。アワ卵はこの産卵3〜4個目に与えるのを中止する（与え続けると雄に追い盛りがきて，雌を追い回して抱卵しなくなる）。

7）ふ　化

昼間は雌雄が交代で，夜間は雌雄が一緒に抱卵

第6章　子どもと身近な動物

し，ほぼ14日で雛が誕生する。雛がかえったら毎日新鮮な青菜とアワ卵を当てる（アワ卵は親鳥の体力を回復させ，雛の発育を促進する）。

ふ化したての雛は目も開いておらず，赤裸で小さな口で餌を口移しにもらっているが，日一日と大きくなる。

8）育　雛（ふ化後7日〜14日）

ふ化後7日経つと薄目が開き，産毛も生えて鳴く声も大きくなり，14日頃になるとすっかり雛らしくなり，食欲も盛んとなるので，親鳥の餌を運ぶ回数が多くなる。

9）育　雛（ふ化後20日〜25日）

ふ化後20日頃になると，雛はだんだん巣の出口の方へ出てくるようになる。雛の羽根の模様もはっきりとしてきて，25日頃になると巣立ちのための羽ばたきや，巣のへりや巣の上に登って，盛んに口嘴でワラ切れを引っぱる様になる。

10）巣立ち

ふ化後27日〜28日頃になると，やがて巣から飛び出して止まり木に止まるようになるが，まだ餌は親鳥からもらう。

（3）鳥の飛ぶしかけ

鳥の飛行法は，「滑空法」と「羽ばたき法」に分けられ，ほとんどの鳥は，この二つの方法を併用し，1回の飛行に上手に使用している。

まず「滑空法」は，原理的にはグライダーとまったく同じで，両翼を広げたまま飛ぶ。しかし，単なる滑空法のみでは次第に落下していくが，これに上昇気流を利用して落下を遅らせたり（帆飛），海岸の断崖や山あいの吹き上げてくる風を利用して，空中に翼を広げたまま滞空しているなど，鳥の翼の大小や形態の違いによって，様々な滑空の仕方がある。

次に，「羽ばたき法」は，単なる翼の上下運動によって飛んでいるのではなく，その原理は飛行機の飛ぶ仕組と非常によく似ている。

すなわち，飛行機の翼に相当するのが翼の基半部の次列風切羽根で，体を支える働きをし，プロペラやジェットエンジンの推進力を生み出すのは，翼の前半部である初列風切羽根であり，空中の舵は尾羽根である。

その初列風切羽根の1本を抜き取ってみると，羽軸に沿って羽弁があるが，その羽弁は翼の外側では幅が狭く，内側では広くなっている。これで下に羽ばたけば，内側の幅の広い羽弁が，強い力を受け1本1本の羽弁がねじれ，後方に向かって空気の渦巻きができる。これがプロペラが回転したときと同じ推進力を生み出し，上に羽ばたけば，初列風切羽根が互いに離れて空気が通り抜けて抵抗を受けない（図6-43）。

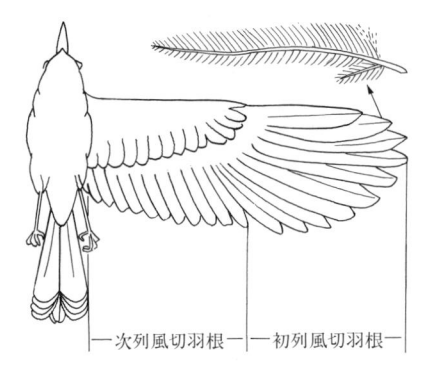

図6-43　鳥の翼

（4）鳥の特徴

鳥の特徴は，温血，羽毛，飛行という三つの特徴に要約されるが，これ以外に次のような特徴がある。

① 視覚（人間の8倍の視細胞150万）は，よく発達していて，遠近・明暗などの環境の変化に対応できる。

② 心臓は，同じ大きさの哺乳類より大きく，脈拍も早く，飛ぶという機能に即していて大量のガス交換ができる（体温41℃）。

③ 鳥は歯は無いが，食物を細かくする砂嚢と腺胃により食物を早く消化する。また食道の途中にそ嚢があり，食物を一時的に貯えることができる。

④ 首は良く動き，発達した頸椎により口嘴は，

頭部を除く全身に届き，羽づくろいなど人間の手と同じ役目を果たしている。

⑤ 前肢（翼）を動かす筋肉（飛行エネルギー源）が非常に発達していて，胸骨にはその筋肉の付着点となる龍骨突起が発達している。

⑥ すべての羽根は1年に1度抜け変わるが，1度にすべての羽根が抜けるのではなく，徐々に抜け変わり全部の羽根が変わるのに約2カ月位かかる。その間，雌は産卵を休止する。

⑦ 鳥の仲間で最大はダチョウ，最小はハチドリ，最も深く潜り，早く泳ぐ鳥はペンギン，最も早く飛ぶ鳥はハヤブサである。

3．スズメ

（1）スズメの生態的特徴

スズメ（図6-44）は，キンパラ科の鳥類で，人家のある所にはどこにでもおり，秋にはたくさん群がってイネを食べる害鳥であるが，繁殖期には昆虫を食べる益鳥となる。

図6-44　スズメ

スズメは非常に環境への適応性に富み，他の野鳥が樹木や林などの生活圏を追われて，数が減少していくのに対して，人家が増えればスズメの数が増える逞しい生活力を持っている。

繁殖期は3～8月で，1巣に5～6個産卵するが，その内1～2個斑点が少ないものがあり，これは止め卵である。食性は草木種子，昆虫，クモ，アオムシなどの他，パン屑，魚肉屑なども食す雑食性である。

（2）飼育の特性

私たちに最も親しみのあるスズメは，他の野鳥と違って飼育許可がいらないが，周囲にいくらでもいることと，色彩が地味なことなど，あまり飼い鳥として扱われていない。

しかし，他の野鳥と違って，雛からさし餌をして育てた鳥は，非常によく馴れ，戸外に放しても家の近くから離れずに居着いてしまうほどの，愛くるしい鳥である。

（3）飼育の方法

1）雛の入手

早春になると巣から落ちた雛や，軒先の雨といに巣をかけたものを取り払った時などによく手に入る。

2）飼育箱

雛と一緒に採集した巣は，ダニなどが生息していることが多いからその巣は捨てる。飼育する数によるが，2～3羽なら靴の空箱などを代わりに利用して，箱の中にワラか綿で丸く巣と同じ形を作って入れる（図6-45）。

図6-45　スズメの人造巣
（高木一嘉『飼い鳥百科』，大泉書店，1973）

3）雛の餌（すり餌）

スズメの雛は，ご飯粒やパン屑では育たない。親鳥は雑食性でご飯粒やパン屑を食べるが，戸外での雛は，昆虫の幼虫やクモなどの動物性たんぱ

第6章　子どもと身近な動物

く質が主体である。

そこでペットショップか小鳥屋で「五分餌のすり餌」を購入して，小型のすり鉢にコマツ菜や青菜（ホウレン草は入れない）を入れてすり潰し，この中にすり餌を入れ，再度すって与える。

すり餌には三分餌，五分餌，六分餌，七分餌などがあるが，これは植物性食餌(米ヌカ＝煎りヌカ，玄米粉，大豆粉) 10 に対して，動物性食餌（淡水魚粉＝フナ，ハヤ，モロコなど小魚を焼いて粉にしたもの) 3 を三分餌と呼び，三，五，六，七は動物性食餌の割合である。

4) 餌の与え方

割りばしを平らに削ってヘラを作り，その上に泥状に練ったすり餌を乗せて，左手に雛をつかみ，親指と人さし指で口嘴を開け，ヘラを挿し込んで食べさせる。

雛によっては，1〜2日経っても口嘴を開かないものもあるが，根気よく行って餌付かせる。雛が小さくて幼いほど人を恐れないので，さし餌がしやすい。

5) 成鳥の餌付け

巣立ち後数日経ったものや飛べるようになった雛は，さし餌は困難であるから成鳥と同じ方法で行う。

成鳥の餌は，五分のすり餌に，少々の蜂蜜で薄めた水を加えてゆるい泥状にし，その上にクモやハエ，アオムシなどを，殺さずに動く状態で置くか，ミルウォームの幼体を置いてもよい。こうして虫を食べると同時にすり餌の味を覚えて，すり餌に餌付くようになる。

6) 餌付けと庭箱

餌付けのときの鳥は，普通の竹籠に入れ，この籠を庭箱（市販）に入れる（図6-46）。

これは周囲を暗くして鳥を落ち着かせるために行う処置で，庭箱の入口には蓋が入るようになっていて，この蓋は障子紙が張ってあり，明かりが採れるようになっている。

すり餌への餌付けが終わったら，ジュウシマツ

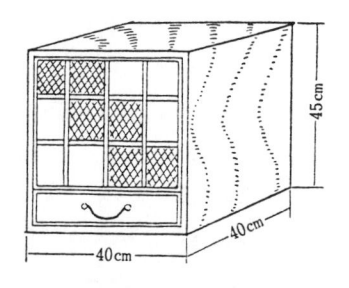

図6-46　庭箱

のように，禽舎に放鳥して，できるだけ広い空間で飼育する。

7) スズメと昔話

スズメは多くの昔話に登場する。「舌切り雀」の話は，宇治拾遺物語にもあるので著名である。

傷ついた子雀を見つけて，やさしく介抱したのは，このおじいさんに暖かい心があったからで，それが雀たちにも通じたのだろう。舌を切られて泣いて帰った子雀を，山奥まで訪ねていったところに，おじいさんの優しさがよく現れている。

だから，おじいさんが雀たちからもらった宝物は，仲良しになった印である。

いじわるをしたおばあさんの大きなつづらからは，恐ろしい妖怪が出てきたが，たとえば小さい方を持って帰っても，やはり同じことだったに違いない。

また「雀孝行」とか「キツツキとスズメ」という物語は，スズメとキツツキまたはツバメが主人公であって，親の死に目に，スズメは化粧半端にかけつけたのに，キツツキまたはツバメは，おしゃれをしていて間に合わなかったという。

その報いでスズメは米を食べられ，キツツキやツバメは虫を食べて我慢をしなければならなくなったというのである。

この他にも「雀のあだ討ち」などいろいろとあるが，子どもたちのごく身近にいるスズメという生き物を，この際もっと観察においても，また子どもたちとのお話においても積極的に取り上げていきたい。

8）一緒に歌おう［すずめのおやど］（文部省唱歌）

　　すずめ　すずめ　おやどはどこだ　　ちちち　ちちち　こちらでござる
　　お爺さんおいでなさい　　ごちそういたしましょう
　　お茶にお菓子　おみやげつづら　　さよならかえりましょう
　　ごきげんよろしゅう　来年の春に　またまた　まいりましょう
　　さよなら　お爺さん　ごきげんよろしゅう　来年の春の花さくころに

3．子どもと動物

　生物の世界は，動物（約100万種）と植物（約25万種）の合計約125万種からなるが，子どもたちは，動物が大好きである。それは動物のライフワークが，子どもたちにとって興味・関心の的であり，植物と違っていろいろの行動や形態などから，生き物であることが容易に認識することができ，親しみをもつことができるからである。

　この節では，幼児に親しみやすいウサギ（哺乳動物），キンギョ（魚類），カタツムリ（軟体動物），ダンゴムシ（甲殻類）などの様々な行動観察や飼育活動を通して，生き物のもつ生命力の弱さや強さを知り，その行動の不思議さなどから，生き物に対する親しみをさらに深めたい。

　また，生き物が生息する環境は，自然の環境が一番であって，人工的な飼育環境は，あくまでも二次的な環境であることを，徐々に認識させるようにしていきたい。

1．ウ　サ　ギ

（1）ウサギの生態的特徴

　カイウサギの原種は，ヨーロッパの北部から東部に生息するアナウサギを飼い馴らしたものである。

　一般的にみるニホン白色種（カイウサギ）は，明治初期に輸入された外来種と，それ以前から（天文年間1532〜1555）飼われていたものとの交配によるアルビノ（突然変異により色素を失い全身が白色化し，眼はピンク＝色素を失い血管の赤い色素）である。

　体形によって大・中・小に分けられ，大型のものをメリケン，中型をイタリアン，小型はナンキン（南京）と呼ぶ。

　わが国で飼われている品種は，ニホン白色種（カイウサギ）がほとんどで，たまに愛好者によりアンゴラやチンチラが飼育されている（図6-47）。

（2）ウサギの選び方

　子どもたちと一緒に粗放な飼い方でも生育がよいことや，春に産まれる子ウサギを野草でも育てられるニホン白色種を次の事項を考慮して選ぶ。

　① 眼光がさえたもので，眼はピンク色であること。
　② 耳が直立していて，垂耳や倒耳でないこと。
　③ 頸太く肩幅の広く肉付のよいもの。
　④ 四肢の踏着が正しく，前肢は変曲せず，後肢

図6-47　カイウサギの品種

第6章 子どもと身近な動物

が開長していないもの。

⑤ 尾に弾力性があるもの。曲がっていたり，弾力がないものはよくない。

⑥ 体毛が豊富で毛並みもよく揃っていて，光沢と弾力があるもの。ハゲや首筋，内股に毛が少ないものはさける。

⑦ 鼻汁を垂らしていないもので，前肢の内側が汚れていないもの。

⑧ 雌は完全な乳頭が3対以上あるもので，雄は陰嚢に2個のこう丸があるもの。

⑨ 肛門付近が糞尿で汚れていないもの。

⑩ 爪の色と磨滅状態で老若を判断する（若齢のものは爪が桜色で先端が鋭くなっている）。

(3) 飼育の方法
1) 飼育箱

ウサギの飼い方には，放し飼い，穴飼い，集団飼い，箱飼いなどいろいろあるが，子どもたちの観察上の利点や管理上の手数，健康の維持，ウサギの争い，繁殖などから1〜2頭の箱飼いがよい。

ウサギの飼育箱は，給餌や掃除に便利なように，前面に扉を取り付けて，それにビニール被覆の金網を取り付けて風通しのよいように作る。

床は7割（扉に近い方）を板張りとし，奥の床3割をビニール被覆の金網張りすると，その金網の部分から糞尿が下に落ち，箱の内部は清潔と乾燥が保て，ウサギの健康にもよい（なお金網の下に受け板を斜めに取り付けて糞尿の受装置とする）。毎日の清掃にも便利である（図6-48）。

2) 草架

生草や乾燥あるいは野菜屑などを与える場合，ただ箱の中に投げ込むと，ウサギが踏んだり，また糞尿が付着して餌を食べ残す。当然餌の浪費と糞尿による発酵によって室温が上がり，健康的にもよくないので草架を取り付ける（図6-49）。

3) 給水器

青草を主食とする場合は，ウサギに給水は必要無いが，乾燥飼料や固形飼料を与える場合と夏期の乾燥を考えると，給水器を設置したほうがよい（図6-49）。

4) 食べ物

ウサギの好む食べ物は，次のようなもので，非常に大食漢である。

野草類＝タンポポ，ヨモギ，ヒメジオン，アザミ，クズ，ヤハズソウ，ヤハズエンドウ，レンゲソウ，ハギ。

根菜類＝サツマイモ・サツマイモの蔓，ニンジン・ニンジンの葉，ダイコン・ダイコンの葉，カブ・カブの葉。

樹葉類＝カシの葉，アカシアの葉，茶の葉。

家庭廃棄物＝野菜屑，果実の皮・種実，茶殻などなんでも食べる（ラーメンを食べるものもいる）。

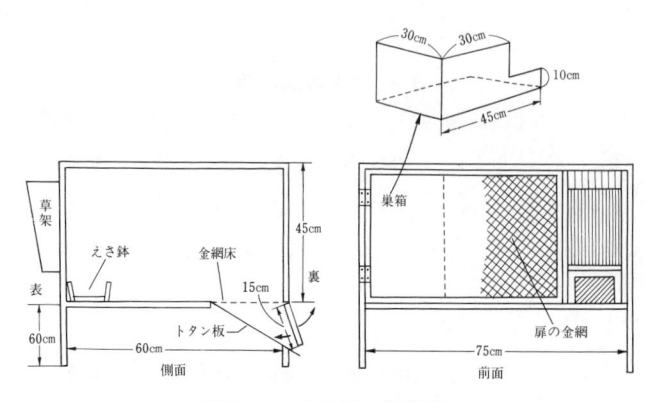

図6-48 ウサギの飼育箱

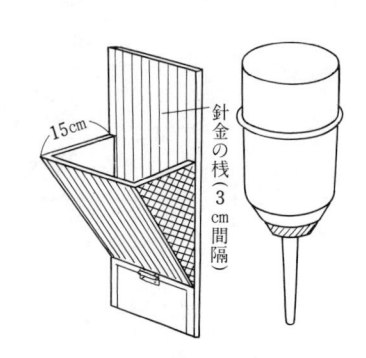

図6-49 草架と給水器

採食量は，体重によって差があるが，生体重の1～3割の量を食べる。しかし，これに成長期や妊娠期・哺乳期などを考慮すると，量はさらに追加される。

5）交尾──排卵

ウサギは生後3～5カ月で性的に成熟するが，実際に交尾するのは雄で10カ月，雌では8カ月以後である。一般に哺乳動物は，発育すれば交尾とは無関係に排卵が起こるが，ウサギはネコなどと同じく，卵巣にろ胞が数個発達し，生殖腺刺激ホルモンが盛んに分泌され，いわゆる発情が起こっても，交尾によって刺激されないと，ろ胞が破裂せずに排卵も起こらない。

発情しているか，いないかについては，雌ウサギの動作や陰部によって，早く発情の状態を見つける必要がある。

陰部が赤く腫れていて，動作が平常より活発で，後肢で床をトントン蹴ったり飼育箱内をかけずり回るような発情した雌ウサギを，雄ウサギの箱に入れれば容易に交尾する。この雌の発情状態は，約一両日継続するので，平素よく観察していれば必ず発見できる。

6）出産

ウサギの分娩は非常に軽いが，子どもたちが覗いたり騒いだりすると，母ウサギは落ち着きを失って失敗するから，分娩予定日(巣を作り始めたら)2～3日前から，飼育箱の前に布をかけてやる。

また暑い時期の巣造りの時，母ウサギが自分の胸や腹毛を抜かない場合があるので，母ウサギを静かにつかまえて，乳頭の周囲の毛を抜いてやる必要がある。そのままにしておくと，子ウサギが授乳できず餓死することがある。

産子数が乳頭数の8個より超えて産まれた場合は，間引かなければならない。その時は，子どもたちに知られぬように細心の注意をして処分する。

7）成　長

① 赤裸で産まれた子ウサギは，4～5日経つと産毛が生え揃う。

② 1週間目に耳の穴が開き，12日目に眼が開く。

③ 18日目頃になると巣の外へはいだす。

④ 3週間目に餌を食べだす。

この哺乳期間中の母ウサギの餌は，平常の2～3倍に増加すると共に，栄養価の高いものを与えるようにする。

8）離　乳

子ウサギの離乳期は，おおよそ45日を目安として，冬期や梅雨期にはやや遅らせる。ただし離乳の時は，母ウサギを他の飼育箱に移すが，絶対に子ウサギを移動してはいけない。

離乳後の子ウサギには，たんぱく質が多く含まれた餌（大豆粕，糠，豆腐粕）などを与え，成長したウサギの餌と区別する。

9）飼育の注意

① ウサギは昼間眠り夜間活動する習性（夜行性動物）であることを基本に，餌の量や昼寝などに十分注意をはらうこと。

② ウサギを摑む時は，毛皮を痛めないように，背中からすこし先方の皮を大きく摑み，決して両耳を持って吊りさげてはいけない。

③ ウサギの足の裏がいつも乾いているように，飼育箱の清掃に配慮する。

④ ウサギが，イヌ，ネコ，ネズミ，ヘビなどに襲われないよう外敵の侵入に注意すること。

⑤ ウサギは寒さには強いが（3カ月未満の子ウサギは別）暑さには弱いので，直射日光をさけた木陰の風通しのよい涼しい所で遊ばせる。

10）活動の仕方

① 日常の観察を通して，ウサギの特徴（耳，目，鼻，口，足）をとらえて絵画などに表現する。

② 怖がらずに餌を手によって食べさせる経験を通して，決して指などを嚙まないことを知る。

③ 正しいウサギの抱き方を知り，飼育箱の掃除の手伝いができるようにする。

④ 日常の世話から，ウサギの好きな野草や餌を

⑤ 日常の観察を通して，ウサギの動きを表現する。

11) イソップ物語のウサギ

ギリシャのイソップ（アイソポス）が作ったと伝えられる動物寓話集に「ウサギとカメ」が競走する有名な話がある。

この形式の動物競走物語（主人公＝カメのおそいことをウサギがあざけったため，一定の距離を競走し，勝者の主人公＝カメをウサギが認める）は，歴史的にも古く世界的にも広く分布している。

この「ウサギとカメ」との物語を，ウサギの歌詞とカメの歌詞とに分けて，それぞれのグループが掛け合い（交互）で歌うことにより，子どもたち自身が，ウサギとカメの気持ちになりきることができる。

2．キンギョ

（1）キンギョの生態的特徴

キンギョの原産地は中国で，フナの白化（ヒブナ）したものを飼育したのが起源である。わが国には，1502年に輸入されたといわれ，現在約20品種が淘汰や交雑によって固定されて残っている。

各品種の体形は，それぞれ特徴があって，体色，胴体の長短，頭部の肉瘤（こぶ）の有無，目の出方，うろこが透明か不透明か，背びれの有無，各ひれの長短などの特徴が品種をみわけるポイントである。

尾びれの形は，フナ尾，三つ尾，四つ尾，桜尾がある（図6-50）。

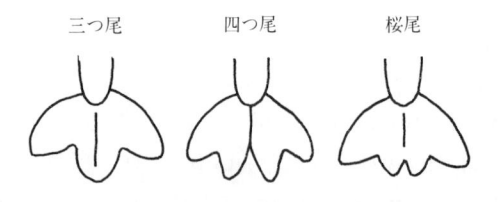

このほかに，フナ尾がある。フナの尾びれと同じ型のものである。

図6-50 キンギョの尾びれ

（2）おもなキンギョの種類

［ワキン］　体色は赤または赤白で，体形が細長くひれが短い。尾びれは三つ尾，四つ尾，桜尾。

［リュウキン］　体色と尾びれの形は，ワキンと同様で，体形は丸型で胴部短く，各ひれは長い。

［デメキン］　体色は赤と黒，もしくは赤黒白の三色混じっている。目が左右に突出し，体はリュウキンよりも細長く，うろこが透明。

［ランチュウ］　体色はワキンと同じで，体は卵形で頭部に肉瘤がある。背びれはなく，各ひれは短く，うろこに光沢がある。

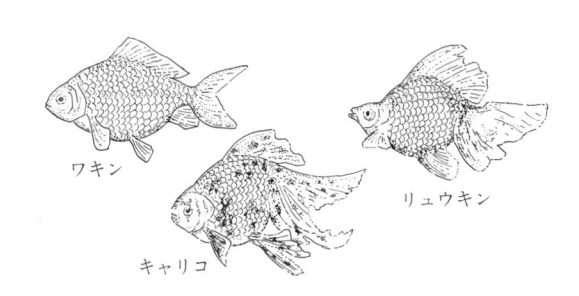

この他に［キャリコ］［コメット］［オランダシシガシラ］などがある（図6-51）。

図6-51 数種のキンギョ

（3）飼育の方法

1）飼育に適したキンギョ

キンギョの品種のうちワキンは，体形も典型的な魚の形をしていて，子どもたちに魚の体形を理解させるのに，一番適している。

また，体の大きさも水槽で飼育するのに丁度よく，餌の取り方も上手であることと，病気に対する抵抗力も強く，低水温での飼育が可能である。

このような観点から，保育所や幼稚園で飼育観察するキンギョとして，ワキンが最もよいと思われる。

3．子どもと動物

2）飼育器具

a）容　器　キンギョを飼育するには，ステンレスの枠がついた幅60 cm×高さ36 cm×奥行30 cm水槽がよい（図6-52）。

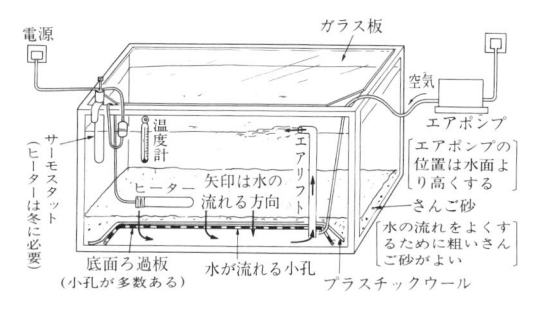

図6-52　キンギョの水槽

形の小さな金魚鉢などでは，飼育中に直射日光が当たったような場合に水温が上がり過ぎたり，食べ残した餌の腐敗などによって，水質が悪化しやすい欠点がある。

このような欠点をなくすためには，大きな水槽を使用し，中に入れるキンギョの数を少なくし，余裕をもって飼育することが大切である。

図6-52の水槽であれば，内容積が60ℓ位あるので水量も多くて，それに底面ろ過器や水中フィルター（図6-53）を取り付けて水をろ過し，同時に溶存酸素量を増やすようにすれば，キンギョを安定した環境条件下で長期間にわたって飼育することが可能である。

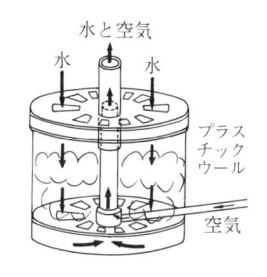

図6-53　水中フィルター

b）底面ろ過器　水の汚れを防ぎ，水質を安定させるために，水槽の底に底面ろ過器を取り付ける（図6-52）。そして，エアポンプ（図6-52）で水槽の水中に空気を送り込み，水槽内に水の循環を起こさせると共に，水中に酸素を補給する。

水は底面ろ過器の砂層を通過する間に，水中微生物の働きによって分解されて，きれいな水にもどる。さらに水性植物を入れておくと水の浄化能力がもっと高まる。このように底面ろ過器は，水槽内の水の浄化に役立ち，水槽内の生態系を一定に保つのに役立っている。

水槽の底面ろ過器の自浄能力が高いと，年間を通して水交換の必要がほとんどいらない。

底面ろ過器は，水槽の底面にプラスチック製の底面ろ過板を置き，これにエアリフト（図6-52）を付け，エアポンプをつなぐ。ろ過板上にはプラスチックウールを敷き，その上に目の荒いさんご砂を入れる。

c）温度調節器　キンギョを飼育するには，水温が20～25℃が最もよいが，冬になると水温がそれよりも低くなる。そこで水槽にヒーターを入れて，水温が一定の温度以下になると，自動的にスイッチが入り水槽の水を温める。

水温が所定の温度に達すると，自動的に電気回路が切れるようになっている。この自動温度調節装置が「サーモスタット」であり（図6-54）であり，簡単な装置のものが市販されているので，それを使用することによって，水温を一定に保つことができる。

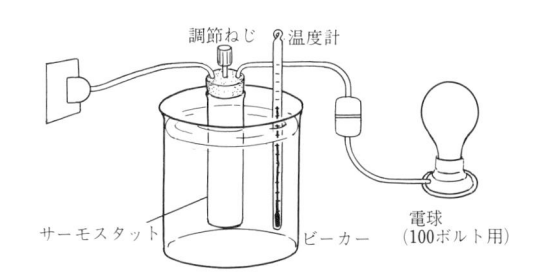

図6-54　温度調節器と調節

温度調節器を使用する場合には，最初に所定の温度を設定しなければならない。たとえば水温を23℃に設定する場合には，23℃よりも水温が高くなればスイッチが切れ，23℃より低くなれば再びスイッチが入るように調節する必要がある。

この調節は使用者が行うが，その方法は図6-54のように，サーモスタットが入る位の深さのビーカーに水を入れ，その水温を23℃にする。水温は温度計で測定する。サーモスタットの電源を入れ，調節つまみを回して，点灯している電球が消えるところで止める。そして，ビーカーの水温が設定温度23℃より少しでも低くなると点灯することを確認する。

調節が十分にできたら，一旦電源を切り，電球を取り付けたコードを抜き，代わりにヒーターのコードをつなぐ（図6-54）。

図6-52のように，水槽にサーモスタットとヒーターを取り付け，電源をつなぎスイッチを入れる。これで設定した水温が保たれるはずであるが，念のために水槽に取り付けてある水温計で所定の水温が保たれているかを確認する。

3）食べ物

キンギョの餌としては，生き餌と人工飼料とがある。生き餌にはイトミミズがよい。生き餌はキンギョが好んで食べ，キンギョ自身の健康のためにもよい。また，餌を食べ残しても，水槽の水を悪化させることもなく非常によいが，価格が高く貯蔵に難点がある。

イトミミズを貯蔵しておく場合には，イトミミズを底の浅いバットに入れ，これを流し台などに置いて，水が絶えず少しずつ流れるようにしておく。水が流れる状態にしておかないと死んでしまうので注意が必要である。

その他に生き餌としては，釣の餌として釣具店などで売っているアカムシがある。

普通キンギョの餌としては，人工飼料を用いるが時々生き餌も用いるとよい。生き餌を与えているときには，人工飼料は与えないようにする。そうしないとキンギョは，人工飼料を食べ残し，その結果，水槽の水を悪化させ，腐敗したり溶存酸素の不足をまねくことになる。

キンギョに餌を与えるときは，1回に多く与えないで，キンギョの食べ具合を見ながら少しずつ与えるようにする。このときキンギョの健康状態も観察する。餌は5～10分位で食べきる程度にし，食べ残しがあったら取り除く。

キンギョも一般の魚類と同じように，水温が高いときはよく食べ，水温が低いと食べる量が極端に少なくなる。また，雨天のときも食べ方が悪くなる。与える餌の量は，このようにその時の条件によって変わるので，一概にどれだけ与えればよいと決めることはできない。餌の量が少なくともキンギョは死ぬことはないが，過食させることはすべてにおいて悪い影響があるので，常に「腹八分」程度にしておくことが安全である。

4）飼育上の注意

a）混合飼育さないこと ワキンの餌の取り方を，他の水槽に飼っているランチュウやデメキンなどと比べると，ワキンは餌の取り方が非常に上手である。このように，キンギョによって餌の取り方が上手なものと下手なものとがあるので，異なった種類のキンギョを同一水槽で飼育しないで，分けて飼育する。

b）水槽の水交換 水槽の水を交換する場合，一度に全部を交換すると，キンギョの飼育環境が大きく変化するので，キンギョにとってよくない。また，取り替える水は数日間バケツに汲んでおいた水を使うようにする。水道水には殺菌のために塩素が入れてあるので，キンギョを死なせる場合がある。やむをえず水道水を使う場合には，ハイポ（チオ硫酸ナトリウム）を入れると塩素が除去される。ハイポの量は，60ℓ容積の水槽に，小豆大のものを数粒入れるとよい。

水槽の水の交換は，まず水槽の水の2/3を汲み出し，それと同量の水を入れ替え，数日後同じ作業をする。

c）水槽にいれる水草 水槽にはフサモ，バイカモなどの水草を入れる。水草は日光に当たると光合成によって酸素を出し，この酸素が水に溶けて溶存酸素となる。キンギョはこの溶存酸素によって呼吸している。さらに水草が，キンギョの排

泄物や有機物の分解したものを吸収して，水を浄化させる。しかし，水草自身も呼吸しているので，夜間光が当たらなくなると水中の酸素を吸収して二酸化炭素を放出するので，夜間は照明によって光を与え，水草に酸素を出させるようにする。

また水草は，キンギョの魚巣（卵を産みつける）の材料としても大切である。

（4）キンギョの泳ぎ方の観察

① 速く泳ぐ時は，尾びれを左右に速く動かす。
② ゆっくり泳いだり，水中に静止している時は，胸びれを静かに動かしている。
③ 背びれと腹びれは，体をまっすぐに保つ働きをしている。

3．カタツムリ

（1）カタツムリの生態的特徴

カタツムリ（図6-55）は，陸に上がった巻貝の仲間（軟体動物の腹足類）で，日本には北海道から沖縄までそれぞれの地方に特有のものが約600種類生息している。また，世界では殻に毛が生えているもの，鼻先から尾までが39.3cm，重さ900gのものなども生息している。

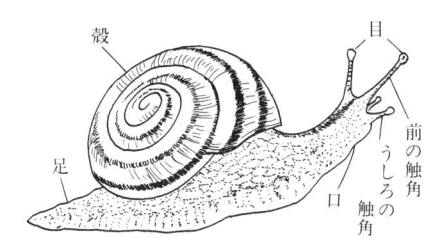

図6-55 体の仕組み

殻の巻き方には，右巻きと左巻きの両方があり，東日本の種類には右巻きが多く，西日本では左右それぞれが半分半分である。

カタツムリは，草食の夜行性であるが，3日位何も食べずに睡眠することもあり，時間感覚が人間とまったく異なっている。冬は殻に二重の膜を張って，落ち葉などの中で集団で冬眠する。

カタツムリの天敵は，昆虫のマイマイカブリと鳥類で，特にマイマイカブリは名前の通り，冬眠中のカタツムリを探しだして，膜を喰い破って食べる。

同じ腹足類のタニシやサザエと異なって，肺で呼吸し，雌雄同体で卵を産んで増える。

（2）名前の由来

カタツムリは，デンデンムシとかマイマイとか呼ばれるが，まずカタツムリとは，カタツブリすなわちカタ（潟）＝陸上にいるツブリ（巻貝）という意味や，カサツブリからきた言葉でかさ（笠）形のツブリ（巻貝）と解釈したり，また"片角（カタツノ）振り"から由来したともいわれる。

マイマイとは，殻が巻いていることから名づけられている。デンデンムシとは，体を殻の中に引っ込めると，なかなか出てこないことに由来している。

（3）飼育の方法
1）飼育容器

水槽にはガラス製，プラスチック製，樹脂ガラス製などいろいろあるが，魚の飼育と違って水を使用しないので，軽いプラスチック製の小型（幅45cm×高さ31cm×奥行30cm）位のものを使用する。水槽には，まず一番下に川砂を3〜5cm敷き，その上に腐葉土（ペットショップや園芸店で売って

図6-56 飼育容器

いる）を 10 cm 位入れ，中に木の枝や板を入れ，金網かガーゼの蓋をする（図 6-56）。

カタツムリは，一般的に湿気が好きだと思われているが，わりあい長期の乾燥に強い動物であるので，やたら水浸しにするとかえって弱ってしまう。カラカラに乾かないように，時々霧吹きで地面（川砂）を湿らせてやる程度で十分である。

2）食べ物

野外のカタツムリは，柔らかい若葉や木の芽，腐った葉などを採食するが，その他にコンクリートを舐めたりする（殻を作るのに必要な炭酸カルシウムを取るため）。

飼育下では，キャベツ，ニンジン，キュウリなどの野菜を与えるが，野菜が入手困難な時は，人間用の練り状ベビーフードでもよい。それから殻の成長のためにカルシウムが必要なので，卵の殻や貝殻をよく砕いたものか，ボレー粉を地面にまくか，卵の殻を置いておくだけでも，カタツムリは歯で殻を削って食べる。

また，餌も同じものを続けると，やはり飽きて食べなくなるので，時々餌の種類を替えてやる。

カタツムリの糞は，食べたものと同じ色の糞が排泄されるので，餌の種類を替えて糞の色を観察するのも楽しみの一つである。

3）飼育上の注意

① 飼育容器に入れる川砂は，日光によく当てるか，火で焼いて消毒する（フライパンで煎る）。

② 水槽の底面に敷いた川砂は，極度に乾燥させないで，カラカラに乾いたら，霧吹きで湿らせる。

③ 飼育容器は，直射日光の当たらない日陰の涼しい所に置くが，冬の寒い時は室内に入れる（20℃位）。

④ 飼育容器の中は，いつも清潔にしておき，食べ残しは取り除く。

⑤ 指や手で体に直接触れた時は，手をよく洗うこと（カタツムリの体には，病原菌や寄生虫が付いている可能性がある）。

（4）カタツムリの一生
1）交　尾

梅雨期になると，交尾のために集まってくる。カタツムリは雄と雌の生殖器官が同一個体内にある（雌雄同体）が，一個体が雄になったり，雌になったりするのではなく，いつも雄は雄であり雌は雌である。同じ種類で同じ大きさの個体を 2 匹入れておくと交尾する。

交尾は，殻が左巻きの個体では，首すじの左にある生殖門から雄の生殖器が伸びてきて，やはり左の首すじにある雌の生殖器に挿入される（右巻きの個体では，生殖門は右側にある）（図 6-57）。

交尾の体形は，お互いがすれ違う形に並んで行い，交尾時間は長く 30 分～数時間かかる。

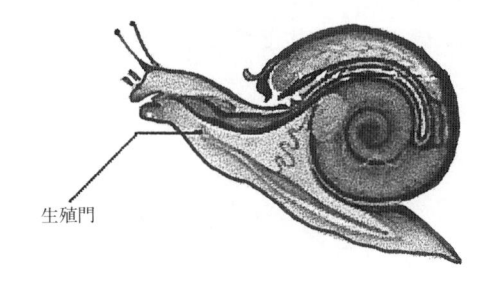

図 6-57　生殖門

2）産　卵

交尾の終了した雌は，梅雨期が終わった 7 月～8 月頃，土の中に透き通った白い卵を，首すじにある生殖門から 30～60 個位まとめて産卵し，雌は数週間で死亡する。

3）ふ　化

約 30 日でふ化すると，まず自分の殻を食べてしまう。体の殻は一巻き半で，非常に薄く体が透き通って見える。

産まれたばかりの幼体の餌は，コマツ菜やキャベツの柔らかいところを与える。

4）成体の寿命

夏期は，石の下や樹木の穴などに潜り込み，殻の奥に体を縮めて，殻の口に薄い膜を張って暑さと乾燥を防ぐ。冬期は，枯れ葉の下や地面の窪み

3．子どもと動物

に隠れ，殻の口や奥にも膜を張って寒さと乾燥から体を守って成長し，寿命は4年位である。

5）体の特徴

① 目は，長い触角の先端にあって，明暗を感じるだけで，物の形はわからない。

② 嗅覚は，短い触角にあって，これで匂いを嗅ぎ付け触れてみて味を確かめる。

③ 耳はないが，体に伝わる振動には敏感。

④ 口は短い触角の下にあって，丸みをもった紙ヤスリのような舌歯で削りながら，物を食べ，舌歯の数は1万個以上ある。

⑤ 体には，卵を産む孔（生殖門），糞をする孔（肛門），呼吸する孔（呼吸孔）がある。

4．ダンゴムシ

（1）ダンゴムシの生態的特徴

ダンゴムシは，節足動物門―甲殻綱―等脚類に属し，体長1cm位になる虫で，細長い小判形で背は強く丸みを帯び，刺激を受けると体を丸めてだんごのように丸くなるので，マルムシとかダンゴムシと呼ばれる。

体色は薄黒いものが多く，それに淡黄色の不明確な模様が付いている。胴体の節（体節）は，7節あり，これに2本ずつ14本の足が付いている。体節の節と節は，柔らかい薄皮でつながっているだけで，外的刺激を受けるとキュッと体を内側に縮め，7枚の甲羅のつなぎ目が内側に引っぱられ自然に丸くなる（図6-58）。

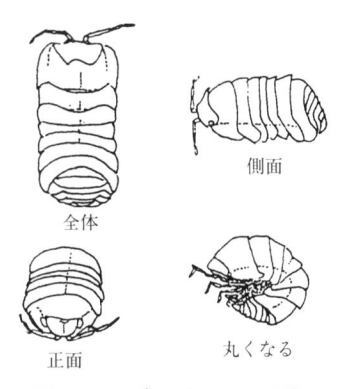

図6-58　ダンゴムシの形態

生息場所は，かつてはエビ，カニ，のように水中生活だったが，陸上生活者となって，体内の水分を維持するために硬い甲羅を持ち，湿った場所に生活するようになった。

等脚目で陸上生活する種類は，雑木林などの朽ち木や枯れ葉，石の下など自然環境が残っている場所に生息し，触っても丸くならないワラジムシ，大きさも形も色もダンゴムシとよく似ていて，海岸の湿った砂の中に棲んでいる種類のハマダンゴムシ，私たちが生活する周囲の植木鉢の下，コンクリートブロックの回りなど日陰の湿った場所に生息し，世界中に広く分布しているオカダンゴムシとに分けられる。

（2）ダンゴムシの飼育
1）飼育容器

飼育容器は，軽くて移動が簡単なプラスチック製の水槽を使用する。容器の大きさは，飼育するダンゴムシの個体数にもよるが，小さな容器に多くの個体を入れると共食いをするので，容器の大きさにあわせて個体数を決める。

10～15個体の数を飼育する場合は，幅45cm×高さ31cm×奥行30cmの樹脂製かプラスチッ

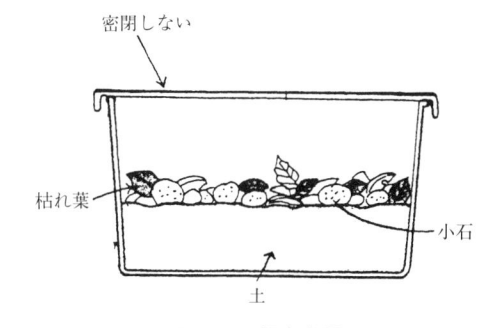

図6-59　飼育容器

第6章　子どもと身近な動物

ク製の水槽を使用する。まず水槽の底から10 cmの深さに土または砂を敷く。その上に腐葉土5～6 cmをのせ，小石や鉢の壊れた部分を分散して入れる（図6-59）。

2）幼虫や成虫の採集

保育所や幼稚園の園庭に置いてあるプランターや植木鉢を移動させると，その下に必ず数個体のダンゴムシが集合して生活している。これは糞の中に仲間を集める物質（集合フェロモン）があるためで，その集合している群から大小あわせて必要な個体数を前もって準備した飼育容器に採集する。

3）食べ物

一般的には，生物体の分解された物を食べるが，飼育下では，野菜の屑や落ち葉，枯れ葉は食べるが，緑の葉や新鮮な野菜類は食べない。ダンゴムシの餌に対する好みを調べるには，図6-60のように，ガラスシャーレを用いて観察するとよい。

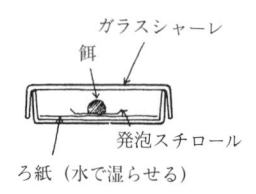

図6-60　餌の調べ方

4）ダンゴムシの成長

産卵期は4～5月で，雌は卵を抱えてふ化させる。ふ化したての幼体は，全体がまっ白で脱皮を重ねて体色と大きさが変化していく。

ダンゴムシの脱皮は，幼体の時期だけでなく成虫になっても行われ，脱皮した皮は食べてしまうが，これは古い皮を食べることによって新しい皮を硬くする効果がある。

5）脱皮の仕方

体全体が白くなると脱皮が始まる。まず後方の体節から脱ぎ，そして前の体節と2回に分けて脱皮するが，すべて終了するには7日～10日かかる。

（3）成体の行動の調査方法

ダンゴムシの行動を野外で観察の際，観察目標とした1匹（個体識別）を追いかけて，時間ごとの行動を見ると，より具体的にその生態を知ることができる。

ダンゴムシの体節に白いラッカーなどで印（マーキング法）を付けて，他の個体と区別し，1匹の朝・昼・夕の活動範囲に変化があるか観察する。また，一つの集団に属する個体全部にマーキングして，その集団を形成する個体は，いつも一緒にいるものなのかそれとも偶然に集まったものなのかを調べる。

ダンゴムシと迷路

ダンゴムシが移動するとき触角が常に動いていることから，図6-61のような迷路に入れたら，どんな移動行動をするか？

答えは図6-62のようにAまたはBに出る。

最初の壁にぶつかった時には，左右どちらに進

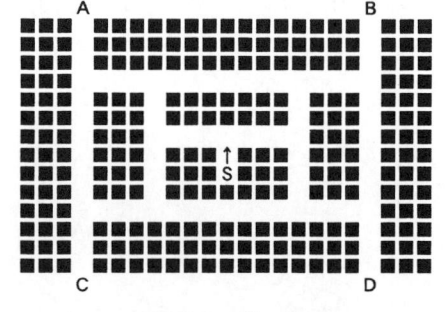

図6-61　迷路

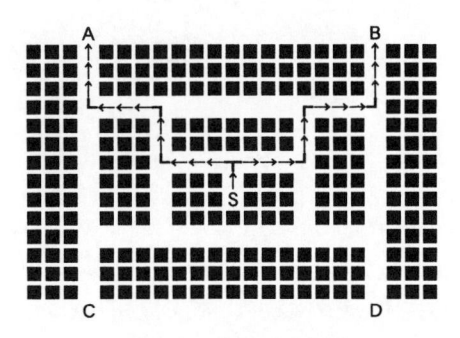

図6-62　迷路での行動

むかわからないが，1回どちらかに曲がると，次の壁にぶつかった時には，前に曲がった方向とは逆の方向に曲がる。即ち右➡左➡右➡左…か，左➡右➡左➡右…のどちらかのパターンをとる。

ダンゴムシのような本能行動のみで，学習行動がない動物は，餌を探したり湿度が丁度よい住みかを探すのに，左右の繰り返しの行動は，単純で有効な行動パターンとして遺伝的に選択された結果である。昆虫類のように，視覚・触角・嗅覚を備えた生物では，行動は複雑になる。

4．動物の飼育と飼育環境の整備

　子どもたちにとって，身近にあって自分たちと同じように動き回り，ものを食べて増える生き物は興味と関心の的であって，特に2～3歳児にとっては，触ってみたい，遊んでみたいという気持ちが強く，生き物を自分本位の愛情でいじくりすぎた結果，殺してしまったり，また自分が動物に嚙まれたりする。それによって，生き物を怖がったり憎んだり嫌いになったりするが，これには保育者の生き物に対する姿勢や指導力によって大きく影響されるし，また子どもたちの育てられた環境と子どもの性差によっても違いがあることに留意する。

　4～5歳児になると，遊びが兄弟姉妹の関係や，自己中心的な行動から，友達と互いに協力し合う行動へと発達する。そうすると生き物を可愛がったり，進んで生き物の世話をするようになる。

　子どものこういう発達段階において，保育所や幼稚園内外の，飼育環境の整備のあり方が重要になる。

　そこで，① 子どもの生き物に対する興味や関心を育て，動物愛護の精神を育てるために適した動物の種類，② 動物の飼育環境の基本的なあり方と管理方法，について具体的に展開する。

1．子どもの生活に適した動物

1）昆虫の種類
　モンシロチョウ，カブトムシ，カイコガ，スズムシ，コオロギ，ミノムシ，クロオオアリ

2）クモの種類
　ヒラタクモ，オニグモ

3）甲殻類
　リクダンゴムシ，ワラジムシ，アメリカザリガニ

4）カタツムリの種類
　ミスジマイマイ，ナメクジ

5）カメ・トカゲの種類
　クサガメ，イシガメ，カナヘビ

6）カエルの種類
　トノサマガエル，ダルマガエル，アフリカツメガエル

7）飼鳥と野鳥
　ニワトリ，ハト，セキセイインコ，カナリヤ，ジュウシマツ，ブンチョウ，ウズラ，スズメ

8）小動物
　ハムスター，シマリス，ウサギ，モルモット，ネコ，イヌ

9）水生生物
　メダカ，キンギョ，フナ，ドジョウ

10）水槽や池の飼育環境を整える水草類
　バイカモ，キンギョモ，スイレン，ホテイアオイ

2．動物の飼育環境

（1）水　槽

　水に生息する魚類は当然のこと，カメ，カエルの仲間やカタツムリの仲間，クモの仲間，それに昆虫類（コオロギ，スズムシ，カブトムシ）なども水槽で飼育するので，水槽の用途は多様である。

　メダカ，キンギョ，フナ，ドジョウ，アメリカザリガニなどの飼育は，ステンレス枠付きのガラス水槽を用いる。この水槽は，子どもの目線の高さに置く。水を入れた水槽は非常に重いので，丈夫な台（凹凸がなく平らであること）の上に置くこと。また，直射日光が当たると水槽内の水温が急上昇して，水槽内の生き物が死ぬことになるので，水槽の置き場所に十分に注意する。

　水槽の大きさは，小さいものよりもできるだけ大きい方がよい。小さい水槽の場合，水量が少ないため，水温や水質汚濁など環境変化が起こりやすい。

　樹脂製（アクリル）水槽は，軽く，昆虫類（コオロギ，スズムシ，カブトムシ），クモ類，甲殻類（ダンゴムシ，ワラジムシ），カタツムリ類の飼育に適している。

　置き場所や取り扱い方は，ガラス水槽と同じであるが，水槽の上部に金網か防虫網の蓋が必要である。この樹脂製水槽の場合には，他に換気と湿度や乾燥に配慮するために，通気孔（熱した5寸釘を当てて穴を開ける）やアクリルカッターを使用して多少の改良が必要となることもある。

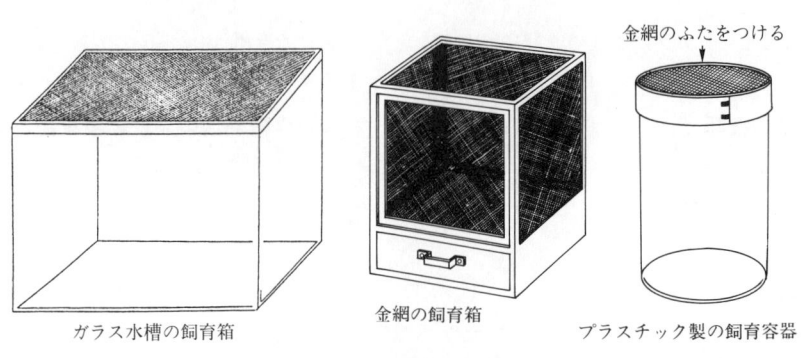

（2）飼育箱と飼育瓶
1）飼育箱と飼育瓶の種類

　飼育箱で育てる生き物は，小動物のハムスター，シマリス，モルモット類である。飼育瓶は昆虫の卵から成虫までの観察や個体の形が小さいカタツムリ，ダンゴムシなどの飼育観察に適している。飼育箱と飼育瓶は，数をできるだけ多く準備しておく。飼育個体数が増えたり，成長の段階で個体を分けたり，グループ別に観察したりなど意外と数が必要となる。

　飼育箱と飼育瓶は，図6-63のように金網型飼育箱（金属製）とプラスチックまたはガラス製飼育瓶とがある。

2）飼育箱と飼育瓶の管理

　飼育箱と飼育瓶の底には，まず敷き紙を置き，その上に通常4～5cmの深さに土または砂を入れて飼育するが，これは飼育する生き物の成育に，適度の湿度を与えると共に，できるだけ自然の環境に近づけるために行う。特に土中に産卵する生き物にとっては必要不可欠のものである。そこで，この敷き紙および土と砂の清掃・交換の管理を怠ると，飼育している生き物の健康状態や繁殖に悪

ガラス水槽の飼育箱　　金網の飼育箱　　プラスチック製の飼育容器

図6-63　飼育箱と飼育瓶

い影響を与えるので注意が必要である。

(3) 飼育小屋

　この施設で飼育する生き物は，飼鳥・野鳥と小動物（ウサギ）の仲間である。飼育小屋の基本的な条件と管理は次の通りである。

　1) 動物が育ちやすい

　動物の飼育がよく行われるためには，飼育小屋の設置場所が重要な条件となる。

　a) 日当たり　飼育小屋は東南に面してよく日が当たるように設置する。特に冬は日光が入り，夏は木陰があって涼しい所が望ましい。

　b) 通風　風は季節よって調節できるようにする。夏はよく風が通り，冬は寒いすき間風を透明なビニールシートなどで遮断できるようにする。

　c) 湿気　なるべく排水のよい乾燥した場所を選ぶ。湿度の高い日本の夏は，通風と共に湿気が動物の健康にとって重要な条件となる。

　2) 飼育の世話がしやすい

　飼育小屋の場所が職員室や保育室から見え，餌の保管場所も飼育小屋に隣接していると世話がしやすい。逆に目の届かない場所では，飼育している動物の変化や小屋の破損なども気付かず，外敵に襲われたり，日常の観察が不十分になりがちになる。

　3) 子どもたちの手伝いがしやすい

　子どもたちには，直接的に動物の世話をさせないが，餌やりや水の交換，小屋の掃除の手伝いなどをさせる場合，動物が小屋から逃げ出さないようにする二重扉や，また，動物から子どもたちが危害を受けにくい広さに餌場や水場を設定する。

　4) 観察しやすいこと

　a) 設置する場所　動物を飼育する場所は，その動物の飼育に最も適した場所が望ましいのであるが，また，子どもたちの関心を引きやすい場所であることも大切な条件の一つである。

　それは子どもたちが，いつも動物に接しやすい場所がよく，たとえば，登園降園の際必ず通る園の門の近くとか，保育室に近い場所であることが望ましい。日常子どもたちが寄り付かない場所は，観察や管理上からできるだけ避けるようにする。

　b) 飼育小屋の観察窓の高さ　観察窓の高さは，観察者と管理者の両面から考えて，高すぎたり低すぎたりしないようにする。また，動物たちが安心して餌や運動，睡眠がとれるようにすることも大切である。

　c) 飼育小屋の囲い　動物たち（飛翔しない動物）を飼育小屋から出して，運動させたり，小屋の清掃をしたり，子どもたちとふれあったりする。これはまた，野犬などの害を防ぐことにも役立つ。

(4) 飼育池

　飼育池で飼育する動物は，カメ，カエルなどや水生昆虫などである。これらの動物がよく育つ条件を池に備えるようにする。

　1) 生育に適する環境を整える

　キンギョはコイやフナに比較して病気にかかったり，鳥類に捕食されやすい。そこで生育に必要な水質や水温を保つように注意し，捕食に対する対策としては，池の上面にネットを張る必要がある。

　カエルなどの両性類は，池の中に島を作ったり，池に水生植物を植えるなどの環境の整備を図る必要がある。

　水生昆虫は，水質や水温などの条件の他に，大型の魚類との混合飼育は，捕食されてしまうので避けること。

　2) 観察しやすいこと

　池の設定場所，採光，池周囲の空間，池の水深と広さなど観察がしやすいように配慮する。

　たとえば，池の周囲に花壇があって景観的にはいいが，観察する際，それを踏み超えなければ，池の生き物が観察できなかったり，水深が深すぎて見えなかったり，池の縁が急斜面になっていて，子どもが足を滑らせる危険があるとか，場所が建

第6章　子どもと身近な動物

物の影になり，暗くて観察に不便であったりしないようにするべきである。

3）清掃がしやすいこと

飼育池は，水が漏れたり，排水が詰まったり，ごみや枯れ葉が溜まったりしやすい。

そこで定期的に清掃をするが，この時，池の飼育環境を一変させるような清掃はよくないので，池を半分に仕切って，清掃できるようにしておくことも必要である。

4）池の構造

地上式と地表式の2種類がある。

a）地上式　池の底が地表の高さに位置するようにしたもの（図6-64）（図6-65）。

b）地表式　地表式をそのまま地中に埋め，水面が地表面か，またはそれ以下になるようにしたもの（図6-66）。

5）給水・排水

池を設置する場合に，十分考慮しなければならないことは，給水・排水に便利な場所を選ぶということである。特に排水口の場合，池の水を全部排水するものと，雨が降った時や注水をした時に水がオーバーフローすることのできる口と両方が必要となる。

6）その他の池

a）ビニールの池　園の敷地内に適当な場所がなかったり，経費が少なかったりしたために，永久的な施設ができない場合は，適当な大きさの木箱か発泡スチロールの容器の内側にビニールシートを敷いて，池として利用する（図6-67）

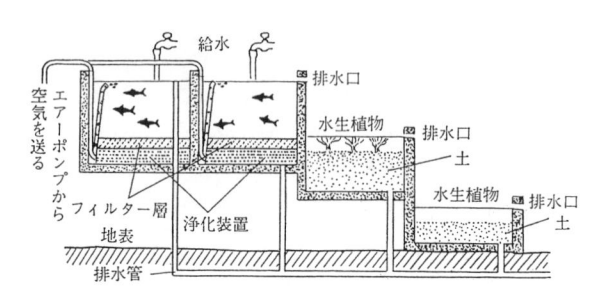

図6-64　地上式の池(1)

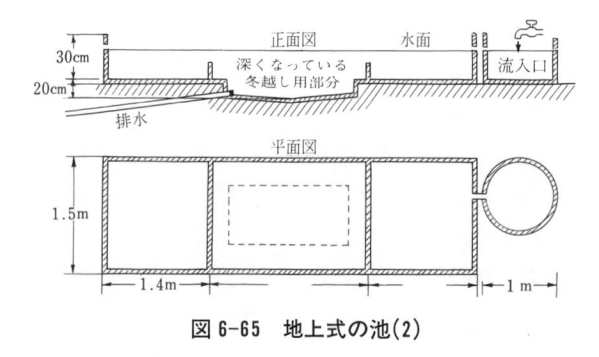

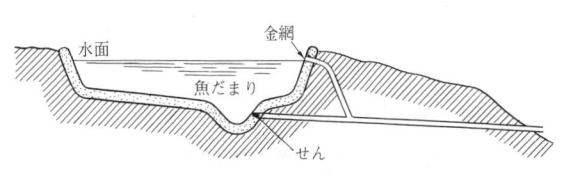

図6-65　地上式の池(2)

図6-66　地表式の池

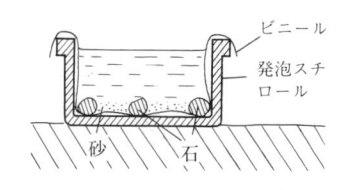

図6-67　ビニールシートの池

b）水がめの池　水がめは，口径60〜70cm程のものが適当である。日当たりのよい場所に，かめの高さの2/3位を地中に埋め，中に水田の土をかめの深さの2/5位入れ，キンギョモ，スイレン，ホテイアオイなどの水草を入れる。この水がめは，カエルの卵やオタマジャクシの飼育に適している。

冬期には，かめの水をビニールシートでおおって寒さを防ぐ（図6-68）。

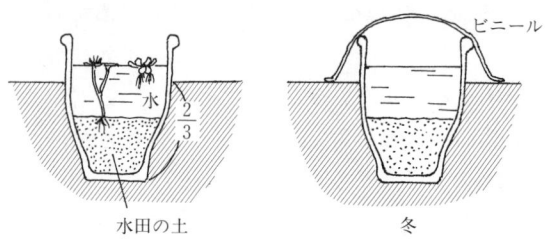

図6-68　水がめの池

第7章 創造と工夫の遊び（科学遊び）

　本章では，子どもの身の回りにある自然や自然現象を使った遊びを主体として，子どもが自分で考えたり，工夫したり，製作・操作して，楽しんで遊べるような構成をしてある。特に子どもたちの創造性の開発を重視して，子どもでもできる創造性開発の基礎的訓練も考えている。

　一般に子どもの遊びは無方向性・衝動的である。日常自然の遊びでは，子どもの発達の程度と本能の働きに従って，幼いほど無方向的で衝動的である。しかし，保育指導という立場からは，「遊び」に方向性を与え，「楽しみ」に対しての衝動や刺激を与えなければならない。「科学遊び」は科学遊びとしての方向性を与え，衝動的な働きを示すものであろう。

　本章では製作・操作に関するものが多く取り上げられている。製作されたものは，その目的に応じた働きを果たさなければならない。ここでは美的要素は必ずしも無くてもよい。目的に応じた働きが達成されて，子どもの主体性・創造性・実行性・思考性が養われることが肝要である。

創意や工夫の指導の要点

　一般に成人が新しい問題に対処して，その問題を解決して行く時や，新しい試み・仕組みを考え，新しいものを創る時，次の三つの方法がある。

（1）試しては繰り返す試行錯誤法
（2）いわゆる「勘」の働きに頼る方法
（3）筋道を立てて合理的な考えで進める方法

この(3)の方法が科学者などの用いる一般的なものであるが，これをさらに分析してみると，

a　問題の条件を分析する。
b　その条件を要素的に分ける（それ以上分けられないところまで）。
c　問題の観点変更——見方を変えること。

子どもたちに上記の(1)，(2)，(3)のａ，ｂはまだできないが，(3)のｃは可能である。

観点変更の指導

（1）外観や全体的な色や形を変えてみる。——四角を丸や三角に，違った色に変えてみる。
（2）何かを付け足したり，取り除いたりする。——やじろべえの腕や足。水車の羽根。
（3）数や量を変えてみる。——風車や水車の羽根。
（4）反対・逆のことを考える。——上下，大小，長短，押す引く，磁石の吸引反発。
（5）材質・素材を変えてみる。——竹ひご，発泡スチロール・キビ殻，など。
（6）使い方，遊び方，使用目的などを変えてみる。廃物利用をする。

〈参考〉(4)の「反対」について——広い狭い，冷暖，色の濃淡，黒白，このほか対照的・関連性のあるもの，縦横・直角と平行，直線・折れ線・曲線など，動的事象では，回す・ねじる・伸ばす・縮める・開閉・離す・固定・孔開け・突起出しなど，いくらでもある。

第7章 創造と工夫の遊び（科学遊び）

1．空気・水の遊び

　この節では，風車や竹とんぼ，紙飛行機などを作り，目には見えないが，空気が存在することに遊びの中で気付くようにする。また，噴水やシャボン玉遊びを通して，水という流体の存在にも注意を向けるようにする。

　いずれの教材も，子どもの積極的な作業や遊びを通して，子どもの知覚の発達を促し，工夫し考えようとする態度の育成の初歩的な体験をねらっている。たとえば，風車においては，風車の羽根の作り方によって，風車が右方向に回ったり，左方向に回ったりすることに気付くようにする。また，風車を手で持って，風の吹いてくる方向に走ると風車がよく回転することから，風の吹く方向についても認識させるようにする。

1．風　　車

a．風　車

（1）ねらい（b．，c．にも共通）

　空気を利用した遊びのうち，風車は，子どもになじみが深く，幼児の教育にたいへん効果的な教材である。

　風車作りでは，きれいな風車を作るというより，よく回るという点に重点をおく。よりよく回る風車を作ることに熱中させたいものである。

　風車を作る過程で，はさみの使い方，のりの使い方など，いろいろな用具や材料の使い方にも慣れるようにする。

　何よりも大事なことは，風車製作の過程を通して，自分の目でよくものを見て，頭を使って考え，手で工作するという，将来，創造的な仕事ができるための基礎を，少しずつではあるが育てていきたいものである。

（2）作り方（図7-1）

① 1辺が18cm位の大きさに切った，画用紙（またはケント紙）に，対角線を引く。その頂点から，中心までの長さの約2/3まで，はさみで切り込みを入れる。

② 対角線の交点（中心）に，風車の軸になる竹ひごを通す小さな穴を開ける。

　この①，②の作業は，子どもにとっては結構難しいので，あらかじめ切り込みを入れる位置を描いた画用紙を子どもに渡して，作業を容易に進行させるようにするのもよいであろう。

③ 長さ15cm位の竹ひごの先端に，コルク栓を差し込む。竹ひごの先端には接着剤を塗って，コルク栓を竹ひごにしっかり固定して，コルクが抜け落ちないようにする。

④ 画用紙の中心部に接着剤を塗って，竹ひごを通し，コルク栓に画用紙を張り付ける。

⑤ 画用紙の四隅を曲げて，その先端に接着剤を塗って，竹ひごに固定したコルク栓に貼り付ける。

⑥ 風車の軸となる竹ひごに，ストローを通して，風車の軸受けにして，風車が滑らかに回転するようにする。

（3）遊び方

　風車を，風の吹いてくる方向に直角に向けたとき，風車は最もよく回転する。

　また，風が吹いていないときでも，風車を手でもって走ると，風車は回転する。このことから，子どもは，自分の体験を通して，風の存在に気付くようになる。

　また，風車を作るときに，画用紙にクレヨンで色を塗らせると，色を塗る過程で，三角形や，四

1．空気・水の遊び

角形など，いろいろな図形ができるので，子どもは，これらの図形についても気付く。

さらに，色の種類についても体験できる。風車に塗った色は，風車が止まっているときと，風車が回転しているときとでは違って見えることにも気付かせるようにする。

b．はがきの風車

作り方（図 7-2）

風車は，いろいろな材料，特に廃品を活用して，作ることができる。廃品を活用することは，品物の本来の使用目的以外の使用法を考えるのであるから，拡散的思考法のトレーニングにも役立ち，創造的思考の発展にも有用である。

はがきの風車は次のようにして作る。

① はがきに対角線を引く。対角線を引くような簡単な作業でも困難な子どももいるので，作業は急がないようにする。

② 引いた一つの対角線上に，図のように3カ所に穴を開ける。

③ はがきを丸めて，端の方の2つの穴を合わせて，セロハンテープで止める（穴がつぶれたら，また開けておく）。

④ 図のように2カ所にはさみで切り込みを入れ，羽根を作る。羽根は，立てるようにすると，風車がよく回る。

⑤ 風車の軸にする竹ひごに，コルク栓を通す。

⑥ コルク栓を通した竹ひごを，風車の穴に通して，風車のできあがり。

⑦ できあがった風車を，風の吹いてくる方向に向けると，風車は勢いよく回る。また，風車を手に持って，風の吹いてくる方向に走ると，一層よく回る。

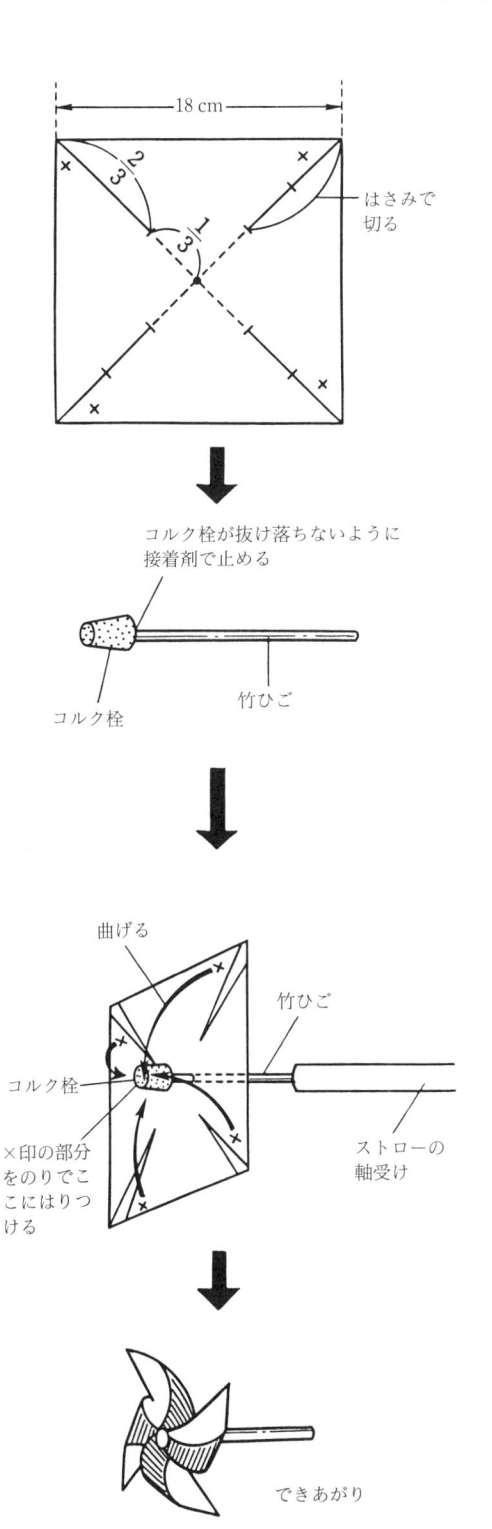

図 7-1　風車の作り方

第7章 創造と工夫の遊び（科学遊び）

はがきに対角線を引く。
1つの対角線上に3つの穴をあける。

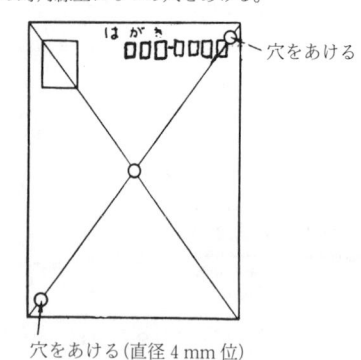

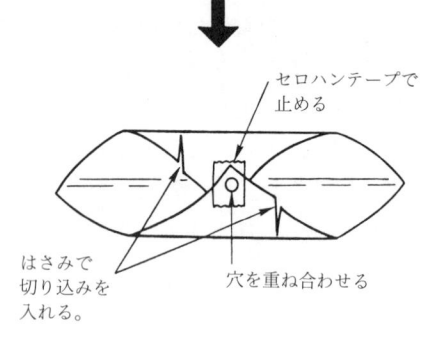

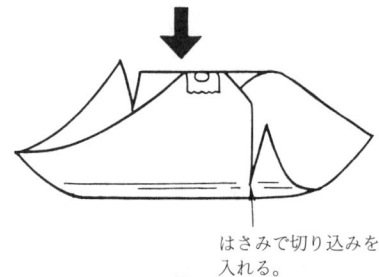

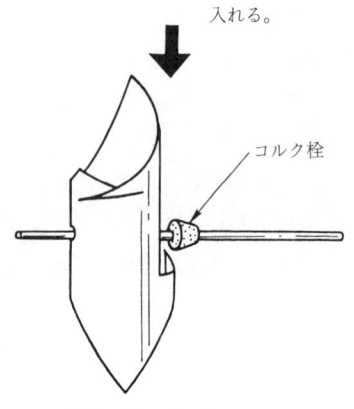

穴をあける

穴をあける（直径4mm位）

セロハンテープで止める

はさみで切り込みを入れる。

穴を重ね合わせる

はさみで切り込みを入れる。

コルク栓

風車に竹ひごを通す。
コルク栓を竹ひごに通す。

図7-2 はがきの風車

c. 発泡スチロールトレイの風車

作り方・遊び方（図7-3）

　廃品になった発泡スチロールは，非常にたくさん捨てられているので，これを活用して風車を作って遊ぶ。作り方は次のようにする。

　① 長方形の発泡スチロールトレイの中心に，マッチの軸木が通る位の穴を開ける。

　② 発泡スチロールトレイを図のように切り取って，風車の羽根を作る。

　③ 発泡スチロールトレイの中心に開けた穴に，マッチの軸木（つまようじでもよい）を通し，木工用の接着剤で固定する。

　④ マッチの軸木（またはつまようじ）を，ストローの軸受けに通す。

　⑤ 風車を手に持って，風の吹いているところで遊ぶ。

① 発泡スチロールのふねを図のように切りとる。

切る　　切りとる

切りとる　切る

穴をあける

② 中央の穴にマッチの軸木を通して，接着剤でとめる。

ストロー

マッチの軸木にストローを通す。

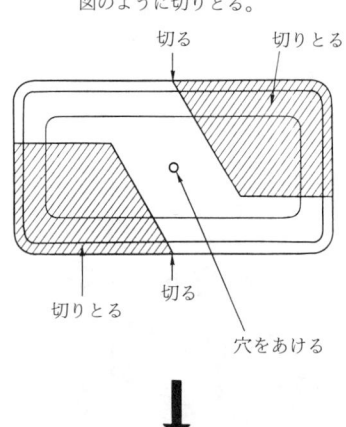

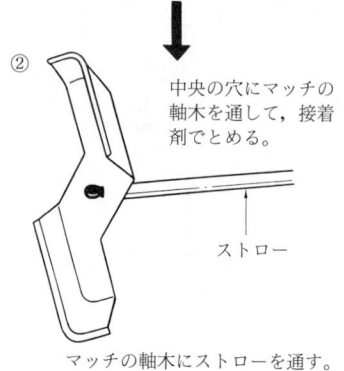

図7-3 発泡スチロールの風車

1. 空気・水の遊び

d. 板の上で回る風車

（1）ねらい

通常の風車の概念とは異なり，風車を平らな木板やガラス板，プラスチック板などの上にのせ，口で静かに吹いたり，新聞紙などを丸めて，小さな三角錐状（メガホン状）のものを作り，これを口に当てて吹いて風を送り，風車を回す。ものを考えるとき，固定観念にとらわれない思考に慣れるのにも役立つ。

（2）作り方（図7-4）

板の上で回る風車は，次のようにして作る。

① ノートに使う下敷きのようなプラスチックの板を，四角に切る。板の大きさは，小さいものや大きいものなど，適当な大きさでよい。

② 図のように，はさみまたはカッターナイフで，四隅を切り取る。

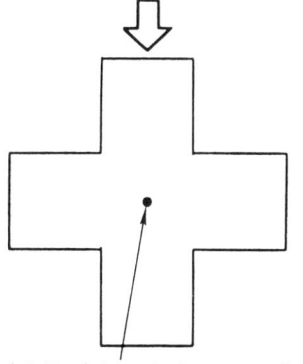

③ 不要になったボールペンの先を，十字形のプラスチック板の中心部に当て，強く押して，凸部を作る。このとき，プラスチック板は，柔らかいものの上に置いて，ボールペンを押すと作業しやすい。

④ プラスチックの羽根を，根元から少し上側（凸部の反対側）に曲げて，羽根が立ったような形にする。

（3）遊び方

できあがったプラスチック風車を，硬い板（木板，ガラス板，プラスチック板など）の上に置いて，上から口で静かに吹いて風を送り，風車を回す。また，新聞紙で作った紙筒を，口に当てて風を送ってもよい。

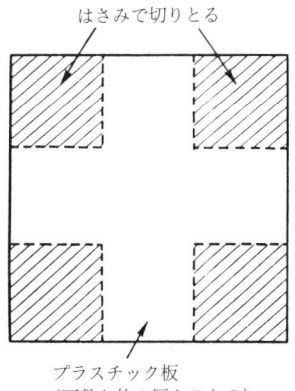

図 7-4 板の上で回る風車

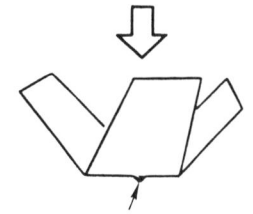

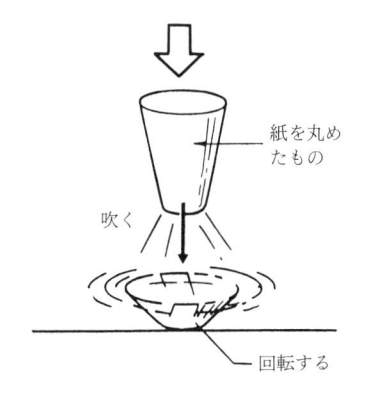

第7章 創造と工夫の遊び（科学遊び）

2．プラスチックとんぼ（竹とんぼ）

(1) ねらい

普通の「竹とんぼ」の製作は，4～5歳児にとっては困難である。ここではビニールの下敷きやプラスチックの空き箱などを羽根として用い，ナイフなどを使わないで済むようにした。

形は風車に似ているが，軸棒を持って羽根を回すとき，風車と違って，軸を持つ手元に風を感じることを確かめさせる。ヘリコプターやプロペラ飛行機が飛ぶことに気付かせる。

(2) 材料と準備

ビニール下敷き（ほぼ同じ厚みのあるプラスチックの空き箱，またはボール紙でも良い）。厚さ13～15mmの発泡スチロール片，だんご・焼き鳥の串，セロハンテープ。

(3) 指導者の準備

a）羽根の切断　図7-5(1)の大きさの羽根を一人各2枚用意する。

b）とんぼの頭　発泡スチロールで図7-5(2)の直方体を作る。左右の側面に図の角度で羽根を差し込む部分の印をサインペンで書き，その部分に鋭利な刃で刻みを付けておく。下面には軸棒を差し込む穴を開ける。棒の太さより細めに開ける。

(4) 作り方

頭になる発泡スチロールの側面に，それぞれ羽根を図7-5(2)の位置にはめ込む。上下を発泡スチロールとしっかり固定する。次に軸棒も図の位置に差し込み，固定する。この固定がしっかりしていないと，良く飛ばない。

(5) 飛ばし方

a）回転の検査（図7-5(3)）　左手の手のひらの上に軸棒を載せて，羽根だけを手の先に出し，親指を軽く軸棒に触れ，親指で軸棒を押し回す（右手で右回りに回してもよい）。きれいに回るか試す。この時，右回りに回っていれば，左手に風を受けていることを確かめる（左回りだと風は来ない）。

b）とんぼを飛ばす（図7-5(4)）　両手の手のひらで軸棒を挟み右手を前方にこすりながら，上方に飛ばす。軸棒がふらふらせず（軸棒の先端がすりこぎ運動をしない），まっすぐ棒になって飛べば成功である。

c）軸棒がすりこぎ運動をする時　軸棒の先端に50円硬貨か，油粘土（50円硬貨ぐらいの重さ）を固着すれば，まっすぐに飛ぶ（とんぼ全体の重さが軸棒に対して対象でなかったり，頭部が重いと，すりこぎ運動を起こす）。

(1)	(2)	(3)	(4)
プラスチックの羽	発泡スチロールの頭	回り方を調べる	飛ばし方

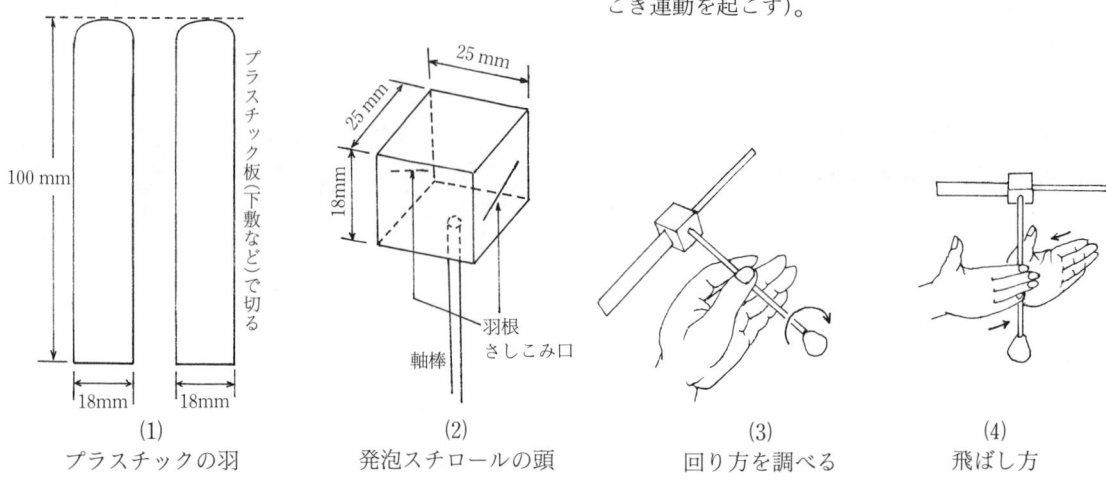

図7-5　プラスチックとんぼ

1．空気・水の遊び

3．紙飛行機

（1）ねらい

　紙飛行機を作らせ，よく飛ぶように工夫して遊ばせる。紙飛行機は，重心の位置が重要で，紙飛行機の前の方を重くするようにする。そのために，紙飛行機の前の方は，紙が重なるように折ることに気付かせる。

　また，紙の質や，紙の大きさ，折り終わったときの形，飛ばすときの投げ方などによっても，紙飛行機の飛び方は違って来ることに気付くように指導し，子どもが紙飛行機に興味と関心を持つように指導することが大切である。

（2）準備するもの

　紙（B5判ぐらいの大きさのもの）。

（3）作り方（図7-6）

① 紙飛行機を折らせる。紙飛行機の折り方には，いろいろな方法があるので，図に，その一例を示した。

② 紙飛行機に，クレヨンで色を塗って，きれいに仕上げる。

③ できるだけ遠くまで飛ぶように工夫して飛ばせる。地面に線を引いて，そこから飛ばさせて，競争させるとよい。

④ 紙の大きさや，紙質を変えて，飛び方の違いを比べさせるとよい。

（4）留意事項

　紙飛行機の折り方には，いろいろな方法があるが，いずれも重心を紙飛行機の前の方に設定する。そのため，紙飛行機の前の方は，紙を重ね合わせて重くするように工夫する。また，飛行機の安定をよくするには，翼は広く作り，胴体は翼より下の方にくるようにする。

　紙を折って作る紙飛行機では，厚手の紙の方が工作もしやすいので，画用紙やケント紙を用いるとよい。

　このほか，キビ殻で胴体を作り，厚手の紙で翼を作った紙飛行機や，厚紙を切り抜いて，胴体，主翼，水平尾翼，垂直尾翼を接着剤で組み立てたものもある（図7-7）。これらはいずれもくぎなどのおもりを使って，重心の位置を適当に調節する必要がある。

図7-6　紙飛行機の折り方

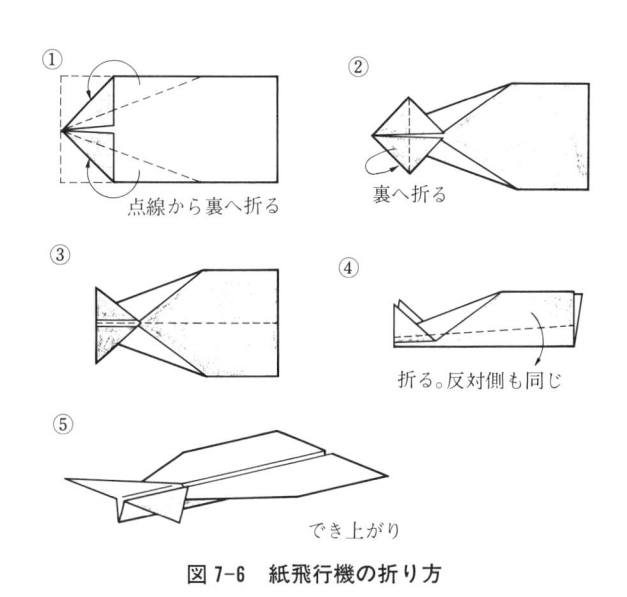

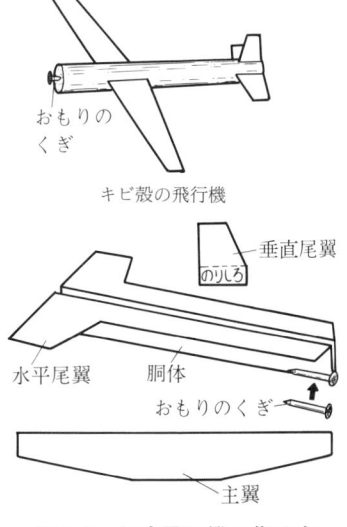

図7-7　組立飛行機の作り方

4．噴　　水

（1）ねらい
　高いところにある水源から水を取り出し，噴水をなるべく高く上げるように工夫して遊ばせる。
　水源のバケツから水を取り出すには，サイホンを利用するが，サイホンの不思議さにも気付かせるようにする。
　また，水源の高さによっても，噴水の上がる高さが違うことにも気付かせるようにする。

（2）準備するもの
　ポリバケツ，ビニル管，鉛筆のキャップ，粘着テープ。

（3）サイホンと噴水の作り方（図7-8）
　① ポリバケツに，ビニル管（熱帯魚飼育に使うビニル管）をつなぎ，ここから噴水の水源をとるようにする。ビニル管がバケツからはずれないように，ポリバケツの壁に管を粘着テープで止める。
　② 水源につないだビニル管の他方の端に，小さな穴を開けた鉛筆のキャップをはめ，噴水の噴出口にする。
　③ ポリバケツから水を取り出すには，サイホンの原理によって，水を流出させる。図のように，ビニル管の先端を，バケツに入れた水の底まで入れ，ビニル管の他端に口をつけて，水を吸い出す。水が口に到達する前に，吸うのを止める。このとき，バケツから流出した水は，バケツの水面より下にあることが必要である。一度水が流れ出すと，後は連続して流出する。
　④ 鉛筆のキャップを取り付けた噴水の出口の高さを上下させながら，噴水遊びをさせる。
　噴水の高さは，水源の高さ（バケツの水の表面）より上には上がらない。しかし，実際には，管の抵抗があるので，噴水の高さはずっと低くなる。

（4）噴水でおどるピンポン玉
　ポリエチレンびんを半分に切って，図7-9のような噴水を作り，噴水の上にピンポン玉を置くと，ピンポン玉は噴水に押し上げられ，踊るようにして，わずかに上下する。外には飛び出さない。

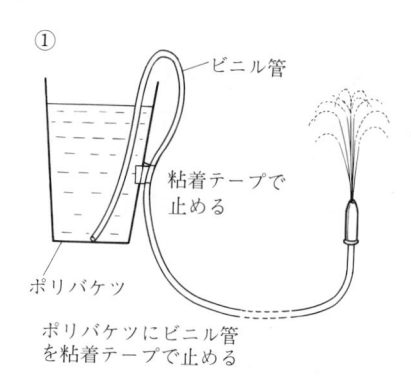

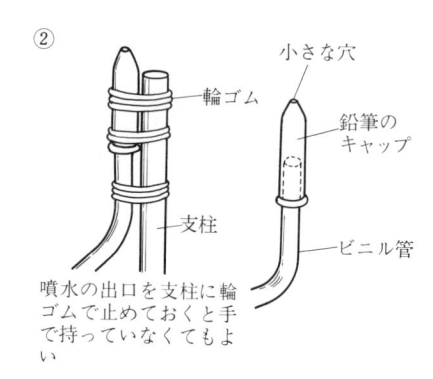

図7-8　噴水の作り方

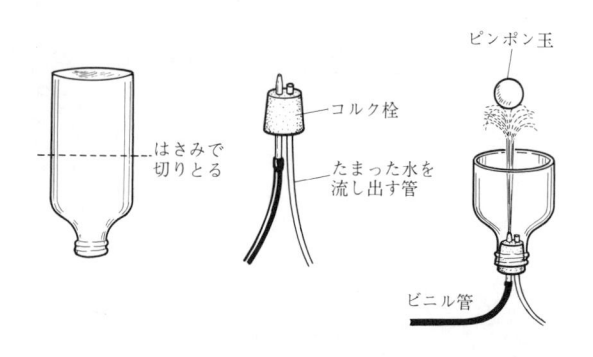

図7-9　おどるピンポン玉

1．空気・水の遊び

5．シャボン玉

(1) ねらい

水に固形せっけんを溶かして，シャボン玉液を作らせ，シャボン玉がよく飛ぶように工夫させる。この遊びを通して，次のようなことに気付かせる。

① シャボン玉遊びをさせながら，ものをよく注意して見たり，考えたりするようになる。

② シャボン玉の膜には，色が付いて見えたり，物体や風景が写って見えたりすることに気付かせる。

③ 友達と，シャボン玉の大きさや，飛んだときの高さ，飛んでいる時間の長短，飛んだ距離の遠近などが比較できるようになる。

④ シャボン玉は，シャボン玉液の作り方によって，よくできたり，できなかったりすることがあることに気付かせる。

⑤ シャボン玉は，吹く器具の形や大きさによって，大きさに違いがあることに気付かせる。しかし，シャボン玉は，吹く用具の形が違っても，みんな丸い形であることにも気付かせる。

(2) 準備するもの

固形せっけん，せっけん液を入れる容器(プラスチック製の容器がよい)，シャボン玉を吹く器具(ストローやビニル製漏斗（ろうと），針金など)

(3) 作り方・遊ばせ方

① プラスチック製のコップに水を入れ，固形せっけんを小さく刻んで溶かす。よく溶かすには，はしでよくかき混ぜる（図7-10）。

せっけんを溶かすための容器として，ガラス製のコップを使用するときは，コップを手で持ったときに滑らないように，コップの回りに輪ゴムを数本巻いておくと滑りにくい。

② シャボン玉を膨らませるのに使用するストローの先端は，はさみかナイフで切れ込みを入れて広げておく。また，プラスチック製の漏斗や糸巻きなどを使って，吹き口がなるべく大きくなるように工夫する（図7-11）。漏斗の直径は1～2.5cm位が適当で，あまり大きいと膨らませるのに苦労する。

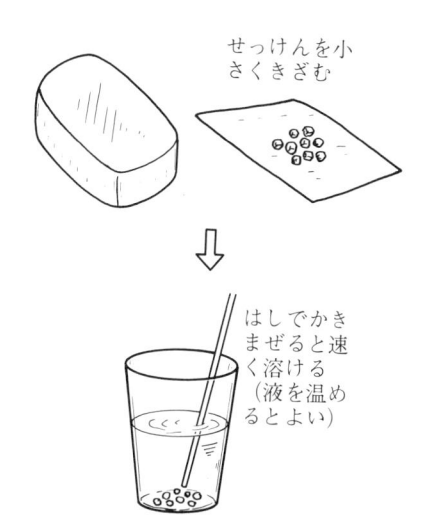

図7-10　せっけん液の作り方

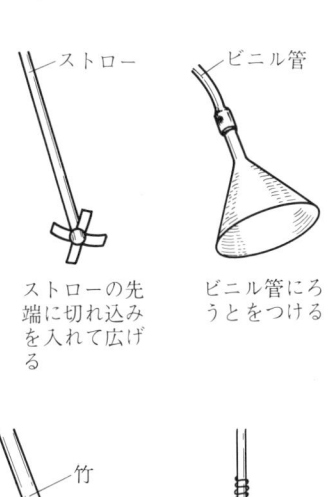

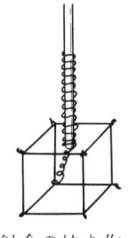

図7-11　シャボン玉を吹く器具

第7章　創造と工夫の遊び（科学遊び）

③ 大きなシャボン玉を作るのに成功するかどうかは、シャボン玉液の作り方によって決まることが多い。したがって、なるべく大きなシャボン玉ができるような、シャボン玉液の作り方を工夫するとよい。

シャボン玉を吹くには、ゆっくり、静かに吹いて膨らませることが大切である。シャボン玉を吹く器具は、斜めや横に向けないで、垂直にして、上から下に向かって吹く。ビニル管に漏斗を付けた器具は、漏斗だけをを下方に向け、顔は横を向いて吹けばよいので吹きやすい。

④ 針金で、直径10cm位の大きさの輪を作り、これをせっけん液に浸し、静かに輪を引き上げると、針金の輪に、薄いせっけんの膜ができる。この輪を上下に動かすと、シャボン玉ができる（図7-12）。針金の輪を大きくすると、大きなシャボン玉になる。

シャボン玉は、このように口で吹かなくても作ることができる。

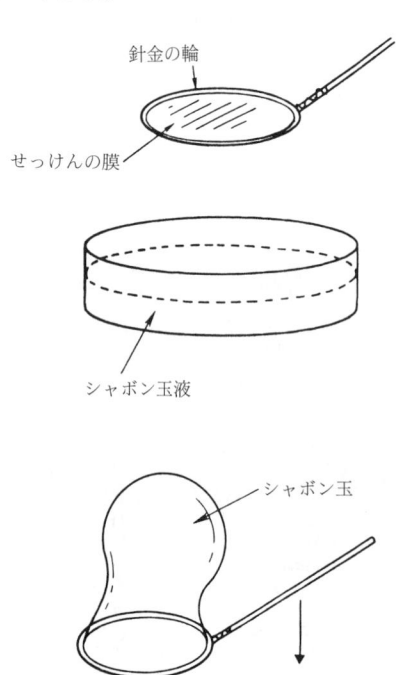

図7-12　口で吹かなくてもシャボン玉ができる

（4）指導上の留意点と参考事項
1）シャボン玉液を作るには

シャボン玉液を作るには、固形せっけんを小さく刻んだものか、または、粉せっけんを用いるとよい。子どもが口で吹いてシャボン玉を作るときは、合成洗剤や、電気洗濯機用の洗剤は使用しない方がよい。

せっけんを小さく刻んだ方が、水に溶けやすいのは、せっけんの表面積が大きくなり、溶解速度が速くなるからである。

また、せっけんをお湯で溶かすと速く溶ける。これは、溶液の温度が高いと、溶液への物質の溶解度が大きくなるからである。したがって、せっけん水溶液を作るときには、冷たい水に溶かすよりも、温度の高いお湯に溶かす方がよく溶ける。

2）シャボン玉の膜を強くするには

作ったシャボン玉を長く壊れないようにするには、シャボン玉を作っている膜を強くする。シャボン玉には、膜の中に少量の不純物が含まれていると、シャボン玉の膜が強くなる性質がある。不純物としては、グリセリンや、白砂糖、濃い茶、ふのり、松ヤニなどがある。これらの不純物を少量シャボン玉液の中に溶かし込む。

3）シャボン玉の膜の色

シャボン玉の膜の色をよく観察すると、膜には虹の色がついていることが分かる。これは、シャボン玉の薄膜によってできた色で、これを「薄膜の色」と言う。

また、シャボン玉は、クルクル回転しているのが観察される。そして、シャボン玉が消える少し前には、シャボン玉の色が、虹色から黒色になっている。これは、膜が著しく薄くなって、単分子膜になり、光の分散ができなくなったからである。

シャボン玉をよく観察するには、長時間にわたってシャボン玉が消えないことが必要である。それには、プラスチックの板（ガラス板でもよい）を水で濡らし、この水で濡れた板の上に、なるべく大きい、半円形のシャボン玉を作るとよい。

2．音・光の遊び

　この節では，音や光を利用した遊びについて考える。音の場合も光の場合も，子どもは音や光そのものの性質よりも，音や光によって生じる現象に興味を持つのがふつうである。したがって幼稚園では，それらの遊びを十分に楽しませながら，経験を豊かにし，いろいろな機会をとらえて，音や光への関心を持たせるように指導するとよい。

　音に関する内容としては，いろいろな笛，糸電話と伝声管，風船電話遊びをを取り上げ，光については，影絵遊び，プラスチック鏡遊び，虫めがね・レンズについて取り上げた。

1．いろいろな笛

a．ストローの笛

（1）ねらい

　ストローを使って，笛を作って遊ばせる。ストローの長さの違いによって，音の高さに違いがあることに気付かせるようにする。

（2）準備するもの

　ビニルのストロー，はさみ。

（3）作り方

　ビニルのストローの一端を，指で強く押して平らに潰す。図7-13の点線の部分を，はさみで切る。ストローの長さを，いろいろ変えて，長い笛，短い笛などを作る。

（4）遊び方

　舌（リード）の部分を口の中に入れて強く吹くと，笛の長さに応じた高さの音が出る。長さの違うストロー笛を鳴らして，音の高さの違いを比べて遊ぶ（図7-13）。

　舌（リード）の部分を外に出して，口でくわえ，笛を口で吸ってみる。舌（リード）の部分が，振動しているのが分かる。

（5）留意事項

　笛の長さが短くなるほど高い音が出ることや，笛の舌（リード）の部分が振動していることに特に注目させ，他の笛でも，このようなリードに相当するものがあって，音が出ていることに気付かせる。

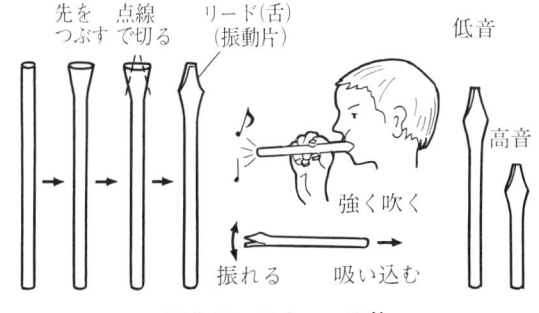

図7-13　ストローの笛

b．紙の笛

（1）ねらい

　紙を使って，音遊びをさせながら，音が出るときには，もの（紙）が振動していることを，指で体験させる。また，振動している物体の長さによって，音の高さに違いがあることを体験させる。

（2）準備するもの

　紙（上質紙），はさみ。

（3）作り方（図7-14）

　① 紙（上質紙）を10 cm×16 cm位の大きさに切り，図のように四つに折る。

　② 折った紙の山のところに，はさみで穴を2カ所開けて，できあがり。

第7章 創造と工夫の遊び（科学遊び）

（4）遊び方
人差し指と中指の間に，折った紙の笛の山の所をはさみ，口に当てて強く吹くと，音が出る。音が出るときは，紙が振動していることが分かる。

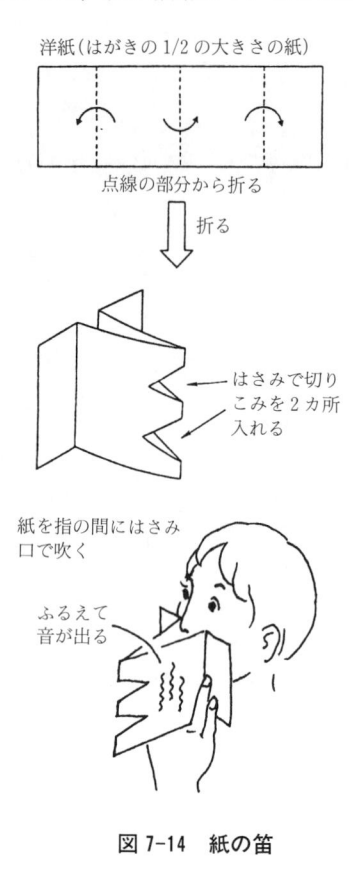

図7-14 紙の笛

c．紙の笛（はがきの笛）

（1）準備するもの
はがき（古いものでよい），はさみ。

（2）作り方（図7-15）
① はがきを，図のように1/2〜1/3の大きさに切る。
② 切ったはがきの一端を，図のように山形に切る。
③ はがきを図のように，丸い鉛筆の軸に巻き付ける。巻いたら，外側をセロハンテープで止める。
④ 巻いた紙の円筒を鉛筆から取りはずす。円筒の片側（半分）を強く押しつぶす。

（3）遊び方
押しつぶした方を口に当て，強く吹くと音が出る。

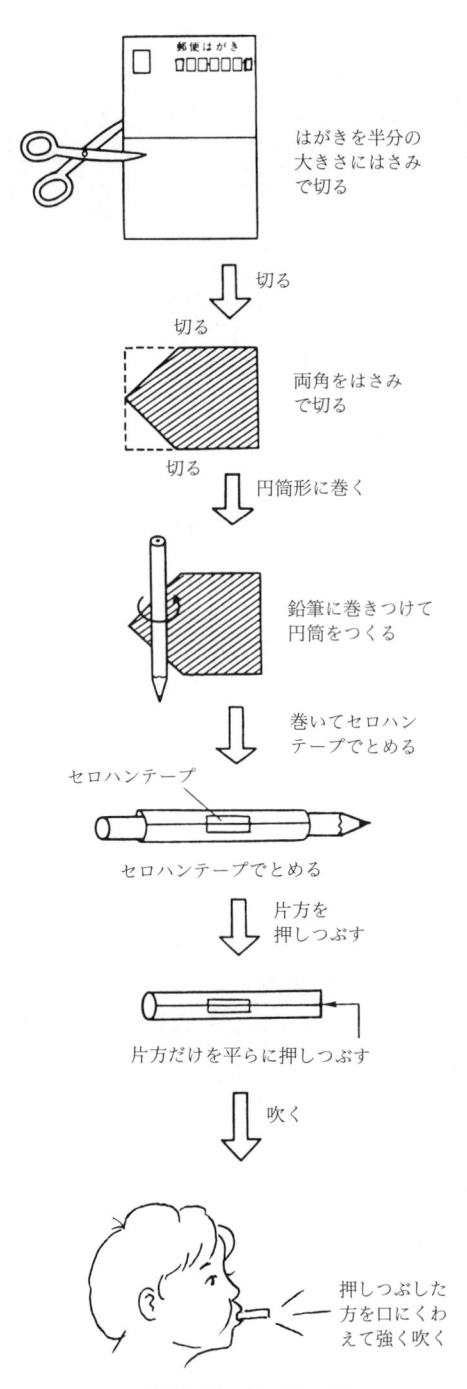

図7-15 はがきの笛

2．糸電話と伝声管

a．糸電話

（1）ねらい

糸電話を作って，糸電話の糸をぴんとよく張った状態のときはよく聞こえるが，糸が緩んだ状態のときは，聞こえないことを体験させる。また，細い鉄線または銅線の場合には，線が緩んでいても，よく聞こえることを体験させる。

（2）準備するもの

糸（長さ5m位），紙コップまたはビニルコップ（数個），つまようじ，セロハンテープ，細い鉄線または銅線。

（3）作り方（図7-16）

① 紙コップまたはビニルコップの底の中央に，小さい釘で，糸が通る位の大きさの穴を開ける。

② 穴に糸を通して，コップの内側で，糸の端につまようじを結びつける。これをコップの底の中央部に，セロハンテープで止める。

③ ②で取り付けた糸の反対側にも，同様の操作で，糸で結んだコップを取り付け，一組の糸電話にする。

糸の代わりに，細い鉄線または銅線で，上と同様の操作で，一組の糸電話を作る。

（4）遊び方

① 二人で一組になり，糸電話で遊ぶ。糸をぴんと張ったときと，糸をたるませたときとでは，聞こえ方に違いがあることに気付かせる。

② 同時に二人で聞くことができないかを考えさせて，枝分かれした糸電話を作って試してみる（図7-16）。

③ 糸電話の代わりに針金電話を作って，どのように聞こえるかを試してみる。

（5）留意事項

鉄線や銅線の場合から発展して，鉄棒や電柱，机なども声や音が伝わるかどうかを試してみる。

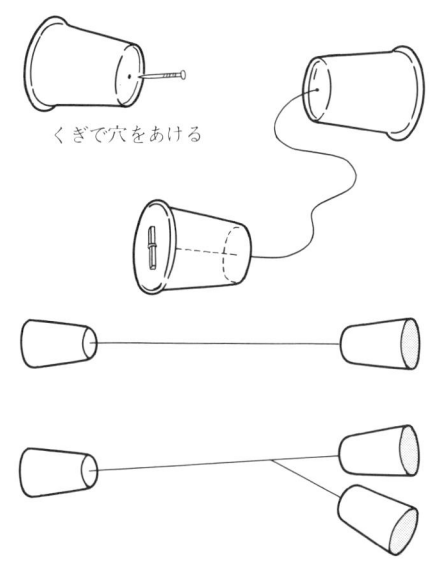

図7-16 糸電話の作り方と二人で聞ける糸電話

一人が鉄棒や電柱，机などに耳を当てて聴き，他の一人が，離れたところでたたいて音を発してみる。

b．聴診器

（1）ねらい

ビニル管を使って，音や声を送ると，小さな音や声が，ビニル管の外に逃げないので，離れた所でもはっきり聞くことができることを確かめる。また，隣の部屋のように，話す相手の顔が見えないような場所にいても，電話のように話ができることを確かめる。

（2）準備するもの

軟質ビニル管（直径5mm位の大きさのもの3〜5m位），プラスチック漏斗（2個），プラスチックY字管。

（3）作り方と遊び方

1）聴診器

① ビニル管（長さ1m位）の一端に，プラスチ

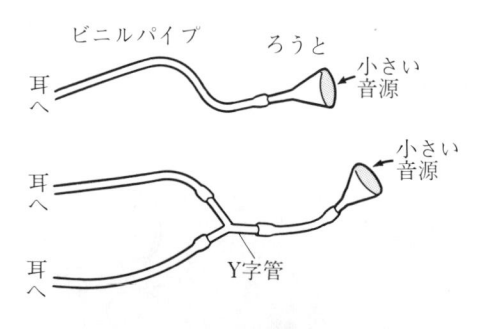

図 7-17　聴診器

ック漏斗を差し込む。

② プラスチックY字管を使うときは，図7-17のように，Y字管の二又の方に耳に当てるビニル管をつなぎ，他端に漏斗をつないだビニル管の一端をつなぐ。

③ ビニル管の端を耳に差し込み，漏斗を友達の胸（心臓の音が聞こえるところ）に当てたり，自分の胸に当てたりして心臓の鼓動の音を聞いて遊ぶ。また，離れたところにあって，ふつうでは聞き取れないような小さな音（時計の音など）を聞いて遊ぶ。

2）伝声管

① 図7-18のように，二人で一組になって，少し離れたところ，または隣の部屋や衝立の陰などに隠れて，小さい声を出して話をする。相手の声がよく聞こえることを確かめる。

② 水道管（硬質塩ビ管）の一端で話をし，他端で聞くとよく聞こえることを確かめる。

また，時計などの音の出るものに，長い塩化ビニル水道管（1〜2m位の長さ）の一端を近づけ，他端に耳を近づけて音を聞くと時計の音が聞こえる。

ｃ．風船電話遊び

（1）準備するもの
ゴム風船，輪ゴム。

（2）作り方
ゴム風船を膨らませ，輪ゴムで口を閉じる。

（3）遊び方

① 二人一組になって，一方の子どもが膨らませた風船に唇を当てながら話をする。他方の子どもは，風船に耳を当てて話を聞く（図7-19）。声を出すと，風船が振動するので，声が風船を伝わって来るのがわかる。

② また，風船2個を強く接触させて話をすると，声は伝わる。しかし，接触している風船を離すと音は伝わらなくなる。

図 7-19　風船電話遊び

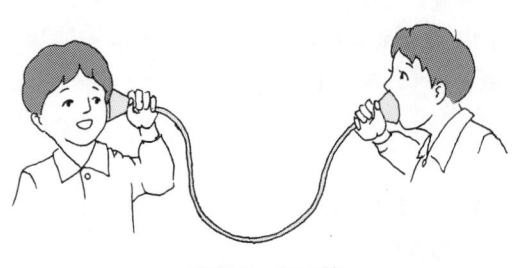

図 7-18　伝声管

2. 音・光の遊び

3. 影絵遊び

a. 影踏み遊び

(1) ねらい（b., c.に共通）

光源と物体の間に，光を通さないものがあると，物体の影ができることを遊びを通して気付かせるようにする。

また，光を通さない物体に光が当たると，物体の後ろに影ができることを，影遊びを通して分からせる。

また，色の付いたセロハンなどに光が当たると色の付いた影ができることに興味を持たせる。

(2) 準備するもの

用具は特に必要ない。ただし，よく晴れた日で，太陽が照っている日。

(3) 遊び方

① よく晴れた日で，太陽が照っている日に，園庭に出て，影踏み遊びをする。

② じゃんけんをして，鬼を決める。

③ 鬼は，他の子どもを追いかけて，その子の影を踏む。鬼に影を踏まれた子は，鬼になる。

④ 子どもは，自分の影が鬼に踏まれないように逃げる。そのためには，自分の影の方向に逃げるとか，あるいは，大きな木があれば，その木の影の中に逃げ込むというようにいろいろ工夫する。

⑤ この遊びを通して，自分の影が踏まれないようにするにはどうするかを考えさせ，それを瞬間的に判断させて，行動させるようにする。

b. いろいろなものの影

(1) 準備するもの

スライドプロジェクター（白熱電球でもよい），白い布または白ビニルの布，電源コード。

(2) 遊び方（図7-20）

① 光源としてスライドプロジェクター（スライド投影機）を用い，子どもの前にスクリーンを張る。

② スクリーンの後ろから，いろいろの物体の影を投影し，映し出された影を見て，本物の物体の名前を当てさせる。

③ 影を作る物体としては，子どもが日常見慣れている身近な物体がよい。たとえば，やかん，コーヒー茶碗，スプーン，フォーク，などがある。

④ 上の③の物体の代わりに，手や物を補助的に使って，いろいろな動物の形になるように映し，その動物の名前を当てさせる。子どもにもいろいろ工夫させて，影を作らせるようにするとよい（図7-21）。

物をプロジェクターに近付けると影は大きくなる。

図7-20 影遊び

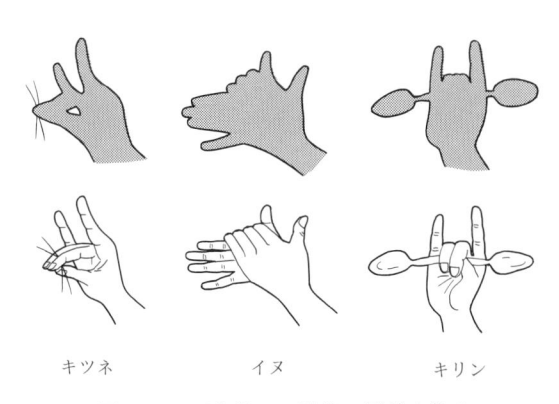

キツネ　　イヌ　　キリン

図7-21 手を使って動物の影絵を作る

第7章 創造と工夫の遊び（科学遊び）

（3）留意事項

① 影絵の光源としては，スライドプロジェクターのほか，オーバーヘッドプロジェクター(OHP)の光源が明るくてはっきり映る。

② 影絵を作るには，白熱電球を用いてもよい。しかし，蛍光灯のように発光体が大きい電球は不向きである。

c．色の付いた動く影絵

（1）準備するもの

厚紙（または工作用紙），色の付いたセロハン（赤，青，黄など），割りばし，割ピン，セロハンテープ，のり，はさみ，スクリーン（白ビニル布）。

（2）作り方（図7-22）

① 工作用紙に，図のような動物などの絵を描き，その形に切り取る。

② 図の点線で示す部分は切り取り，その部分に色セロハンを張り付ける。図のカメの頭には，目の形を中に入れ，表と裏にセロハンを張る。

③ ウサギの手やカメの頭には，長い柄を付ける。取り付ける部分には，割ピンの入る穴を開けておき，割ピンを挿入して，柄を持って動かせるようにする。

（3）遊び方

① スクリーンを張り，電球（またはOHP，スライド投影機）で照らす。

② スクリーンと電球の間に，作った動物の柄を持って，影絵ができるような位置に置く。

③ ウサギやカメなどの，動く部分を上下させて，子どもの興味をさそう。

④ 影絵のなかで，色セロハンによって色の付いた部分に，特に注目させるようにする。

（4）留意事項

① ここでは，厚紙で作った動物の一部を切り抜いた窓に色の付いたセロハンを張り付け，人形劇の影絵のように動きを与えたり，影を変化させたりして，子どもに興味を持たせるようにする。

② 影を映しているときは，子どもにスクリーン後ろ側（人形の位置）が見えないようにする。

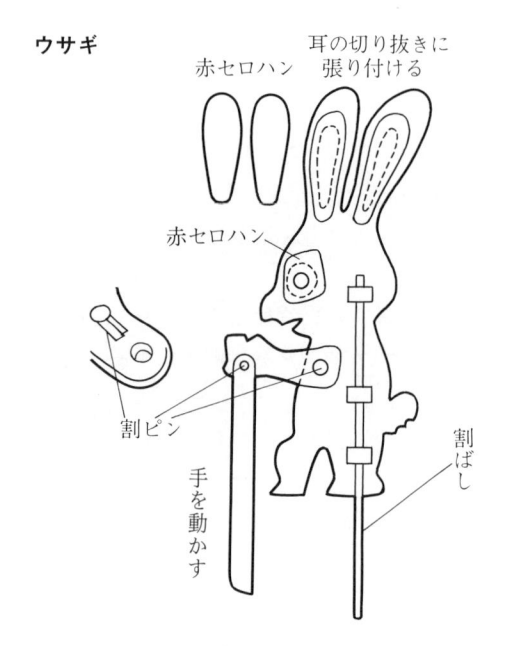

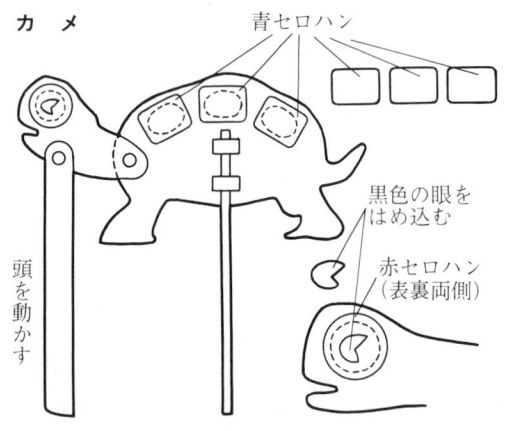

図7-22 色の付いた動く影絵

2. 音・光の遊び

4. プラスチック鏡遊び

(1) ねらい

鏡は，子どもたちの日常生活の中で，常に利用している道具でありながら，鏡に対して，特に注意や関心を持って見ることは少ない。

ここでは，プラスチックに「塗金（ときん）」したプラスチック鏡を使って，鏡遊びをさせる。プラスチック鏡は，破損しにくく，工作がしやすく，薄い物は曲げたり，はさみで切ることもできるので，取り扱いに便利である。

この鏡遊びを通して，次のような点に注目させるようにしたい。

① 鏡に映った像が，写真やテレビの画面で見た，姿や風景と違うこと。

② 鏡の置き方・見方によって，左右や上下が反対に見えること。

③ 太陽などの光を当てると，光をはね返す（反射させる）こと。

④ 色セロハン紙を張り付けた鏡では，張り付けた色の光を反射すること。

プラスチック鏡は，手で簡単に曲げることもできる。球面鏡をを作ることはできないが，遊園地などで見られる「マジックミラー」のような曲面鏡を作って，不思議な，変形した像を見ることができる。子どもたちは，いろいろな「マジックミラー」を作って，マジックミラー遊びを体験することができる。

(2) 準備するもの

鏡（手鏡程度の大きさのもの）一人1個，プラスチック鏡（20〜15 cm，厚さ2 mm位）一人1個，色セロハン紙（赤，青，黄），セロハンテープ，はさみ。

(3) 遊び方

a. 左右が反対に写る

① 大きな鏡（姿見）の前で，自分たちの姿を鏡に写して見る。右手や左手を上げて，鏡の像と比

図 7-23 左右が反対

べて見る。

② 時計や，文字，数字などを，鏡に写して，その像を見る（図7-23）。ビデオカメラの像をテレビ画面に写して，その像と比較して見せる。

b. 上下が逆になる

鏡を机の上や，床の上に平らに置いて，立っている物を見ると，上下が逆になっているのに気付かせる。このとき，右はそのまま右になっていることに気付かせる。

c. 鏡の道のドライブ

白紙に，道路の絵を描き，その絵のそばに鏡を立てて，鏡に写った絵の像を見ながら，鉛筆で，道路からはみ出さないように，道路の上をなぞらせる（図7-24）。

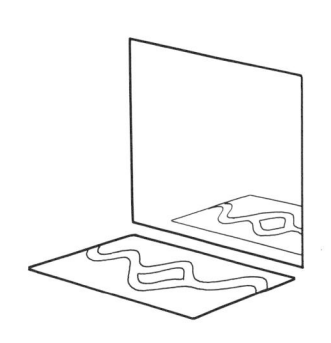

図 7-24 鏡の道のドライブ

第7章 創造と工夫の遊び（科学遊び）

d．多面鏡で見える像の数

① 平行に向かい合わせに立てた二面鏡

平行に置いた二面の鏡の中に置いた人形などが，どのように見えるかを観察する。二面の鏡の中で，無数の人形の像がだんだん小さくなるように並んでいることに気付かせる（図7-25①）。

② 直角や60度の角度に立てた二面鏡

二面の鏡の中央に置いた人形などが，どのように見えるか。また，像はいくつ見えるかを数えさせる（図7-25②③）。

③ 三面鏡で自分の後ろを見る

家庭にある三面鏡を想起させながら，友達と協力して自分の後ろ姿を見る工夫をする。鏡をどのような位置に置いたらよいかを考え，試行させる。

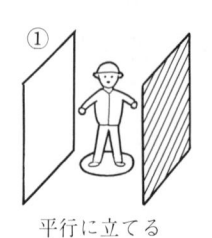

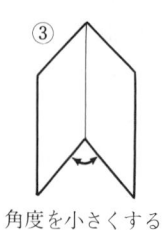

図7-25　二面鏡

e．マジックミラーで遊ぼう

① 凸曲面に曲げて顔や景色を写してみる

プラスチック鏡を凸面になるように曲げて，自分の顔や体を写して，その像を見る。実物より小さく見えるが，像は正立していることに気付かせる（図7-26）。

② 凹曲面に曲げて顔や景色を写してみる

プラスチック鏡の曲げ方や，鏡からの距離の違いによって，正立の像ができたり，倒立の像ができたりすることを気付かせる。また，大きな像ができたり，歪んだ形に見えることなどに気付かせる（図7-26）。

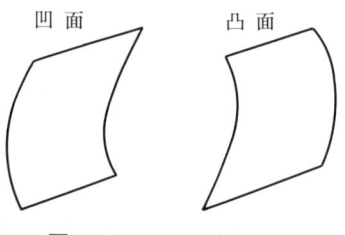

図7-26　マジックミラー

f．光当て遊び

① 鏡に太陽の光を当て，自分のねらったところに反射した光を送って遊ぶ。

② 色セロハンをいろいろな形に切り，周囲を黒くマジックペンで塗り鏡に張り付ける。色セロハンの色が反射するのが見られる（図7-27）。

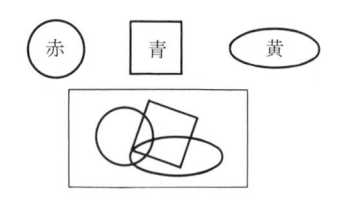

図7-27　色セロハンを貼った鏡

g．半塗銀鏡で遊ぼう

厚さ0.5mm位の薄い塩ビ鏡には，半塗銀したものがある。半分は鏡の働きをし，半分はガラスの働きをする。

この反塗銀鏡を使って，景色を見させる。鏡の手前の景色と，鏡を通して見た景色とが二重に見えることに気付かせる。

その他，日常見られるいろいろな鏡や，鏡ではないが鏡と同じ働きをするものについて，探したり，話し合ったりする。

2．音・光の遊び

5．虫めがね・レンズ

a．虫めがね（レンズ）遊び

（1）ねらい

虫めがね（凸レンズ）を使って，次のことに気付かせる。

① 虫めがね（レンズ）を物体に近づけて見るとき，その物体が大きく見えること。

② 虫めがね（レンズ）を目から少し離して，遠くの景色を見ると，景色が逆さまに見えること。

③ 白い紙などに，虫めがね（レンズ）を使って遠くの景色を映すと，紙に景色が映って見えること。

④ 虫めがね（レンズ）で物を見るとき，像が歪んで見えることがあること。

（2）準備するもの

虫めがね（レンズ）一人に1個。

（3）遊び方

① レンズで物を見ると大きく見える

大きさが違ういろいろなレンズ，柄の付いている虫めがね，各種のルーペ，天眼鏡，老眼鏡などで，物を見たり，目にレンズを当てている子どもの目が大きく見えることなどを体験させる。これらのレンズは，いずれも中央が丸みを帯びており，周りより中央が厚くなっていることを確認する。

② 遠くの景色が倒立して見える

レンズを目から少し離して，遠くを見ると，遠くの景色の倒立像が見えることに気付かせる。このとき，目とレンズの距離が近いときは，景色がぼやけて見えたりすることにも気付かせる。

③ 遠くの景色を白紙に映して見る

白紙を左手で持ち，レンズを右手で持って，レンズの位置を動かしながら，電灯や明るい景色がはっきり写るところを見つける。正立・倒立の区別や像の大きさなどにも気付かせる。

b．カメラ遊び

（1）準備するもの

牛乳パック(1000m*l*)，工作用紙，製図用紙，粘着テープ，はさみ。

（2）作り方，遊び方（図7-28）

① 外箱の中に，前後にスライドできるような内箱を作り，移動用の柄を付ける。

② 内箱の斜線の部分に，製図用紙などの半透明用紙を張り付け，ピント合わせ板（スクリーン）にする。

③ 外箱の前面には，使用するレンズ（虫めがね）の大きさににに合わせた穴を開け，レンズを粘着テープで固定する。

④ 外の風景，または明るい物体にカメラを向けて，内箱のスクリーンの柄を持って，スクリーンを前後に動かす。スクリーンに鮮明な像が写ったところで止める。

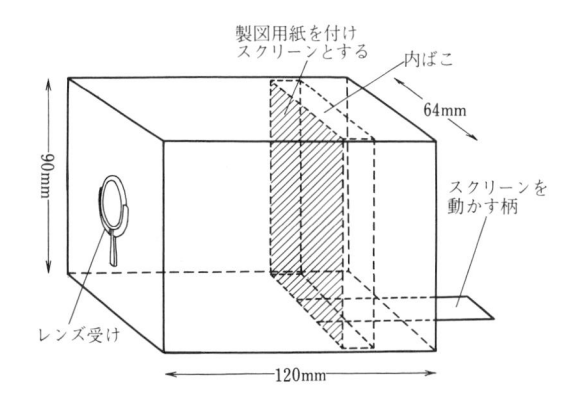

図7-28　カメラ

第7章　創造と工夫の遊び（科学遊び）

3．磁石・電気の遊び

　砂場に出て，磁石で砂鉄遊びをさせる。いつも砂遊びをしている砂の中に，砂鉄が含まれていることを知り，砂の中にもいろいろな物が混じっていることに気付かせる。砂鉄あつめをする場合，磁力の弱い馬蹄形磁石では，砂鉄を引きつける力が弱いので，磁力が強力な磁石を使わせると砂鉄がよく集められ，よりおもしろく遊ぶことができる。発展として，磁石に吸い付くいろいろな物を探させるとよい。

　近頃は，家庭用品にも強力な磁石が利用されている関係上，ホームセンターなどで強力な磁石を安価に購入することができる。ここではフェライト磁石を使って，磁石遊びをさせながら，磁石のいろいろな性質に気付かせるようにしたい。

　また，静電気や乾電池を使った遊びも体験させる。

1．磁石遊び

a．砂鉄あつめ

（1）ねらい（b.に共通）

　磁石は鉄を引きつける性質があり，磁石を使って砂の中の砂鉄を集めることができることを体験する。また，物には磁石に付く物と，付かない物とがあることにも気付かせる。

（1）準備するもの

　フェライト磁石，U型磁石，棒磁石。

（2）遊び方

① 砂場に出て，磁石を使って，砂の中から砂鉄を集めて遊ぶ。初めは，U型（馬蹄形）磁石で集める。

② 集めた砂鉄を磁石から指でとり，紙の上に砂鉄を集める。子どもたちは，指では砂鉄は取りにくいことに気付く。

③ 今度はフェライト磁石を使って，砂鉄を集める。馬蹄形磁石よりもよく集められることに気付く。このことから，磁石には強いものと，弱いものがあることに気付く。

④ 集めた砂鉄が，簡単にとれる方法を考える。

　磁石の外側を，薄いポリエチレンフィルムの袋で包んでおき，その外側に砂鉄が付くようにしておくと，袋をはずすと同時に砂鉄も磁石から離れる。

b．磁石に付くもの

（1）準備するもの

　磁石，身近にある鉄製品・銅製品・プラスチック製品の小物。

（2）遊び方

① 身近にある鉄製品・銅製品・プラスチック製品の小物類を集めて，並べておく。

② U型磁石を手に持って，並べてある小物類

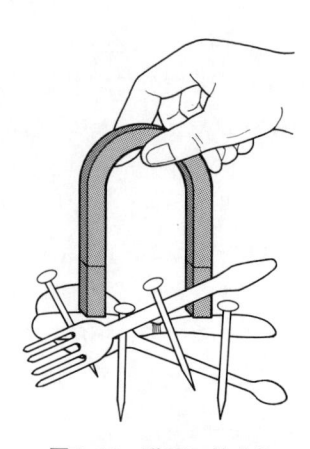

図7-29　磁石に付く物

3. 磁石・電気の遊び

を，かき混ぜるように磁石を動かす。
　④ 磁石についた物は，磁石からはずし，集めておく。残った小物類も同様にして，磁石でかき回す。磁石に付くものが無くなるまで繰り返す。
　⑤ 物には，磁石に付く仲間と，付かない仲間があることに気付く。

2．フェライト磁石遊び

a．磁石で動く人形・動物で遊ぶ

（1）ねらい（b.，c.に共通）
　フェライト磁石を使って遊び，磁石の性質を知るとともに，磁石にもいろいろな物があることに気付かせる。

（2）準備するもの
　フェライト磁石，画用紙，画びょう，ゼムクリップ，びんのふた（王冠），くぎ，セロハンテープ。

（3）作り方（図7-30）
　a）足に画びょうの付いた人形の作り方　画用紙に人形の絵を描き，切り取る。発泡スチロールを小さく切り取り，底部に金属画びょうを差し込み，人形を発泡スチロールに接着する。
　b）ゼムクリップのヘビの作り方　ゼムクリップ数個を1列につないでおく。クリップ1個ずつを覆うように紙を切り，クリップにかぶせて，セロハンテープで覆い固定する。ヘビの頭と尻尾になるクリップは，それぞれの形になるように作る。
　c）王冠のカメの作り方　カメは，画用紙にカメの絵を描いて切り取る。その裏側に，びんの王冠を貼り付ける。
　d）くぎ足のイヌ　画用紙にイヌの形を描いて，切り抜く。足の所にくぎを置いてセロハンテープで固定する。図のように，点線の所で折り曲げ，頭の部分にイヌの顔を描き，体には色をぬる。

（4）遊び方（図7-31）
　① A4判位の大きさのプラスチック板を，適当な台の上に橋渡しになるように置く。
　② プラスチック板の上に，上のようにして作った，人形・ヘビ・カメ・イヌなどを交互に置く。
　③ 板の下から，フェライト磁石を近づける。磁

王冠のカメ

画びょうの人形

くぎのイヌ

ゼムクリップのヘビ

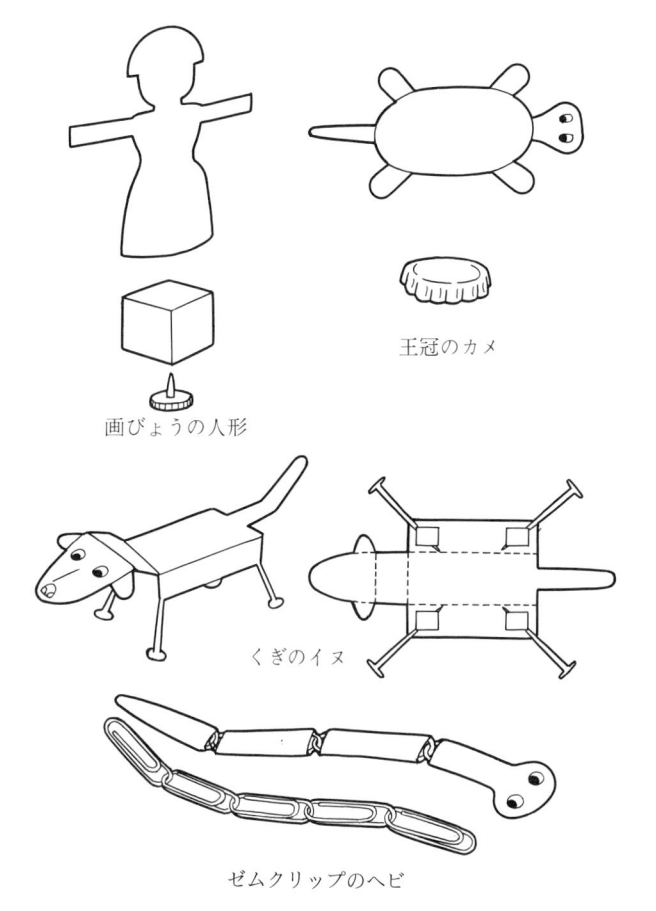

図7-30　磁石遊びの人形や動物の作り方

フェライト磁石

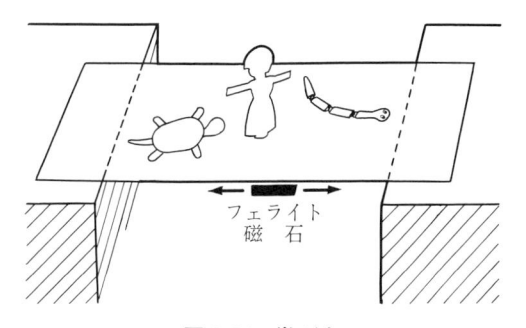

図7-31　遊び方

第7章 創造と工夫の遊び（科学遊び）

石の近づけ方によって，板の上の人形が踊るような動き方をするので，楽しんで遊ぶことができる。

b．魚釣り遊び

（1）準備するもの

フェライト磁石，画用紙，糸，クレヨン，はさみ，クリップ，糸，細い竹。

（2）作り方と遊び方（図7-32）

① 画用紙に魚の絵を描き，色をぬる。
② 魚の形に切り抜き，口の所にクリップを付ける。
③ 細い竹ざおの先に糸を結びつけ，垂らした糸の端にフェライト磁石を結びつける。
④ 磁石の付いた釣りざおで，クリップの付いた魚を釣り上げる。

（3）留意事項

魚に付けるクリップは，鉄製のクリップだけでなく，銅製やプラスチック製のクリップもいくつか混ぜておくとよい。これらの魚を釣り上げようとしても，釣れないので，子どもは不思議に思い，その理由を考えようとする。

c．金物の釣り上げ遊び

（1）準備するもの

フェライト磁石，画用紙，たこ糸，セロハンテープ，はさみ，鉄でできた小物類。

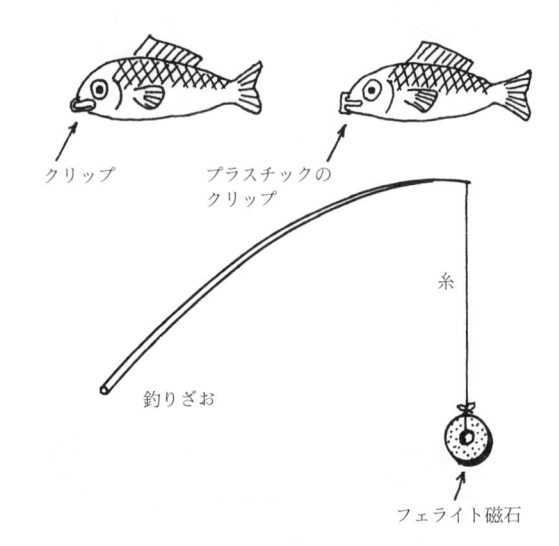

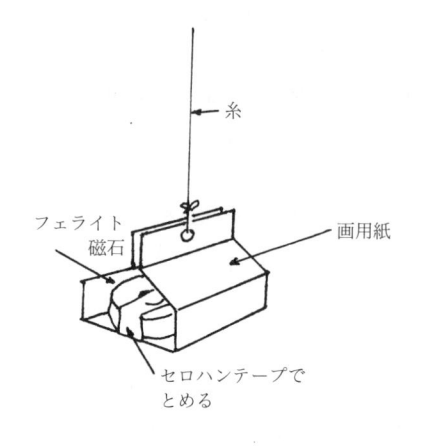

図7-32　魚釣り遊び

図7-33　金物の釣り上げ遊び

3．磁石・電気の遊び

(2) 作り方・遊び方（図7-33）

① フェライト磁石を，図のように画用紙で包み，たこ糸を付けて，釣り下げられるようにする。フェライト磁石は，落ちないように，セロハンテープで画用紙に固定しておく。

小型の金物を釣り上げるときは，前の魚釣り遊びに使った磁石を利用してもよい。

② 画用紙に包んだフェライト磁石を手でぶら下げて，用意した金属の小物類を釣り上げて遊ぶ。

釣り上げる物としては，スプーン，はさみ，ホッチキス，ドライバー，移植ごてなどがある。その他，金属製のバケツなども釣り上げてみるとよい。重い物は，二人で協力して釣り上げると，釣り上げられる。

バケツでは，鉄でできたバケツは釣り上げられるが，プラスチック製のバケツは釣り上げられないことを体験させるとよい。

3．ゴム風船の静電気遊び

(1) ねらい

静電帯電の環境は日常ふつうに見られる現象である。特に，最近の化学繊維やプラスチック類は非常に電気を帯びやすい。自動車のドアを開ける時や，ベランダの手すりに手を触れる時など，よく感電してピリッとすることを経験している。また，下着を脱ぐときにパチパチ音がして，暗い部屋で見ると火花放電をしている様子も見られる。

摩擦帯電や静電気の学習は，小学校でも行われない。しかし，現象としては子どもでも見られ，磁石の力とは違うこともわかる。磁石や鉄がないのに，摩擦しただけで吸引・反発の現象があることに気付かせ，磁石の力とは違うことに気付かせる。

(2) 準備するもの

細長くふくらむゴム風船（丸いものでもよい），ビニル製の下敷き・定規，アクリル容器（高級菓子・小物等の容器に使われている），厚さ18mm以上の発泡スチロール，糸，割りばし，粘土，プラスチックストロー。

(3) 作り方・遊び方（図7-34）

検電器の製作　発泡スチロールを18～20mm角の立方体に切り取る。（鋭利な刃で切り口の表面が綺麗な面になるようにする）。同じ物を3個作り，図のように，絹糸で左右1個ずつ発泡スチロールを吊す。一方はアルミ箔で囲んでおき，1個は手

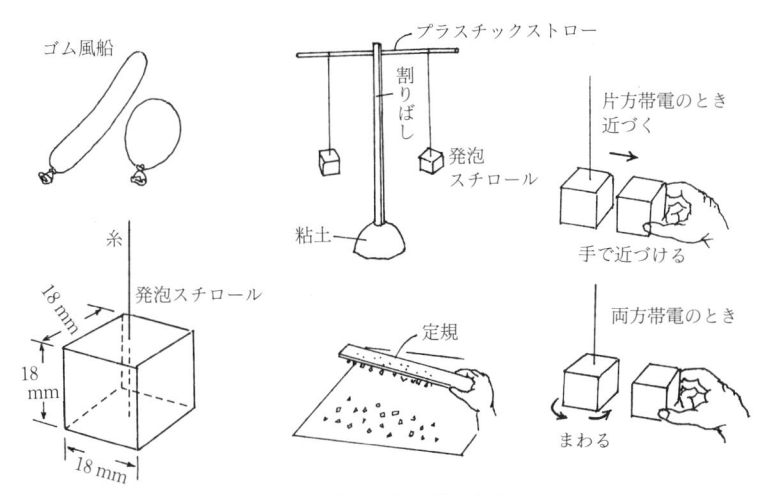

図7-34　ゴム風船の静電気遊び

第7章　創造と工夫の遊び（科学遊び）

持ち用とする。

① 風船を布でこする。髪の毛に近づけたり，机上の紙片に近づける。髪の毛が引っ張られたり，紙片が吸い付けられるのを知る。

② 検電器……風船に吸い寄せられるのを見てから，手持ち用の発泡スチロールを布でこすり，検電器に近づけ，吸い付けられるのを確かめる。次にアクリル・ビニル等でも静電気が起きている

ことを確かめる。

検電器の1側面（縁に印を書いておく）をビニル（定規など）でこすり，手持ちのスチロールも同じビニルでこすり，静かに検電器のこすった面に近づける。検電器はイヤイヤをするように回ってしまう（磁石の同極と同じ。同じプラス電気が帯電していたからである）（アクリルには正，ビニル・ポリプロピレン等は負に帯電する）。

4．乾電池遊び

（1）ねらい

豆電球と乾電池を使って，簡単な電気回路を作って，電池や豆電球，スイッチの役目を考えさせる。また，家庭で使っている懐中電灯も同じはたらきであることを知らせ，興味を持たせる。

（2）準備するもの

単1乾電池，豆電球，セロハンテープ，割りばし，紙コップ，プリンのカップ，輪ゴム，画びょう。

（3）作り方・遊び方（図7-35）

① 割りばしに豆電球とソケットをセロハンテープで取り付ける。

② 割りばしの上端に，電気スタンドの傘としてプリンのカップを取り付ける。動かないように画びょうで割りばしの上端に固定する（プリンカップの傘は省略してもよい）。

③ 割りばしの下端に，乾電池を輪ゴムで取り付ける。乾電池の陰極（乾電池の底の部分）と，陽極（乾電池上部の中央の凸部）には，ソケットのリード線の端をセロハンテープで止める。ただし，陽極はスイッチを兼ねるので，点灯するときだけテープで止めるようにする。点灯しないときはリード線を離しておく（リード線の端1cm位の長さは，ナイフなどでビニルの被覆線をはがして，銅線を露出させておく。この露出した銅線を電極に接触させると，電気が流れる）。

④ 電気スタンドの乾電池の部分を紙コップの

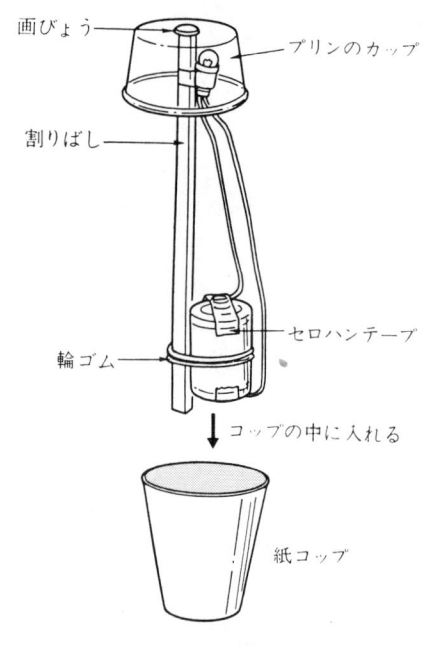

図7-35　豆電球の電気スタンド

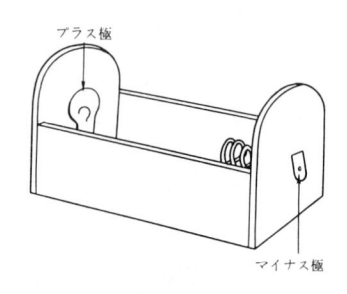

図7-36　乾電池ホルダー

中に入れて完成する。
⑤ 電気スタンドを使用しないときは,③のように陽極のリード線を離しておく（または,豆電球のねじ込みをゆるめて,電気を消しておく）。

（4）留意事項
① 豆電球を使ってクリスマスツリーを作ることができる。作り方の基本は,電気スタンドの場合と同じであるが,クリスマスツリーの場合は,電球の回りに画用紙や色セロハンなどでクリスマス飾りを作って飾る。
② 乾電池ホルダー（乾電池ボックス,図7-36）
乾電池に,他の乾電池をつないだり,豆電球やスイッチなどをつなぐときに,乾電池ホルダーがあると便利である。

4．簡単なおもちゃづくり

　子どもはおもちゃで遊ぶことが大好きである。その大好きなおもちゃは,買って来たおもちゃでもよいが,望ましいのは子ども自身が作ったおもちゃで遊ぶことである。子どもがほんとうに喜ぶおもちゃは,自分で作ったおもちゃである場合が多い。買って来たおもちゃは,その遊び方が決まっていて,おもちゃに子どもが遊ばされている場合がある。その点,自分で作ったおもちゃは,子どもの発想を製作の過程に多分に取り入れて,おもちゃを作ることが可能である。このおもちゃづくりを通して,子どもの創造的な考えを育むことが大切である。
　ここでは,比較的簡単な動くおもちゃを作らせて,そのおもちゃで遊ばせるのであるが,遊ぶこともちろん大切であるが,それ以上に大切なことは,おもちゃを作る過程で,子どもの頭で考えたことを目で確認し,手先や体を使って実行することに慣れさせることである。これは,創造的思考の基本にほかならない。

1．やじろべえ

a．針金とおもりのやじろべえ

（1）ねらい（b．～e．に共通）
やじろべえは,1本足の人形である。一見,ふらふらしていて,すぐにでも倒れそうであるが,なかなか倒れず非常に安定した人形である。
やじろべえは,左右に突き出た腕につけたおもりの位置が,支点（1本足の先）よりも下の方に来るように作る。おもりは,重心がなるべく下の方に来るように作ると,より安定した座りのやじろべえになる。

（2）準備するもの
針金,油粘土,厚紙,セロハンテープ。

（3）作り方（図7-37）
① 針金を図のように曲げる。
② 両方の腕に油粘土のおもりを付ける。
③ 厚紙に顔の形を描いたものをセロハンテープで止める。
④ できたやじろべえの支点をいろいろな所に

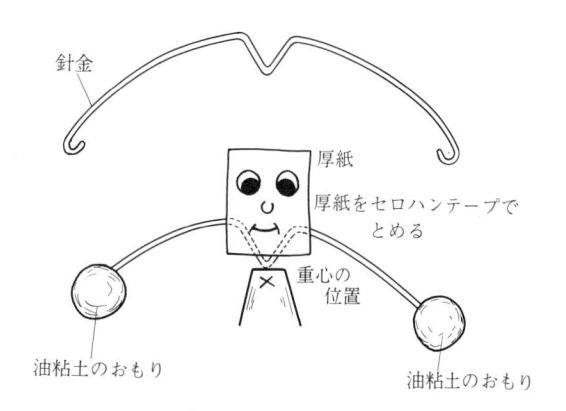

図7-37　やじろべえ

第7章 創造と工夫の遊び（科学遊び）

置いて遊ぶ。

b．ジャガイモとフォークのやじろべえ

（1）準備するもの

ジャガイモ，フォーク。

（2）作り方（図7-38）

① ジャガイモに，両側からフォークを突き刺す。

② フォークを突き刺したジャガイモの下側に，つまようじを差し込む。

③ ビールびんの上（王冠の栓をしておく）などにのせて左右を釣り合わせる。

（3）留意事項

フォークを刺す角度をいろいろ変えて，安定な座りを試してみるとよい。フォークは，重心がなるべく下の方に来るように付けたときが最も安定する。

c．どこにでも止まるオウム（小鳥）

（1）準備するもの

ボール紙，フェライト磁石，はさみ。

（2）作り方（図7-38）

① 厚いボール紙（またはベニヤ板など）を，オウム（小鳥）の形に切り抜く。

② オウムの尾の先の方におもりを付ける。おもりは，フェライト磁石2個を板をはさんで吸い付かせるとよい。磁石がないときは，重い物体をセロハンテープで止めてもよい。

③ いろいろな所に止まらせて遊ぶ。このおもちゃは，重心が低いので，どんな所でも止まる。

d．綱渡りするやじろべえ

（1）準備するもの

厚紙，太い針金，細い針金，油粘土，輪ゴム。

（2）作り方（図7-39）

① 厚紙を人形の形に切り取って，やじろべえ本体の人形を作る。

② 人形の腕に針金を通し，その両端に油粘土のおもりを付ける。おもりが抜け落ちないように，針金の先に，輪ゴムを巻き付けておく。

③ 細い針金を柱と柱の間に斜めに張って，人形を針金にまたがらせると，人形はゆらゆら揺れながら綱渡りする。

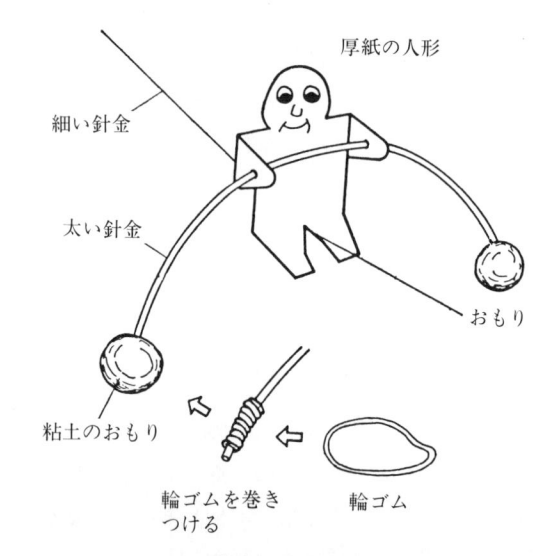

図7-39 綱渡りするやじろべえ

e．丸い厚紙のやじろべえ

（1）準備するもの

厚紙，虫ピン，フェライト磁石，木の台。

（2）作り方（図7-40）

① 厚紙の円盤を作る。

② 円盤の中心と，その上下に図のように小さな穴を開ける。

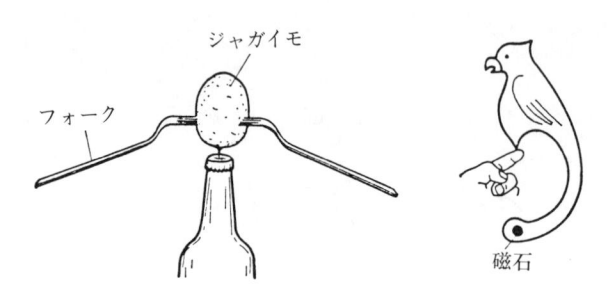

図7-38 ジャガイモとフォークのやじろべとどこにでも止まるオウム

4．簡単なおもちゃづくり

③ 円盤には，図のように2カ所フェライト磁石を，円盤を挟んで両側から取り付けて，やじろべえのおもりにする。
④ 虫ピンを木の台にさして固定する。
⑤ 円盤の小さな穴を木の台の虫ピンに通して，円盤の座り具合をみる。
また，磁石の位置を変えて，座り具合をみる。

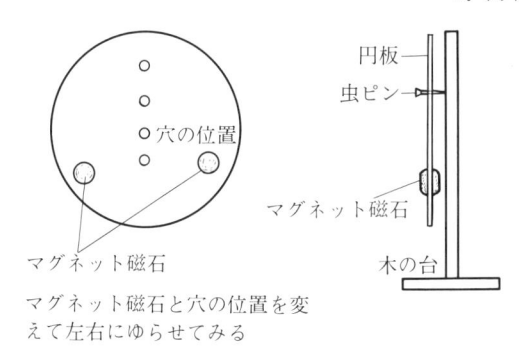

図7-40　丸い厚紙のやじろべえ

2．おきあがりこぼし

a．あき缶のおきあがりこぼし

(1) ねらい（b.に共通）

おきあがりこぼしを作って遊ばせる。遊ぶなかで，おきあがりこぼしは，いつもおもりを付けた部分が下の方になって止まることに気付かせる。

(2) 準備するもの

缶詰のあき缶(直径7.5cm，高さ5cm位)，油粘土，画用紙，クレヨン，のり，はさみ。

(3) 作り方・遊び方（図7-41）

① 缶詰のあき缶の一部に，油粘土を丸めて貼り付ける。
② 油粘土を貼り付けたあき缶を転がしてみる。また，同時に油粘土を貼り付けてないあき缶を転がして，転がり方の違いを観察させる。油粘土のおもりを付けたあき缶は，いつもおもりが下になって止まることに気付かせる。

あき缶を揺らせて遊びながら，油粘土の量をいろいろ変えて，あき缶がちょうどよく止まる重さにする。

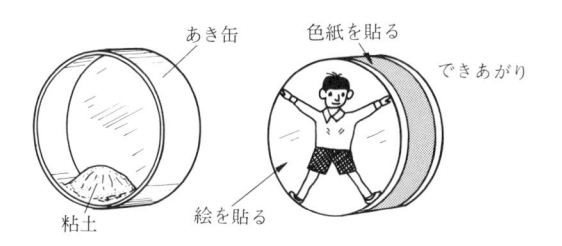

③ 画用紙にあき缶を当て，あき缶の周囲をなぞり円を描く。この円内に，人の顔や人形などの絵を描き，クレヨンで色を塗る。この絵は，缶の表と裏の両側に貼る二つを作る。
④ 描いた絵を缶の円に沿って切り抜く。のりしろを付けて貼り付けるときは，のりしろの部分で切り取る。

b．たわらころがし

(1) 準備するもの

画用紙，和紙，ビー玉，のり，はさみ。

図7-41　あき缶のおきあがりこぼし

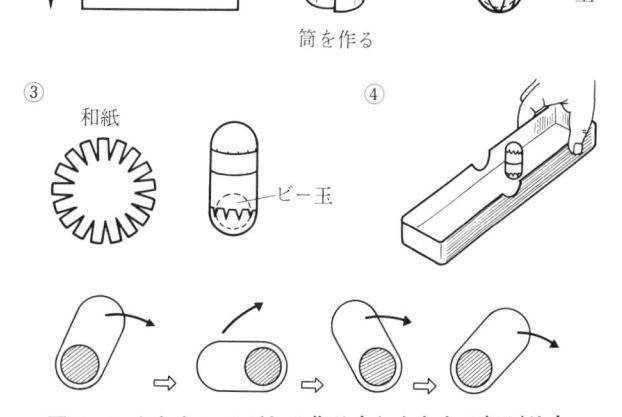

図7-42　たわらころがしの作り方とたわらの転がり方

第7章　創造と工夫の遊び（科学遊び）

（2）作り方・遊び方（図7-42）

① 画用紙で長さ3cm位の筒を作る。筒の直径は，筒の中でビー玉が楽に転がる位の大きさにする。

② 筒の中にビー玉を入れ，細長く切った画用紙を貼り，両端は丸みを帯びるようにする。

③ 筒の両端に和紙を貼る。筒の両端は丸く仕上げる。

④ 緩やかな斜面で，たわらころがしをして遊ぶ。

3．ぶらんこ3兄弟

（1）ねらい

すべての物は振動を起こす条件の下では，揺れたり，振動を起こしたりする。物にはそれぞれ固有の振動数があり，自由に振動するときは，その固有振動数で振動する。

振り子やぶらんこは支点と重心との距離で定まり，笛は吹き口と穴の長さ，弦楽器は弦（糸）の長さで，音の高さ（振動数）が決まってくる。

振り子やぶらんこでは，同じ長さの物は，同じ振動数で振れる。片方を止めて置いて，もう一方の振り子を振らすと，止めておいた物が動き出す。一番大きく振れるときは，はじめに振れていた物は静止してしまう。そして互いにこの現象が続いていく。これを共振・共鳴という。長さが同じならいくつでも共振を起こし，長さの違う物は共振しないで勝手な振動を続ける。

（2）準備するもの

側柱……15mm程の角柱25cm，2本。
基底板…20cm×30cmの木の板。
たこ糸，おもりとして50円・5円硬貨，木工用ボンド，セロハンテープなど。

（3）作り方

図7-43のように，基底板の両側に角柱を接着剤で固定して立てる。柱の上面を使って，たこ糸をまっすぐに渡し，糸をしっかりとテープで固定する（柱に穴を開けて糸を通して結んでもよい）。おもりになる硬貨に糸を通して，同じ長さのもの2個と，長いもの1個を横糸に結びつけて終了。

適宜に糸の長さの違うおもりの数を増して試してみるとよい。

細い針金入りのテープを小さく切って，糸の先に付けて，横糸に引っ掛けるのも便利である。

（4）遊び方

1個ずつ振らして，共振する物，しない物を調べる。

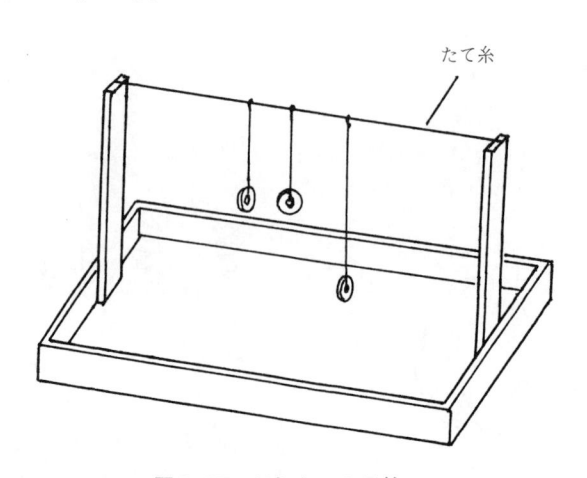

図7-43　ぶらんこ3兄弟

5．子ども博物館

　子ども博物館は，アメリカで最初に作られた博物館で，子どもと，子どもをもつ親のための博物館である。子ども博物館ができてからもう1世紀が過ぎた。日本でも，今日では類似の施設がかなり作られているが，その内容ではアメリカのそれとはかなり違っている所もある。しかし，子ども博物館の基本ともいえる，子どもが自分の意志で，積極的に自然（展示物）に働きかけて，自分の感覚を通して理解し，感覚を発達させ，創造的思考を伸ばそうという点ではかなり共通した所が見られるようである。

　子どもの教育は，「学校」という限られたスペースや時間内で，しかも限られた教材や限られた教師によって行われる。その場だけで子どもの能力のすべてを伸ばすことは不可能に近い。そこで，子ども博物館のような社会施設を活用して，それに適した設備とその道の専門家によって，子どもの積極的な意志と子どもの自由な時間とを利用して，体験的に学習させようとするものである。

　子ども博物館が，学校の教育と本質的に異なる点は，子ども博物館には，学校のように時間割もなく，出席もとられず，まったく子どもの自由な意志によって，学習が展開される点である。このことは，教育の原点ともいえるもので，特に幼児教育に携わるものとしては，十分に考えてみる必要があろう。

1．子ども博物館とは

（1）アメリカの子ども博物館

　子ども博物館の定義は，現在のところ確立されていないようである。したがって，代表的ないくつかの子ども博物館の活動の現状から，「子ども博物館とは何か」について考察することにしたい。

　子ども博物館はアメリカで生まれ，アメリカで発達している博物館である。アメリカには典型的ともいえる子ども博物館がいくつかあり，なお新しい子ども博物館が作られつつある。

1）プリーズ・タッチ博物館

　代表的な子ども博物館の一つとして，フィラデルフィアにあるプリーズ・タッチ・ミュージアム（Please Touch Museum）をあげることができる。この博物館は，7歳以下の子どもと，その保護者を対象にした博物館である。この博物館は，その名の示す通り，子どもはすべての展示物に手を触れることができ，すべての展示物を使って遊ぶことができる。

　この博物館は，従来の博物館のように堅苦しいものではなく，子どもが思いきって展示物に触れ，展示物を動かして遊び，初対面の他の子どもたちと一緒に遊ぶことができる「機会」と「場所」とを提供している所である。

　この博物館では，子どもは自由に遊びながら，自分の回りの世界を学び，自分の興味を見つけ，

図7-44　子ども博物館では子どもが主役

第7章 創造と工夫の遊び（科学遊び）

新しい友達に接し，友達との遊び方も体験する。

ここでの主役は，あくまでも子ども自身であり，保護者は客観的な観察者である。保護者は，子どもの行動を観察しながら，子どもの興味を発見することができ，子どもの能力や，人間関係も客観的に観察できる機会が与えられる。

この博物館には，子どもの遊び道具や展示物が用意されているが，その特徴は，できるだけ実物を使っている点である。たとえば，「買い物遊び」に使う道具は，スーパーなどで販売されているミルクであり，ジュースである。もちろん，中身は抜いたり入れ替えてあるが，容器は実物を使っている。この館で子どもに人気のある「バス」も実物である。バスの客席や車輪は必要ないので取り去り，乗車口と運転席・ハンドルが展示されている（図7-46）。子どもは，運転席に座りハンドルを回して，あたかも自分がバスの運転手になり，バスを運転している気分になって遊んでいる。

また，子ども博物館の閉館時間以降の空き時間や休館日には，子どものお誕生会や，子どものいろいろなパーティーが催されている。これらの点は，日本の子ども博物館とはかなり違っている。

2）ボストン子ども博物館

アメリカで最も歴史の古い子ども博物館は，ニューヨークにあるブルックリン子ども博物館で，ユニークな様々な活動を展開しており，日本にも紹介されている。ここでは，その次に古い歴史をもち，日本にもよく紹介されているボストン子ども博物館についてその一部を見てみよう。

ボストン子ども博物館の活動は，1962年にマイケル・スポック氏が館長になってから非常に活発になり，世界にその名が知られるようになってきた。そして，アメリカの子ども博物館の先進的な役割を果たすようになってきた。わが国との関係も深く，ボストンの姉妹都市である京都市から民家の寄贈を受け，「京の町屋」として館内に展示されている。

この博物館には，「聞いたことは忘れる。見たことは覚えている。体験したことは理解できる。」という，有名な標語がある。ここではこの標語通り"Learning by Doing"が実践されている。近年は，この標語に代わって「Hands-On」という言葉で表現されている。

3）インディアナポリス子ども博物館（世界一巨大な子ども博物館）

アメリカには大小様々な子ども博物館があり，それぞれ独自にユニークな活動を展開している

図7-45 子ども博物館の展示（ミルクはどこから）

図7-46 子ども博物館のバス（バスの運転席でハンドルを回して遊ぶ）

5．子ども博物館

が，インディアナポリス子ども博物館（The Children's Museum of Indianapolis）は，その規模が世界一であることはもちろんであるが，その内容においても注目すべき点が多数ある。

インディアナポリス子ども博物館の展示内容は，科学，歴史，外国文化，宇宙，芸術と幅広い分野にわたっているが，この子ども博物館の，「Main Concepts」の中に挙げられている次の事項には注目する必要があろう。

○ 展示物がいかに精巧であっても，子どもの接触が学習の最も重要な源でなければならない。
○ 正規の学校教育が学校の仕事である間に，博物館教育がユニークな，そして独創的な貢献をしなくてはならない。

これらは，博物館教育の基本を示していることはもちろんであるが，学校教育の足りない点を子ども博物館が補おうとしている誇りと意気込みとを示しているものと言えよう。

（2）子ども博物館とは

子ども博物館発祥の地であるアメリカの，これらに共通したものを探してみると，次のような点が見いだされる。子ども博物館には少なくともこれらの条件が必要であろうと筆者は考えている。

○ 子どもとその保護者を対象にした博物館であること。
○ 展示物などを用いて，子どもに体験させ，子どもの感覚を通して学習させること。
○ 体験させることによって子どもの感覚を鋭敏にし，その結果として創造性の育成がはかられる。
○ 子ども同士の遊びを通して，子どもの社会性が育てられる。

その他にもいろいろあると思われるが，わが国にはこれらの条件を満たす，独立した子ども博物館は少ないが，科学博物館や美術館，動物園等には，大人の施設と併設する形で運営されている所が多い。これらの社会施設と子ども博物館の関係

図7-47　インディアナポリス子ども博物館
（入り口のホール）

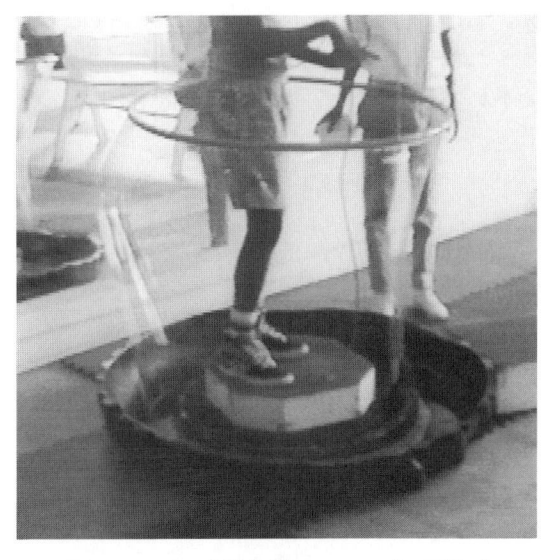

図7-48　子ども博物館でのシャボン玉遊び
（シャボン玉の中から外を見る。アメリカの子ども博物館で）

を図式化してみると，図のような関係が考えられる。図の A, B, C, D は子どもを対象にした部分である。

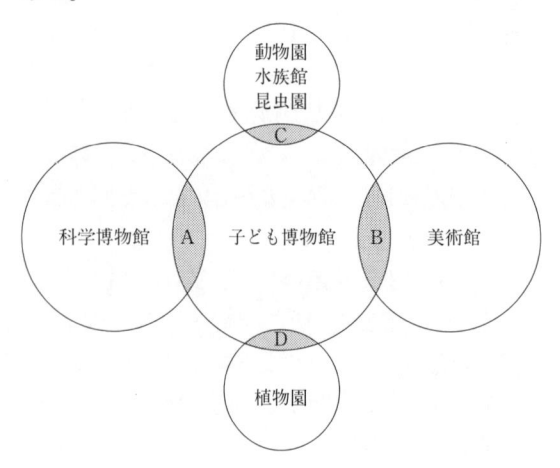

図 7-49 子ども博物館と従来施設との関係

(3) わが国の子ども博物館

わが国には「子ども博物館」と称する博物館はないが，上に述べたような条件に近い博物館が各地に建設されている。

たとえば，科学技術館（東京），国立科学博物館（東京），横浜子ども科学館，栃木県子ども総合科学館，名古屋市科学館，神戸市立青少年科学館などすぐれた子ども博物館が作られている。幼児教育においても是非これらのすぐれた施設を利用したいものである。

いま，科学技術館のインターネットにアクセスして，同館の「オリエンテーリング」を見てみると，次のように示されている。

> 科学する心の扉を開く「きっかけ」をつくりたい。
> それはまず単純におもしろいと感動できるものでなければならないし，見る，聞く，触れる，感じるといった人間の感覚器官を総動員して体験し，主体的に参加することができると同時に客観的に観察できるものでなければなりません。
> （以下略）

また，神戸市立青少年科学館のインターネットには，同館新館1階の「創造性の科学」フロアの解説として次のように掲げられている。

> 子どもの創造性は，遊びの中から生まれるという考え方からもうけられたフロアです。目の錯覚を利用したもの，体を使って体験できるもの，頭をひねって考えるものなど約50点の展示物があります。
> たとえば，あそびの広場には大型の遊具，おもちゃの広場にはさまざまな知恵の輪やパズルなどがあり，子どもだけではなく，大人も童心にかえって遊ぶことができます。

これらはほんの一例にすぎないが，これらの館の基本的な考え方は，アメリカの子ども博物館のそれと共通していると考えてよいであろう。

2．子ども博物館の見学

博物館の見学にあたっては，園の年間行事計画の一環として実施することが望ましいことはもちろんである。

実施にあたっては，保育者は直接博物館に赴き，担当の学芸員と具体的に打ち合わせをしておくことが大切である。

詳細な留意点については，動物園等の見学の場合と同じである（第2章2．園外の活動参照）。

第8章　数量や図形を使った遊び

　子どもは日常生活や遊びの中で，物を数えたり，量が多い少ない，形が大きい小さいなどのことを年齢や発達程度によって多少の差はあるが，実際に行っている。
　そこで，数量や図形を使った遊びとして，すごろく遊び，カード遊び，時計遊び，お店やさんごっこ遊び，大きさくらべ，粘土遊び，色水遊び，背くらべ，ピクチャー・パズル，ままごと遊び，積み木遊び，色板遊びなどを取り上げた。子どもたちがこれらの遊びを通して，自然に楽しみながら数量や図形に対する興味・関心と感覚が無理なく養われるようにしたい。
　これらの遊びの指導として，1．数，2．量，3．図形，4．時間と空間の基本的概念が必要となる。

　1．数の指導　　① 数詞　　数詞には和音系（ひとつ，ふたつ，みっつ…）と漢音系（いち，に，さん…）とがあるが，日常生活ではこの両方が使われるので，両方の呼び方で覚えさせる。ただし，両方の呼び方を混同しないように実際の遊びで理解させる。
　② 数唱　　数詞は一つひとつがある数の大きさと，数の大きさに従って順序をあらわす両面をもっている。子どもの中には，50や100までも数を唱えられる者もいるが，これらの子どもが必ずしも，物と数とを対応させて理解しているとは限らないので，あまり急いで数唱を覚えさせる必要はない。
　③ 集合数　　物のまとまりを集合と呼び，そのまとまりを表す数が集合数である。「リンゴが5個ある」というときの「5」は「リンゴ」をひとつのまとまりとして見て，その個数を示している集合数である。このように集合数は，物の集まりを数えていったときの最後の数がその集合数になり，その数がその集合の全体を表す数である（積み木遊び，お店やさんごっこ）。
　④ 順序数　　数には集合数の他に，前から「3番目」とか，左から「5番目」というように「何番目」かを表すことがあり，これを順序数という。園では，並んだときの自分の位置や，ブランコなどに乗るときの順番などを，順序数を使って前から何番目というように覚えさせるとよい。
　2．量の指導　　量というのは，牛乳やジュースなどのような液体や物，紙の大小，ひもの長短などのように，連続的に大きさが変化するもので，リンゴやミカンのように，いくつかを取り出してきて，その大小を比較できないものである。数量とは，分離量（ミカンのような場合＝数）と連続量（牛乳の場合＝量）を合わせた場合をいう。指導内容としての長さ，広さ，かさ（量），高さ，重さなどを遊びを通して獲得させるようにする（背くらべ，大きさくらべ）。
　3．図形の指導　　物の形と使いみち（ままごと遊び―食器の形，保育室や園庭の遊び道具）を知り，3歳で円，4歳で三角形と四角形，6歳でひし形を真似して描くことができる程度を考える。
　4．時間と空間の指導　　子どもの生活のリズムの中から時計を見ることの必要性を感じさせ，時刻や時計についての意識を高め，日時や時刻・時間について言葉を使って言い表せられるようにする。また，空間的な位置関係についての判断力を養うとともに，左右，上下，遠近，広い狭いなどの言葉を使えるようにしたい。さらに，子どもたちの興味・関心が高い身近な乗り物の速さなどに注目させることによって，時間・空間の総合的理解を養うようにしたい。

第8章 数量や図形を使った遊び

1．数を使った遊び

数を使った遊びにおいて，10以下の数については，数詞が正しく唱えられるだけではなく，具体物についてその個数や順番を数えることができるようにする。また，数詞についても和音系と漢音系の2通りあることを知らせる。子どもによっては和音系と漢音系が混同して，「し」というべきところを「よん」といったり，「しち」というべきところを「なな」という場合があるので注意する必要がある。

また，数字については，書くことは必ずしも必要ではないが，10までの数字は読めることが望ましい。集合数と順序数は，自然数の基本的な性質（使い方）であるので，簡単な場合について，この2つの使い方がわかり，その対応関係がわかることが大切である。たとえば，運動会で1等になったとか，3等になったとか，Aさんの席は前から4番目で，左から2番目であるなど言えることは，子どもの日常生活において必要である。以上の観点から，すごろく遊び，カード遊び，お店やさんごっこを取り上げた。

1．すごろく遊び

（1）ねらい

① すごろく遊びに使うサイコロ（図8-1）を組み立てることによって，数に興味・関心をもつ。

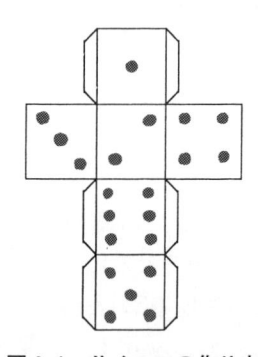

図8-1 サイコロの作り方

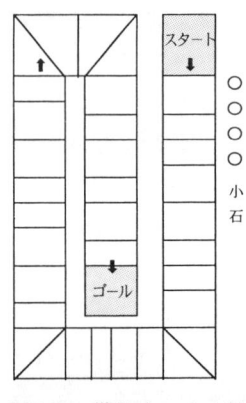

図8-2 帯状すごろく盤

② 子どもの1日の生活を表した帯状すごろく盤（図8-2）を使い，サイコロを振って出た目の数だけ，自分で自分のコマを進める対応操作ができる。

③ 数人がグループになって遊ぶことができ，自分の順番とコマの位置がわかり，漢音系で数えてコマを進めることができる。

④ 「あがり＝ゴール」に到着した順番によって「順位」が決まることがわかる。

（2）準備するもの

サイコロ（各グループ1個），帯状すごろく盤（各グループ1枚），自分の印を付けた小石1個ずつ。

（3）遊び方

① 3〜4人ずつが1組になって，用意したすごろく盤とサイコロを中心にして周囲に集まり，各自が印を付けた小石を振りだし＝スタートの地点に置く。

② サイコロを振って出た目の大きさの順に順番を決める。

③ 順番に従ってサイコロを振り，出た目の数を

1．数を使った遊び

漢音系の数詞を使ってコマを進める。
④ 一番早く「あがり＝ゴール」に到着したものが1番，次が2番と順位を決める。
（4）留意事項
① サイコロの目は，白抜きにして子どもたちに色を塗らせる。

② 遊びのルールを事前によく説明し，サイコロの目の数で，すごろく盤上のコマ数を自分の小石を動かして移動できることを，ゲームを始める前に，実際の対応操作を示して理解させておくこと。
③ 順番を守って楽しく遊べるように，互いにサイコロの目を盤上で数えて(数唱)，コマを進める。

2．カード（トランプ）遊び

（1）ねらい
① トランプの4種類のマーク（♠♥♣◆）ごとにエースからキングまでを数の順番に並べることができる。
② 52枚のカードをよく混ぜ，数人の友達に均等に配ることができる。
③ 自分の順番と各マークに並べられた数字の前後（順位）がわかる。
（2）準備するもの
① トランプ一式。
② パスをした人に渡す色紙。
（3）遊び方
① 3～4人が1組になって，用意したトランプのカードをよく混ぜて均等に配る。
② 配られたカードの中から，各マーク（♠♥♣◆）の7が付いたカードを出して，縦に並べ（図8-3），それを中心に輪を作って取り囲む。

♠の7
♥の7
♣の7
◆の7

図8-3　カードの並べ方

③ ♠の7を出した人が一番最初にカードを出

すこととし，後の順番は，ジャンケンで決める。
④ 自分の順番がきて，置かれている前後の数がない場合はパスをし，パス回数は3回までとする。
⑤ 1番2番の順位は，1番は手持ちのカードすべてが，3回パスすることなく出し終わって，最初に手持ちのカードがなくなった子ども，2番はその次に同様に手持ちのカードを終了した子ども，そして，最後までカードが残った子どもと，3回パスをした子どもたちでジャンケンをし，負けた子どもは罰ゲームとして，歌をうたうか自分の得意なものを披露する。
（4）留意事項
① ゲームをする前に，各トランプ4種類（♠♥♣◆）のJ（ジャック）は数字の11，Q（クイーン）が12，K（キング）が13と，また，各トランプ4種類（♠♥♣◆）のA（エース）が1であることを，実際のカードを使って説明し，十分理解させてゲームを行う。
② JOKERは使わず，最初からカードの中から抜いておく。
③ パス者の回数を明確にする色カードを多めに用意する。

3．ブランコ遊び

（1）ねらい
① 乗り物に乗ったり，大勢で遊ぶときは，並んで順番を守ることが大切であることを知る。また，順番は前から1番，2番，3番…と順序づけられることを知る。

② ブランコなどで，1台のブランコに数人が一緒に乗る（4人乗り）ときは，自分の順番から考えて，何番目に乗ることができるか，わかるようになる。たとえば，1台（4人乗り）のブランコで，自分の順番が5番目であるときは，2回目に乗ることができるとわかるようになる。

③ ブランコをこぐ回数は，みんなで数える（数唱）。

（2）準備するもの
ブランコなどの乗り物。

（3）遊ばせ方
① ブランコなどの乗り物に乗って遊ぶとき，「順番に仲良く乗りましょうね」といって，子どもを並ばせる。

② 前から番号を言わせ，ブランコが4人乗りであれば，1番目から4番目までが1回目で，5番から8番目までが2回目というように区切り，順番を決めて乗らせる。

③ さらに，10回こいだら交代するというように，回数も決めみんなで数を数えて（数唱）させるようにする。

（4）留意事項
ブランコは，一人や二人で乗る場合は問題が起こらないが，大勢で乗って遊ぶときは，順番とか，一人が乗る回数とかを最初に決めておかないと，子どもは早く乗りたい，また，長く乗りたいということから，ブランコの取りっこで喧嘩になったりする。順序よく乗る習慣が付いていれば，そのような争いも生じないし，集団生活でのマナーもよくなる。

4．お店やさんごっこ

（1）ねらい
お店やさん遊びにも，果物屋さんとかケーキ屋さんとかいろいろあるが，どの種類のお店やさんごっこにしても，子ども同士が売る人と買う人になり，売るものを同じ種類でまとめたり（集合数），お金と物とのやりとり（対応操作）を通して，集合や数の基本を知ることができる。

（2）準備するもの
① 絵に描いて切り抜いたリンゴ，ミカン，バナナ，イチゴなどの果物類。
② 絵に描いて切り抜いた10円玉（1人10個）。
③ 果物を乗せる皿。

（3）遊び方
① 二人で一組となり，果物屋さんとお客さんとに分かれる。

② 果物屋さんになった人は，机の上に同じ種類の果物を同じ数に皿に盛る（値段はすべて1個10円とする）。

③ お客さんになった人は，10円玉10個で4種類の果物を買い，お金は全部使ってしまう。

④ 果物を買ったお客さんが，お店屋さんをやった人と交代する。

（4）留意事項
① お金の単位は，10円を限度とする。それ以上の単位のお金は作らない。

② 絵のお金と果物は，保育者があらかじめ見本を製作して，子どもたちに作らせる。

1．数を使った遊び

新・数字の歌

作詞・作曲　伊神巨斗

すうじのいちは　どうかくの　ジュースについてる　ストローです
すうじのいちを　かいてみよう　（チューチュー）
←節はつけない

1　数字の1はどう書くの　ジュースについてるストローです
　　数字の1を書いてみよう　（チューチュー）

2　数字の2を書いてみよう　お池に浮いてるあひるさん（スイスイ）

3　数字の3を書いてみよう　8の字縦割りまっぷたつ（サンサンだ）

4　数字の4を書いてみよう　逆さになったカの字です（おもしろいな）

5　数字の5を書いてみよう　かけっこ　しようよ　あそこまで（ヨーイドン）

6　数字の6を書いてみよう　なーがいしっぽが丸まった（クルクル）

7　数字の7を書いてみよう　爺ちゃん婆ちゃん　つく杖よ（コツコツ）

8　数字の8を書いてみよう　おだんご　二つ　重なった（パクパク）

9　数字の9を書いてみよう　シャボン玉　ふくらんだ　（パンパン）

0　数字の0を書いてみよう　ママの手にある指輪です　（キレイだな）

10　数字の10を書いてみよう　缶と並んだストローよ（チューチュー）

2．量を使った遊び

　一般に認識は感覚から始まるといわれ，子どもは身近な様々な具体物に触れるという直接経験の中から，その物の意味を知り，量や数の概念を身に付けていくものであり，いろいろな測定機器を使って示される数値で量を比べることは容易ではない（機器そのものには非常に興味を示して見たりさわったりする）。
　量を比べる内容（言葉）は，
① 長さ――鉛筆やひもの長い短いなど。
② 広さ（面積）――保育室や園庭の広い狭いなど。
③ かさ（体積）――牛乳やジュースなどの多い少ないなど。
④ 高さ――樹木や建物などの高い低いなど。自分の背の高さなど。
⑤ 重さ――自分の体の重さ，重いもの，軽いもの。
　子どもが具体的な物の数量を比較しながら言葉としての意味をとらえ，数えたり，量ったりすることに関心をもてるようにすることが大切である。

1．大きさくらべ

（1）ねらい
① 果物の大きさ（かさ）を比べることができるようになる。
② 大きいものだけだと数が少なくても多いと思ってしまうことがあるので，大きさの違うものや，種類の違うものなどの多少も実際に比較できる。

（2）準備するもの
　イチゴ，リンゴ，動物の絵本など。

（3）遊び方
① イチゴとリンゴを並べてどちらが大きいか子どもに質問する。
② 右手にリンゴ，左手にイチゴを持ちどちらが重いかを比べさせる。
　イチゴとリンゴを比べてリンゴはイチゴの5，6個分くらいあることがわかる。
③ 絵本などを見せて，ネコとネズミとどちらが大きいか子どもに質問する。3歳児でもネコが大きくてネズミが小さいと答える。4歳児になると「ネコはネズミの10ぴきぶんも大きいね」などと見比べて遊ぶ。

（4）留意事項
　子どもの日常生活の中で大きさを比べるという場面はたくさんある。遊びの中で，発達に即したものを用いて，興味をもって直観的に多少や広さなど判断できるように指導したい。

図8-4　大きさくらべ

2．粘土遊び

（1）ねらい
① 粘土をいろいろな形に変えても，もとの粘土の量と同じであることに気付かせる。
② 量の保存概念を育てるようにする。

（2）準備するもの
粘土，天びん。

（3）遊び方（図 8-5）
① 同じ大きさの粘土のかたまりを2個作る。
② 一つのかたまりの粘土を長く伸ばして，天びんにのせる。一方にかたまりの粘土をのせて二つの粘土の量はどうか質問する。
③ 一つのかたまりを二つのかたまりにしてのせてみたら重さはどうなっているか質問する。
④ 片方の粘土を小さくちぎって丸めて量ってみる。再度，量の違いを質問する。
⑤ 二つのかたまりを別々の形に作り，量って比べてみる。
⑥ 重さはいくらでも細かくわけることができる。また，形がどんなに変わっても，もとの重さは，はじめと同じだということを経験させる。

（4）留意事項
① 量の保存性が獲得できるように指導する。
② 天びんを使わずとも，同じ重さを直感的にとらえさせる。または両手に持ち，比べることは経験上大切である。

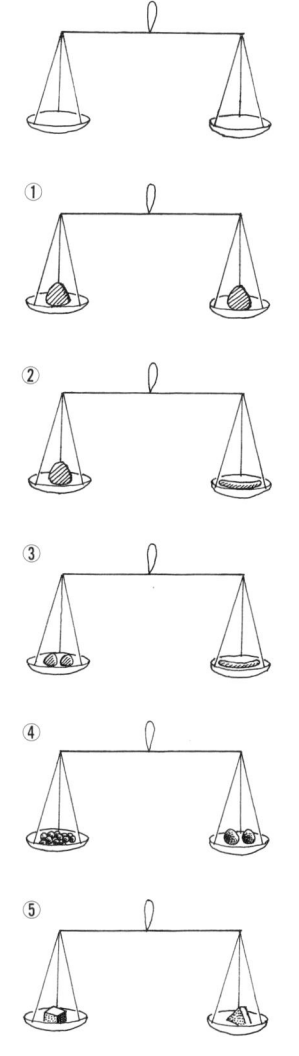

図 8-5　天びんを使って量る

3．色水遊び

（1）ねらい
① 大きなコップに入っている色水を小さなコップに移し替える遊びをして，大きなコップに何杯分入るかを確かめる。
② 小さなコップに移した色水を，もとのコップに集めると始めの量と同じであることに気付く。

（2）準備するもの
大きなコップ1個，小さいコップ3個，形の違った入れ物。

第8章　数量や図形を使った遊び

大きなコップと小さなコップ

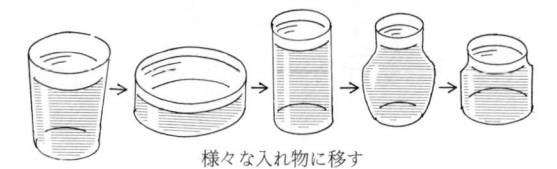

様々な入れ物に移す

図8-6　色水遊び

（3）遊び方（図8-6）

① 大きなコップの色水を小さなコップに入れて何個のコップに入ったか，また小さなコップの色水を大きなコップに戻したらどうなるかを繰り返して遊ぶ。

② 様々な形の入れ物に，はじめのコップに入れた色水を移し替えていく。形は違っていても入る色水の量は同じということを確かめながら遊ぶ。

（4）留意事項

① コップは中がよく見える透明なものがよい。かといってガラスは危険なので扱い方に十分注意させる。できれば割れない素材のものを用意する。

② 色水のように連続量のものは，分割してもその量は保存されることを遊びの中から経験させることが大切である。

③ 量の保存概念の獲得は，子どもにとってはなかなか困難なので，急がずにゆっくりとわからせるようにする。

4．背くらべ

（1）ねらい

① 友達同士で背くらべをし，高さの概念を習得させる。

② クラスで並ぶ時など自分が誰より背が高くて，誰より低いかなどを比較できるようになる。

③ 自分は高い方から何番目かなどの位置関係を知らせる。

（2）準備するもの

等身大の模造紙，クレヨン，はさみ。

（3）遊び方

① 友達同士で背の高さを比べさせる。

② 模造紙に等身大の形を友達と協力して書き，楽しく作業をすすめる。模造紙に寝ころんで輪郭をとって，自らの絵を描き，まわりをはさみで切る。

③ 背の高い順に並べ完成品は園の壁面に貼る。

（4）留意事項

① 背の高さの輪郭を描くときは，靴をぬいで寝ころんだ状態で2人組になって交代して描くようにすると，お互いの背の違いなども知る機会となる。

② できあがった等身大の絵は人数の多いクラスでは，一度に全部貼り出すのは無理なので，背の順に2回にわけて貼るなどの工夫をする。

等身大の絵を模造紙に描く

図8-7　背くらべ

3．図形を使った遊び

　図形とは，立体，面，線，点などの集合からなったもので，三角形，四角形，円などの平面図形，立方体，角柱，円柱，球などの立体図形がある。
　図形には比較的単純な形をしたものもあるが，実際には複雑な形をしている場合が多いので子どもにはなかなか理解しにくい。また，図形の学習には保育者の子どもに対する働きかけが大きく影響し，ただ遊ばせるだけでなく，子どもなりの図形のとらえ方を理解しながら正しい見方を育てていけるよう援助の方法を考えることが必要である。
　図形を描くことは少し難しく，3歳で円，4歳で三角形と四角形，5歳では角の部分をしっかりとらえて描けるようになり，6歳でひし形を真似して描くようになる。
　日常生活の中で実物と言葉を結びつけながら新しい発見ができるような体験をさせることが，子どもにとって興味や関心をより深めていくものと考える。

1．パズル遊び

（1）ねらい
　厚紙に描かれた絵をいろいろな形に切り放し，ばらばらにした絵をもとの絵にまとめる。

（2）準備するもの
① 市販されているパズル
　○ 3歳児　25ピース～40ピース
　○ 4歳児　50ピース～
　○ 5歳児　70ピース～
② 市販でなく子どもたちが動物や乗り物，好きな絵などを厚紙に描いて作った物（大型にする）。

（3）遊び方
① 市販されているものは個人で，または比較的小人数で遊ぶ。いろいろな形に切り放された絵を形と絵を合わせながら元通りの絵に完成させる。
② 子どもたちの描いた絵をもとに作った大型のパズルを何組か作り，集団ゲームとして遊ぶと楽しい（図8-8）。

ばらばらに大型パズルを置く

完　成

図8-8　大型パズル

いろいろな形に切り放された絵の部分を人数分床にばらばらに置く，子どもたちはそのまわりに輪を作り，笛の合図で絵を1枚拾い，お互いに声をかけ合って並べ一つの絵を完成させる。早く完成したグループが勝ちとなる。

2．ままごと遊び

（1）ねらい
① ままごと遊びに使う器について話し合い，日常生活を通して用途に合わせていろいろな形のあることに気付く。
② 片付け方の工夫ができるようになる。
（2）準備するもの
テーブル，トレー，コーヒーカップ，スープ皿，大小の皿，茶碗，湯飲，コップ，スプーン，はし。
（3）遊び方
① お母さんごっこ——「ごはんができましたよ。さあ，めしあがれ」などと相手に声をかける。「このお皿の中はカレーですよ，はいスプーン」，「大きなお皿にはおさかな！」，「おいしいジュースですよ」と器を選んだり，会話を楽しむ。
② 「お片付けはお皿にお皿を重ねてね」，「コーヒーカップはお皿にのせて並べてね！」，「コップは割れるといけないからひとつずつ！」と日常生

図8-9　ままごと遊び

活の中での母親をまねて片付けも上手にする。
（4）留意事項
配膳の仕方など保育者も一緒になって考え，「このまるいお皿はどこに置いたらいいですか」，「ちいさいお皿に何をのせましょうか」と，お母さん役の子どもに聞いてみるなど，いろいろな食器の形を見わけるようにする。

3．積み木遊び

（1）ねらい
① 同じ形や大きさの積み木を重ねたり，並べたりすることでいろいろなものの形が作れることに気付く。
② 片付けは同じ形のもの，同じ大きさのものでまとめることができるようにする。
（2）準備するもの
積み木（大小，三角，四角，丸，長四角，板状の物）。
（3）遊び方
① 積み木にどんな形があるか子どもに尋ねてみる。
② いろいろな形の積み木を並べたり，重ねたりして乗り物，家，ロケットなどを作る。
③ 自由に組み立てて遊ぶ。
大きい積み木から順に重ね，高くして「東京タワー，ビル，マンション」などの形を作る。
④ 室内に積み木を一つずつ好きな場所に置かせる。
○積み木のまわりをピアノに合わせて歩く。
○ピアノが止ると同時に保育者の指示された形の積み木に早く座る。人数分はないので座れない子が出る。集団で行うゲームとして実際の形と言葉の関係が確かなものとなる4，5歳児には効果的な遊びの一つである（図8-10）。

3．図形を使った遊び

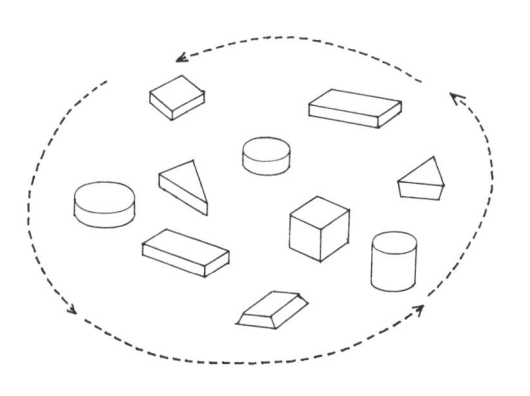

積み木のまわりをピアノにあわせて歩く
図 8-10

⑤ 後片付けは同じ形や大きさの物をまとめるようにする。

（4）留意事項
① 積み木の個数が十分にあること。
② 同形の積み木を取り合うなど3歳児や4歳児によく見られるが，話し合って順に使えるよう働きかける。
③ 集団ゲームなどでグループに入れない子がいる場合は，みんなで話し合ったり，保育者が助言する。
④ 保護者は安全に十分配慮しながら活動の展開を見守る。

道とおうち　　　　　　　　　　ボーイング機

図 8-11　積み木遊び

4．図形のスタンピング遊び

（1）ねらい
① 丸，三角，四角のスタンプを使っていろいろな組み合せを楽しむ。
② 組み合せによっていろいろな形を作ることができる。

（2）準備するもの
① 段ボール紙をまるめて丸，折って三角や四角にしたもの（図8-12）。
② 絵の具，筆，スポンジ，ガムテープ。

（3）遊び方
① 段ボール紙をまるめた丸，折った三角や四角

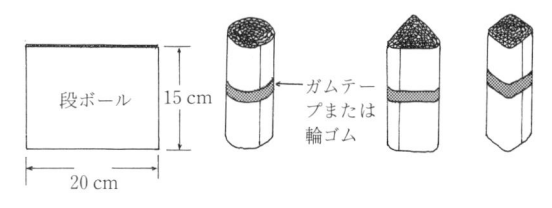

図 8-12

をスポンジに浸した絵の具を付けて画用紙に並べて見せる。どんな形になったか問いかける。
② 三角と三角を並べて――ちょうちょ（図8-13）。

第8章　数量や図形を使った遊び

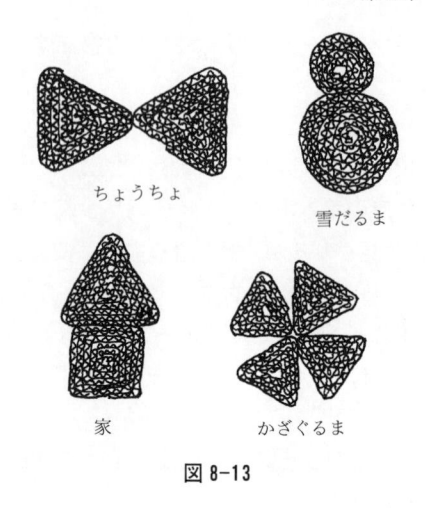

③ 好きな色を選んで好きなようにスタンピングしていろいろな組み合せをして遊ぶ(図8-13)。

（4）留意事項

① 段ボール紙をまるめたり，折ったりするときは保育者が行う。

② 表現活動に展開し，歌遊びをする。

　　○△□でなにがある。
　　まるいもので　なにがある
　　まんまるまるい　おつきさま
　　さんかくのもの　なにがある
　　さんかく　おうちの　おやね
　　しかくい　もの　なにがある
　　しかくい　おうちの　おまど

ちょうちょ　　雪だるま

家　　かざぐるま

図 8-13

4．時間と空間の遊び

　子どもの生活は，幼稚園や保育所に通うようになると，今までと違った生活のリズムで動くようになる。起床―朝食―登園…と決まった時刻に行動するためには，時計を見ることの必要性が起こってくる。このような場合，時計が八つ鳴ったから登園ですよとか，長い針が天井向いて短い針が右向いたからおやつの時間だよ，というように時計の見方がわかると便利だと感じさせ，積極的に時計を見ようとする気持ちを育てるようにする（時計遊び）。

　子どもたちが遊ぶ園庭には，いろいろな遊び場や施設がある。ブランコの左にはシーソーが，シーソーの右にはブランコが，また，動物飼育小屋の上にはジュウシマツ，下にはウサギがいるよとか，園庭は広いが私の家の庭は狭いなど，空間的な位置関係についての判断力を養うとともに，左右・上下・広い狭いなどの言葉を積極的に使えるようにしたい。さらに，子どもの興味や関心の高い乗り物の速さなどを具体的にとりあげて，時間と空間の総合的見方を養う（福笑い，飛行機遊び）。

1．時計遊び

（1）ねらい

　時計を見ることの必要性を感じさせるために，子どもたちの1日の活動を具体的に時刻によって展開し，時刻と時間についての意識を高める。

（2）準備するもの

　吊り下げ時計と活動絵パネル（図8-14）。

（3）遊び方

　① 保育者が中心になって，その周囲に子どもたちを集める。

　② 保育者が子ども一人一人に対して，「Aちゃん，このパネルは何してるところ」と言葉がけをする。子どもが「お昼を食べてるところ」と答える。次に保育者が「Bちゃん，お昼の時計は，長い針と短い針がどうなってる」，「二つ重なっている」と答える。

　「Cちゃん，このパネルをお昼の所へ掛けてちょうだい」と保育者の言葉がけによって，活動絵パネルと吊り下げ時計の活動が展開される。

4．時間と空間の遊び

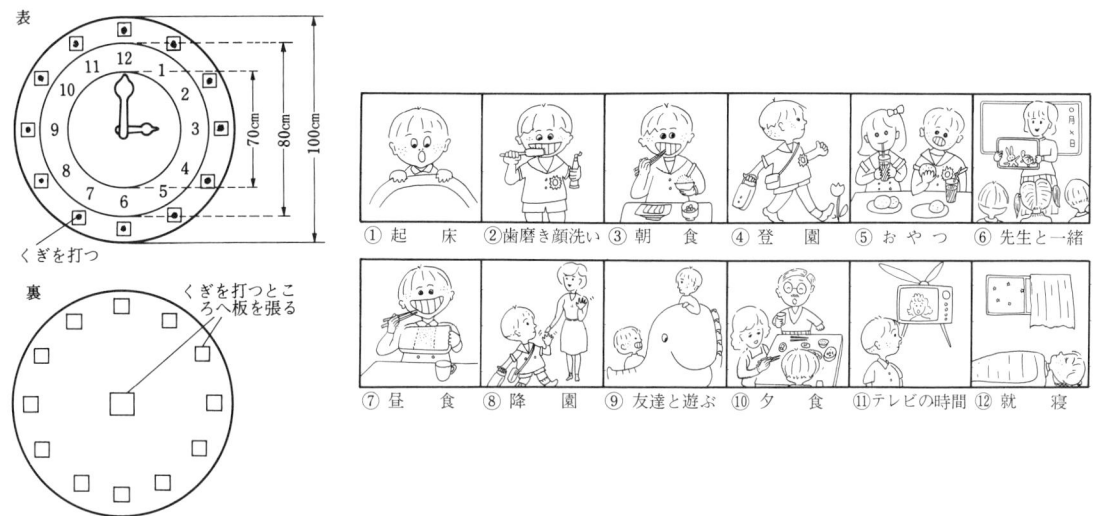

図 8-14　吊り下げ時計と活動絵パネル

① 起床　② 歯磨き顔洗い　③ 朝食　④ 登園　⑤ おやつ　⑥ 先生と一緒
⑦ 昼食　⑧ 降園　⑨ 友達と遊ぶ　⑩ 夕食　⑪ テレビの時間　⑫ 就寝

（4）留意事項

保育者の言葉がけの方法を事前に研究しておく。

2．福笑い（位置さがし）

（1）ねらい

「福笑い」という日本の正月にはよく遊ばれた伝統的遊びを通して，上下，左右の方向概念と座標軸概念を身に付けさせる。

（2）準備するもの

クレヨン，画用紙，はさみ，のり，アイマスク（目隠し用）。

（3）製作方法（図 8-15）

① 四つ切りの画用紙に，子どもにお父さんの顔やお母さんの顔だけを大きく描かせる。そのとき，耳，目，口，まゆげなどをはっきりと描くように指示する。

② クレヨンで色を塗り，耳，目，鼻，口，まゆげをはさみで切り取る。

③ 切った後に顔の大きさに合わせて画用紙を切り，裏から切り跡に貼る。

（4）遊び方

3～4人を1グループとして，一人が目隠し（アイマスク—これは，子どもの顔に合わせて，保育者が製作するか準備しておく）をして，顔の五つの部分を指で探りながら，これと思う位置に置いていく。このとき，周囲にいる子どもたちは，もっと右，もっと左，もう少し上とか下とか言葉で置く位置を教えてやる。

（5）留意事項

① 顔の製作は，前もって保育者が完成したものを子どもたちに見せ，製作についての手順をよく説明しておくこと。

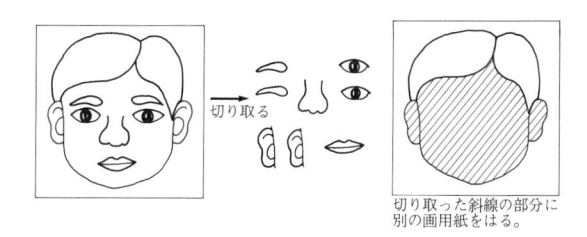

図 8-15　福笑いの製作

3．飛行機遊び

（1）ねらい

第7章でも取り上げた紙飛行機だが，誰が一番遠くまで飛ばすことができるか競うことによって，遠近の距離感覚を発達させるとともに，高い低いの感覚を養う。

飛ばす場所（屋内と屋外）と位置（高い位置から低い位置）を変えることによって，飛び方に違いのあることに気付かせる。

準備するもの，遊び方は，第7章 p.131 を参照。

（2）留意事項

子どもを2グループに分け，交代で飛ばす側と判定する側とに分ける。

第9章 標識や文字を使った遊び

　人間の言語行動には，音声（言葉）を素材とする音声言語行動と，標識や文字を素材とする文字（標識）言語行動がある。音声（言葉）と文字や標識は，それぞれの素材としての長所と短所があり，音声（言葉）は，身体に備わっている諸器官の連動によって発せられるのに，文字や標識は，それを書くための道具を必要とする。また音声（言葉）には，その伝達される範囲と時間には限りがあるが，文字や標識によって書かれたものは，その記録を移動させることによって伝達範囲を広げ，繰り返し再現できる。

　人類の誕生以来，この文字や標識の発明ほど画期的な出来事はなかった。新しい人間のコミュニケーションの手段として，人間が生み育ててきた文字や標識が，聴覚にうったえる音声行動を視覚にうったえる伝達行動に移し変えることによって，その時間的・空間的的制約を取り除いた。

　この文字や標識という便利な道具を，子どもたちが使う楽しさを，遊びを通してどのように体験させるかが，保育者にとっての課題である。

　子どもにとって数量や文字・標識を知ることは，子どもが自分の世界を広げることになるので，子ども自身が数量や文字，標識を使う必要性を感じると文字や標識がもつ意味を理解し，日常生活の活動に取り入れるようになる。それは子どもの文字や標識に興味・関心が高まっているときがチャンスであり，たとえば，公園の案内看板の文字や標識を見て「あれ，なんて書いてあるの？」とか，「あのしるしはなあに？」と興味や関心を示したときや，自分が好きな絵本の中で動物の名前を「これ，なんて読むの？」と聞いてきたときなどがよい機会である。

　子どもの文字や標識に対する興味や関心が高まった機会を上手にとらえて，保育者が意図的に文字や標識などに出会う機会を多く作ることも必要である。特に文字が子ども自身の「心を伝える道具」であることから，子どもが「文字を使って何かを相手に伝えたい」という機会を，子どもの遊びの中で育てたい。そこで，「2節　文字を使った遊び」として，1．カルタ遊び，2．絵本で探そう，3．文字集め，を展開する。

　標識を使った遊びとしては，1．はて？このマークはなんだろう，2．マークを作って遊ぼう，3．ミニ交通公園で遊ぼう，を取り上げたが，まずは保育者自身が，自分の受け持つクラス・マークやグループ・マークの作成を子どもと共に始めることが，子どもが標識（マーク）のもつ意味やメッセージに気付き，さらにマークの便利さや楽しさを実感させる第一歩である。

　幼児教育を含め文字を取り巻く環境は，その後，音声（言葉）を記録する技術（テープレコーダー）の発達や携帯電話の登場によって大きく変化しつつあり，保育者自身が，文字を読まない・文字を書かない環境に慣らされつつある。

　音声（言葉）と文字との関係は，互いに密接的であり，文字が「心を伝える道具」であるならば，今や若者にみる言葉は「心を伝えない道具である」になりつつある。このことからも保育者自身が今一度，言葉と文字の一体化した時の原点にたちかえり，文字を知ったときの素晴しい世界の広がりを思い出して，その文字による素晴しい世界へ子どもたちを誘って欲しい。

第9章　標識や文字を使った遊び

1．標識を使った遊び

　子どもを取り巻く生活環境の中には，いろいろな標識（マーク）がある。子ども自身がまだ文字が読めないとき，保護者が子どもの持つ道具一つひとつに，その子の名前と一緒にマークを付ける。たとえば，トンボの好きな子にはトンボのイラストのマークを，チューリップの好きな子にはチューリップのマークを，これが子どもが自分の標識（マーク）と出会うはじめである。

　子どもたちが幼稚園や保育所に通う道には，横断歩道や歩行者専用の様々な交通標識があり，子どもの家の周囲には，郵便局や郵便ポスト，警察署や交番，理髪店，お寺などの建物に各々特有のマークが付いている。さらに子どもの暮らしの中にも，住居・雑貨のマーク（GマークやJISマーク）をはじめとして，地球にやさしいエコマークや美化マークなど様々ある。そこで標識を使った遊びとして，1．はて？このマークはなんだろう，2．マークを作って遊ぼう，3．ミニ交通公園で遊ぼうなどの遊びを通して，標識（マーク）がもつ意味やメッセージ，マークのもつ便利さや楽しさを知る。

1．はて？　このマークはなんだろう

（1）ねらい
①　各種のマークがもつ意味やメッセージを保育者から聞いて理解し，遊びを通して，その意味とメッセージにあったマークを数種類あるマークの中から選び出すことができる。
②　遊びを通して，子どもたちの日常生活に存在する各種マークに興味・関心をもち，自ら進んで生活にあるマークの意味やメッセージを知ろうとする。

（2）準備するもの
　各種のマーク（図9-1）。

（3）遊び方
①　数種類のマークを支柱を付けて横並びに置き，その前方（マークから5〜6m離した位置）に子どもたちが並ぶ。
②　まず保育者がマークの持つ意味やメッセージを説明する。子どもたちは保育者の説明からそれぞれ自分で判断し，説明の内容に合ったマークの所へ集まる。
③　間違った子どもは，再びスタート地点に戻り，次のマークの説明を待つ。説明とマークとが一致した子どもは，合ったマークの地点から，次に説明されるマークを選んで移動する。

（4）留意事項
①　立てるマークは，できるだけ大きく拡大してしっかりと倒れないように立てる。
②　マークの意味やメッセージの説明は，たとえば，交通標識「横断歩道」を説明する場合，「みなさんが道を渡るときには，このマークがあるところで，渡りましょう」。と明確に説明する。

STマーク　　美化マーク　　エコマーク　　ウールマーク

歩行者横断禁止　　横断歩道　　歩行者専用

図9-1　標識とマーク

1．標識を使った遊び

2．マークを作って遊ぼう

（1）ねらい

子どもの身のまわりにある標識やマークを参考にして，自分たちの意味やメッセージを言葉や文字の代わりとして，円形や正方形，三角形を，標識やマークとして現すことをねらいとする。

（2）準備するもの

① 円形（直径15cm），正方形（一辺15cm），三角形（底辺と高さ各15cm）の画用紙。
② 割りばしとセロハンテープ。
③ クレヨンかクレパス。

（3）作り方（例：ジャンケン遊び）

① ジャンケンのグウ，チョキ，パーの3種類を，グウは円形，チョキ三角形，パーは正方形として画用紙を切り，それぞれに異なった色を塗る。
② 各3種類の画用紙に割りばしを付けて，手で持てるようにする。

（4）遊び方

① 3種類の画用紙を手に持ち，2グループに分かれ，先頭同士が向かい合って1列に並ぶ。
② 保育者の合図で，まず向かい合った先頭の二人が体の後に隠しておいた中から1枚を取り出しジャンケンをする。勝った人はさらに次の人とジャンケンをし，負けた人は列から離れ，自分のグループの応援をする。
③ 勝敗は，一巡して人数が多く残ったグループが勝ち。

（5）留意事項

① ゲームを始める前に3種類の図形（グウは円形，チョキは三角形，パーは正方形）の意味を子どもたちによく理解させる。
② 3種類の図形の色は，各自自由に塗らせる。

3．ミニ交通公園で遊ぼう

（1）ねらい

園庭にミニ交通公園を設定する。それには車道，歩道などのスペースと，信号や交通標識を置いて，交通標識のもつ意味とメッセージを実際の活動を通して理解させる。

（2）準備するもの

① 信号（赤・青・黄色の円形板3種類）。
② 交通標識（図9-2）。
③ 車道や歩道，横断歩道を表すライン。
④ 三輪車⇒自動車とする。
⑤ 交通標識を立てる棒。
⑥ イエローカード。

（3）遊び方

① 子どもたちを信号係，三輪車⇒自動車の運転者，交通係のお巡りさん，歩行者とにわけて，それぞれの役目をよく説明してから遊びを展開する。
② ルールを間違えた子どもには，お巡りさんがイエローカードを渡す。

（4）留意事項

車道，歩道などのスペース区分は，保育者があらかじめ設定する。遊びの役割は交代する。

図9-2　交通標識

2．文字を使った遊び

　文字に対する子どもの興味・関心の示し方には大きな差がある。保育者が，つい文字を覚えさせなければという意識にかられる危険性があるので気を付けたい。

　子どもたちは，読み書きができなくても自分の周りには様々な形で文字が使われているという事実を知っている。また記号として何かの意味を伝えるものとしてとらえ，文字はいいもの，楽しいものであるという価値観を持たせておくことが大切である。

　子どもが自ら知りたいと思う機会をとらえて，一緒に絵本を見たり読んだり，遊んだりすることを心がけるようにしたい。

　友達の名前を呼びながら，あいちゃんの「あ」の字，いちろうくんの「い」の字というように，「かぎ」の文字と発音，意味の違いに自然に気付かせることが大切であり，日常生活で実物や絵本などを手がかりに関心を高めていくことが必要である。

１．カルタ遊び

（１）ねらい
① お正月に各家庭で遊んだカルタを持ちよって友達と一緒に遊ぶ楽しさを味わう。
② 自分で好きな文字を探してオリジナルカルタを作って遊ぶことにより，いろいろな文字に興味を持つ。

（２）準備するもの
① 各家庭より市販のカルタを持ってくる。
② 持参したカルタはテーブルの上に置く。
③ 読み札，絵札ともに書きやすいようにB4サイズの白ボール紙半分の大きさ等の大き目な紙とクレパスまたはカラーサインペンを用意しておく。
④ カルタ作りに当たっては，文字を書けない子どももいるので「あいうえおひょう」を貼っておく。

（３）遊び方
① はじめのうちはお互いに持ちよった市販のカルタを使って十分遊ばせる。
並べ方は2組にわかれて並べてもよいし，子どもの話し合いで決めてもよい。
② 読み手は保育者がゆっくり読んでやったり，読みたいと希望する子どもがいたら交代で行わせてもよい。
③ カルタの絵札を室内のいろいろな場所に隠す「かくれんぼカルタ」も変化があって面白く，保育者の読み上げるのに合わせて探しまわる。
④ 子どもたちの作ったオリジナルカルタは，順に各自の読み札を読ませるのも楽しい。

（４）留意事項
① 市販のカルタは発達に即したものを選ぶ。
② オリジナルカルタの場合は，読み札，絵札は図9-3のように白ボール紙に文字を書く場所を表しておく。

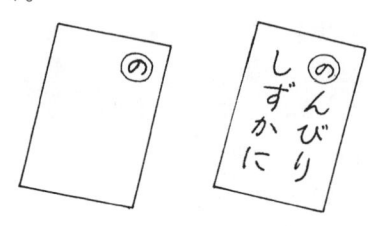

図 9-3　オリジナルカルタ

③ 文字をよく知っている子が勝つのに決まっているので，楽しく遊べるように工夫をする。
④ 子どもの作ったオリジナルカルタは，壁面に貼ると他クラスの子どもも楽しめてよい。

2．絵本で探そう

(1) ねらい
① ものの名前と文字との関係がわかるようになる。
② 絵で表してある言葉を選び，文字への関心を持つようにする。

(2) 準備するもの
① 日頃子どもがよく見ている絵本。
② 言葉としてわかりやすく表してある絵本。

(3) 遊び方
① はじめに保育者の読む絵本から言葉さがしをする。
② 絵と言葉を結びつけ文字さがしをする。たとえば「あかいりんごがひとつ」という文字を探すのに保育者が読む内容や場面から理解し，文字に結びつける。
③ 指で示した文字を答える。

(4) 留意事項
① 絵本をゆっくり，はっきりとした口調で読む。
② 繰り返したくさんの絵本を読み聞かせる。
③ 読み聞かせをしている場面で，よく保育者が間違って読んだりすると，誤りを指摘することがあるが，それは内容はもちろん文字にも関心をもっているからである。

3．文字集め

(1) ねらい
① いろいろな文字のあることを知る。

(2) 準備するもの
① 絵とひらがなを書いたカードを作る（B5判）。
② カードは保育者の作ったものでも，子どもたちに作らせてもよい。
③ 厚紙B5判サイズ150枚（文字用，絵用に使用する）。サインペン（カラー）。

(3) 遊び方
① 文字カードを床に並べ囲むように子どもたちが座る。絵の書いてあるカードを読みながら見せ，文字カードの中から最初の文字を探し集める。
② 多勢で行う場合は絵の枚数を多くしておく。
③ 文字をたくさん集めたほうが勝ちとなる。
④ 数え終えたらボードに貼り，文字表を作る。

(4) 留意事項
① 普段，カードは文字表として子どもたちの目の届きやすいところに置く。興味をもった時に自由に遊べるように何組か作っておくのもよい。
② カードは，はじめは保育者が作る。5歳児は絵を考えてカードを作ることで，文字に対する興味が生活に密着したものとなる。
③ 文字の書けない子どもには，絵を描かせるだけでよい。無理に文字を書かせるようなことはしない。

図9-4　文字カード

3．国旗に親しむ

　国旗は国家を表徴する標識と定義されている。その使用は文明とともに始まったといえるが，部族や集団の標識としての旗を広い意味での国旗とみるならば，日本の国旗（日章旗），すなわち太陽をかたどった日の丸は，天照大神を日神として崇拝し，自らの国を「日の出づるところ」と称した日本民族が，はやくから日の丸を国のしるしとして用いてきたのは自然である。

　爾来，日本の国旗である日章旗（日の丸）は，戦国の武将たちが戦いの旗じるしや江戸幕府が船旗として用いてきたが，1870年（明治3年）に明治新政府が各国と外交関係を結ぶにあたって，国旗制定の必要に迫られ国旗に関する布告を出し，日本の商船は日章旗（日の丸）を国旗として掲げることを義務付けたことから一般にも用いられるようになった。しかし，第2次世界大戦との関連から，国旗として日章旗（日の丸）を掲揚することが長い間議論されてきたが，平成11（1999）年8月9日，国旗・国歌法案が国会で決議されたことから国旗・日の丸の掲揚が義務付けられた。

1．国旗を作ろう

（1）ねらい
　日章旗（日の丸）は，日本の国旗であることを知らせ，祝祭日や運動会には日の丸の旗を掲げるために，国旗の作り方を覚える。

（2）準備するもの
　① 長方形の普通用紙（縦33cm×横21cm）。
　② 円形（直径10cm）の透明なプラスチック製型紙（中心に点をマジックでつけてある）。
　③ クレヨンかクレパス。
　④ 長さ51cmの竹ひごなどの細い棒。

（3）作り方
　・国旗の規定上の寸法
　縦横の比率が7：10で，日の丸の上下のあきは同じ，日の丸の直径は縦幅1/3，日の丸の中心は旗面の中心から旗竿の方向に横幅の1/100ずらす。

　① 準備した用紙の縦3.2cmをのりしろとして棒に付け，中心に点を付けた用紙を前もって保育者が作っておく。
　② 子どもは旗の中央に付いている点に型紙の点を合わせて円を描き，赤のクレヨンかクレパスで円を丁寧に塗る。

2．国旗を飾ろう

（1）ねらい
　子どもたちが園や地域の行事などに参加したりする中で，自国のしるしである国旗に接し，将来の国民としての情操や意識の芽生えを培い，運動会や国際的な行事に飾られる他国の国旗に接する機会をもつことによって，国際理解の芽生えを培う。

（2）飾り方
　国旗を竿に付けるには，最初に金色の玉の柄の部分に旗の紐を結んで，これを黒と白に塗った竿の上端に挿し，旗の下の紐を旗に結び付ける。門に旗を飾るには，門に向かって左側に立てるようにする。旗を部屋に掲げるときには，旗竿を付けずに上座の壁面に飾る。このとき竿を結び付ける側を上にして飾る。また，旗を横向きにして飾るときには，竿を付ける側を左にして飾る。

参考文献

- 伊神大四郎ほか：保育環境の実際，建帛社，1998
- 小田　豊ほか：新幼稚園教育要領の解説，第一法規出版，1999
- 岡田正順ほか：植物の育て方，旺文社，1982
- ガーデンライフ編：アサガオ，誠文堂新光社，1977
- 講談社：講談社園芸大百科事典，講談社，1981
- スペース新社保育研究室企画：保育の実践と研究　Vol.3 No.4，相川書房，1999
- 高木一嘉：飼い鳥百科，大泉書店，1973
- 津田妍子：科学あそび大図鑑，大月書店，1996
- 遠山　啓：算数の探険２いろいろな単位①，ほるぷ出版，1974
- 中沢和子ほか編著：保育内容環境〔第２版〕，建帛社，1999
- 七尾　順構成：モンシロチョウ，偕成社，1980
- 日本自然観察路研究会：街や星空を観察しよう，誠文堂新光社，1988
- 日本理科教育学会：理科の教育　571号，Vol.46，東洋館出版社，1997
- 日高敏隆監修：昆虫のくらし，学研，1974
- 深谷昌次監修：昆虫，学研，1995
- 藤田千枝監修，坂口美佳子著：子どもの「なぜ」に答える　科学のふしぎ①，フレーベル館，1998
- 福馬　健編著：月刊保育とカリキュラム別冊　年間保育のすすめ方（生活と行事），ひかりのくに，1991
- 古川晴夫監修：昆虫図鑑，小学館，1993
- 萌文書林編集部編：子どもに伝えたい年中行事・記念日，萌文書林，1998
- 松本勝信編：「環境」理論編〔第５版〕，保育出版社，1997
- 光村図書出版：せいかつ１みんなだいすき　学習指導書，光村図書出版，1998
- 無藤　隆監修：新・幼稚園教育要領ハンドブック，学研，1999
- 森上史朗ほか：幼稚園教育要領解説，フレーベル館，1999
- 文部省：幼稚園教育要領解説，フレーベル館，1999
- 谷田貝公昭ほか編著：どうしてなるほどおもしろ発見１リトル版，コレール社，1992
- 谷田貝公昭ほか編著：どうしてなるほどおもしろ発見３ミドル版，コレール社，1992
- 八並勝正：身近な環境を生かすあそび，チャイルド本社，1992
- 柳　宗民：たのしい野菜づくり，日本放送出版協会，1980
- 山内昭道：新幼児教育法シリーズ「環境」，東京書籍，1990
- 山田卓三ほか：植物の観察と育て方，小学館，1977
- 湯浅とんぼ：自然はともだち，さ、さ、ら書房，1976
- 米安　晟・猪俣貴清：野菜づくり，日東書院，1977

付　録：幼稚園教育要領（平成29年3月31日告示）（抜粋）

第1章　総　則

第1　幼稚園教育の基本

　幼児期の教育は，生涯にわたる人格形成の基礎を培う重要なものであり，幼稚園教育は，学校教育法に規定する目的及び目標を達成するため，幼児期の特性を踏まえ，環境を通して行うものであることを基本とする。
　このため教師は，幼児との信頼関係を十分に築き，幼児が身近な環境に主体的に関わり，環境との関わり方や意味に気付き，これらを取り込もうとして，試行錯誤したり，考えたりするようになる幼児期の教育における見方・考え方を生かし，幼児と共によりよい教育環境を創造するように努めるものとする。これらを踏まえ，次に示す事項を重視して教育を行わなければならない。

1　幼児は安定した情緒の下で自己を十分に発揮することにより発達に必要な体験を得ていくものであることを考慮して，幼児の主体的な活動を促し，幼児期にふさわしい生活が展開されるようにすること。

2　幼児の自発的な活動としての遊びは，心身の調和のとれた発達の基礎を培う重要な学習であることを考慮して，遊びを通しての指導を中心として第2章に示すねらいが総合的に達成されるようにすること。

3　幼児の発達は，心身の諸側面が相互に関連し合い，多様な経過をたどって成し遂げられていくものであること，また，幼児の生活経験がそれぞれ異なることなどを考慮して，幼児一人一人の特性に応じ，発達の課題に即した指導を行うようにすること。

　その際，教師は，幼児の主体的な活動が確保されるよう幼児一人一人の行動の理解と予想に基づき，計画的に環境を構成しなければならない。この場合において，教師は，幼児と人やものとの関わりが重要であることを踏まえ，教材を工夫し，物的・空間的環境を構成しなければならない。また，幼児一人一人の活動の場面に応じて，様々な役割を果たし，その活動を豊かにしなければならない。

第2　幼稚園教育において育みたい資質・能力及び「幼児期の終わりまでに育ってほしい姿」

1　幼稚園においては，生きる力の基礎を育むため，この章の第1に示す幼稚園教育の基本を踏まえ，次に掲げる資質・能力を一体的に育むよう努めるものとする。
　(1)　豊かな体験を通じて，感じたり，気付いたり，分かったり，できるようになったりする「知識及び技能の基礎」
　(2)　気付いたことや，できるようになったことなどを使い，考えたり，試したり，工夫したり，表現したりする「思考力，判断力，表現力等の基礎」
　(3)　心情，意欲，態度が育つ中で，よりよい生活を営もうとする「学びに向かう力，人間性等」

2　1に示す資質・能力は，第2章に示すねらい及び内容に基づく活動全体によって育むものである。

3　次に示す「幼児期の終わりまでに育ってほしい姿」は，第2章に示すねらい及び内容に基づく活動全体を通して資質・能力が育まれている幼児の幼稚園修了時の具体的な姿であり，教師が指導を行う際に考慮するものである。
　(1)　健康な心と体
　　幼稚園生活の中で，充実感をもって自分のやりたいことに向かって心と体を十分に働かせ，見通しをもって行動し，自ら健康で安全な生活をつくり出すようになる。
　(2)　自立心
　　身近な環境に主体的に関わり様々な活動を楽しむ中で，しなければならないことを自覚し，自分の力で行うために考えたり，工夫したりしながら，諦めずにやり遂げることで達成感を味わい，自信をもって行動するようになる。
　(3)　協同性
　　友達と関わる中で，互いの思いや考えなどを共有し，共通の目的の実現に向けて，考えたり，工夫したり，協力したりし，充実感をもってやり遂げるようになる。
　(4)　道徳性・規範意識の芽生え
　　友達と様々な体験を重ねる中で，してよいことや悪いことが分かり，自分の行動を振り返ったり，友達の気持ちに共感したりし，相手の立場に立って行動するようになる。また，きまりを守る必要性が分かり，自分の気持ちを調整し，友達と折り

合いを付けながら、きまりをつくったり、守ったりするようになる。
(5) 社会生活との関わり
家族を大切にしようとする気持ちをもつとともに、地域の身近な人と触れ合う中で、人との様々な関わり方に気付き、相手の気持ちを考えて関わり、自分が役に立つ喜びを感じ、地域に親しみをもつようになる。また、幼稚園内外の様々な環境に関わる中で、遊びや生活に必要な情報を取り入れ、情報に基づき判断したり、情報を伝え合ったり、活用したりするなど、情報を役立てながら活動するようになるとともに、公共の施設を大切に利用するなどして、社会とのつながりなどを意識するようになる。
(6) 思考力の芽生え
身近な事象に積極的に関わる中で、物の性質や仕組みなどを感じ取ったり、気付いたりし、考えたり、予想したり、工夫したりするなど、多様な関わりを楽しむようになる。また、友達の様々な考えに触れる中で、自分と異なる考えがあることに気付き、自ら判断したり、考え直したりするなど、新しい考えを生み出す喜びを味わいながら、自分の考えをよりよいものにするようになる。
(7) 自然との関わり・生命尊重
自然に触れて感動する体験を通して、自然の変化などを感じ取り、好奇心や探究心をもって考え言葉などで表現しながら、身近な事象への関心が高まるとともに、自然への愛情や畏敬の念をもつようになる。また、身近な動植物に心を動かされる中で、生命の不思議さや尊さに気付き、身近な動植物への接し方を考え、命あるものとしていたわり、大切にする気持ちをもって関わるようになる。
(8) 数量や図形、標識や文字などへの関心・感覚
遊びや生活の中で、数量や図形、標識や文字などに親しむ体験を重ねたり、標識や文字の役割に気付いたりし、自らの必要感に基づきこれらを活用し、興味や関心、感覚をもつようになる。
(9) 言葉による伝え合い
先生や友達と心を通わせる中で、絵本や物語などに親しみながら、豊かな言葉や表現を身に付け、経験したことや考えたことなどを言葉で伝えたり、相手の話を注意して聞いたりし、言葉による伝え合いを楽しむようになる。
(10) 豊かな感性と表現
心を動かす出来事などに触れ感性を働かせる中で、様々な素材の特徴や表現の仕方などに気付き、感じたことや考えたことを自分で表現したり、友達同士で表現する過程を楽しんだりし、表現する喜びを味わい、意欲をもつようになる。

第3 教育課程の役割と編成等
1 教育課程の役割
各幼稚園においては、教育基本法及び学校教育法その他の法令並びにこの幼稚園教育要領の示すところに従い、創意工夫を生かし、幼児の心身の発達と幼稚園及び地域の実態に即応した適切な教育課程を編成するものとする。
また、各幼稚園においては、6に示す全体的な計画にも留意しながら、「幼児期の終わりまでに育ってほしい姿」を踏まえ教育課程を編成すること、教育課程の実施状況を評価してその改善を図っていくこと、教育課程の実施に必要な人的又は物的な体制を確保するとともにその改善を図っていくことなどを通して、教育課程に基づき組織的かつ計画的に各幼稚園の教育活動の質の向上を図っていくこと（以下「カリキュラム・マネジメント」という。）に努めるものとする。

2 各幼稚園の教育目標と教育課程の編成
教育課程の編成に当たっては、幼稚園教育において育みたい資質・能力を踏まえつつ、各幼稚園の教育目標を明確にするとともに、教育課程の編成についての基本的な方針が家庭や地域とも共有されるよう努めるものとする。

3 教育課程の編成上の基本的事項
(1) 幼稚園生活の全体を通して第2章に示すねらいが総合的に達成されるよう、教育課程に係る教育期間や幼児の生活経験や発達の過程などを考慮して具体的なねらいと内容を組織するものとする。この場合においては、特に、自我が芽生え、他者の存在を意識し、自己を抑制しようとする気持ちが生まれる幼児期の発達の特性を踏まえ、入園から修了に至るまでの長期的な視野をもって充実した生活が展開できるように配慮するものとする。
(2) 幼稚園の毎学年の教育課程に係る教育週数は、特別の事情のある場合を除き、39週を下ってはならない。
(3) 幼稚園の1日の教育課程に係る教育時間は、4時間を標準とする。ただし、幼児の心身の発達の程度や季節などに適切に配慮するものとする。

4 教育課程の編成上の留意事項
教育課程の編成に当たっては、次の事項に留意するものとする。

(1) 幼児の生活は，入園当初の一人一人の遊びや教師との触れ合いを通して幼稚園生活に親しみ，安定していく時期から，他の幼児との関わりの中で幼児の主体的な活動が深まり，幼児が互いに必要な存在であることを認識するようになり，やがて幼児同士や学級全体で目的をもって協同して幼稚園生活を展開し，深めていく時期などに至るまでの過程を様々に経ながら広げられていくものであることを考慮し，活動がそれぞれの時期にふさわしく展開されるようにすること。
(2) 入園当初，特に，3歳児の入園については，家庭との連携を緊密にし，生活のリズムや安全面に十分配慮すること。また，満3歳児については，学年の途中から入園することを考慮し，幼児が安心して幼稚園生活を過ごすことができるよう配慮すること。
(3) 幼稚園生活が幼児にとって安全なものとなるよう，教職員による協力体制の下，幼児の主体的な活動を大切にしつつ，園庭や園舎などの環境の配慮や指導の工夫を行うこと。

5 小学校教育との接続に当たっての留意事項
(1) 幼稚園においては，幼稚園教育が，小学校以降の生活や学習の基盤の育成につながることに配慮し，幼児期にふさわしい生活を通して，創造的な思考や主体的な生活態度などの基礎を培うようにするものとする。
(2) 幼稚園教育において育まれた資質・能力を踏まえ，小学校教育が円滑に行われるよう，小学校の教師との意見交換や合同の研究の機会などを設け，「幼児期の終わりまでに育ってほしい姿」を共有するなど連携を図り，幼稚園教育と小学校教育との円滑な接続を図るよう努めるものとする。

6 全体的な計画の作成
各幼稚園においては，教育課程を中心に，第3章に示す教育課程に係る教育時間の終了後等に行う教育活動の計画，学校保健計画，学校安全計画などとを関連させ，一体的に教育活動が展開されるよう全体的な計画を作成するものとする。

第4 指導計画の作成と幼児理解に基づいた評価
1 指導計画の考え方
幼稚園教育は，幼児が自ら意欲をもって環境と関わることによりつくり出される具体的な活動を通して，その目標の達成を図るものである。幼稚園においてはこのことを踏まえ，幼児期にふさわしい生活が展開され，適切な指導が行われるよう，それぞれの幼稚園の教育課程に基づき，調和のとれた組織的，発展的な指導計画を作成し，幼児の活動に沿った柔軟な指導を行わなければならない。

2 指導計画の作成上の基本的事項
(1) 指導計画は，幼児の発達に即して一人一人の幼児が幼児期にふさわしい生活を展開し，必要な体験を得られるようにするために，具体的に作成するものとする。
(2) 指導計画の作成に当たっては，次に示すところにより，具体的なねらい及び内容を明確に設定し，適切な環境を構成することなどにより活動が選択・展開されるようにするものとする。
ア 具体的なねらい及び内容は，幼稚園生活における幼児の発達の過程を見通し，幼児の生活の連続性，季節の変化などを考慮して，幼児の興味や関心，発達の実情などに応じて設定すること。
イ 環境は，具体的なねらいを達成するために適切なものとなるように構成し，幼児が自らその環境に関わることにより様々な活動を展開しつつ必要な体験を得られるようにすること。その際，幼児の生活する姿や発想を大切にし，常にその環境が適切なものとなるようにすること。
ウ 幼児の行う具体的な活動は，生活の流れの中で様々に変化するものであることに留意し，幼児が望ましい方向に向かって自ら活動を展開していくことができるよう必要な援助をすること。
その際，幼児の実態及び幼児を取り巻く状況の変化などに即して指導の過程についての評価を適切に行い，常に指導計画の改善を図るものとする。

3 指導計画の作成上の留意事項
指導計画の作成に当たっては，次の事項に留意するものとする。
(1) 長期的に発達を見通した年，学期，月などにわたる長期の指導計画やこれとの関連を保ちながらより具体的な幼児の生活に即した週，日などの短期の指導計画を作成し，適切な指導が行われるようにすること。特に，週，日などの短期の指導計画については，幼児の生活のリズムに配慮し，幼児の意識や興味の連続性のある活動が相互に関連して幼稚園生活の自然な流れの中に組み込まれるようにすること。
(2) 幼児が様々な人やものとの関わりを通して，多様な体験をし，心身の調和のとれた発達を促すようにしていくこと。その際，幼児の発達に即して主体的・対話的で深い学びが実現するようにするとともに，心を動かされる体験が次の活動を生み

出すことを考慮し，一つ一つの体験が相互に結び付き，幼稚園生活が充実するようにすること。
(3) 言語に関する能力の発達と思考力等の発達が関連していることを踏まえ，幼稚園生活全体を通して，幼児の発達を踏まえた言語環境を整え，言語活動の充実を図ること。
(4) 幼児が次の活動への期待や意欲をもつことができるよう，幼児の実態を踏まえながら，教師や他の幼児と共に遊びや生活の中で見通しをもったり，振り返ったりするよう工夫すること。
(5) 行事の指導に当たっては，幼稚園生活の自然の流れの中で生活に変化や潤いを与え，幼児が主体的に楽しく活動できるようにすること。なお，それぞれの行事についてはその教育的価値を十分検討し，適切なものを精選し，幼児の負担にならないようにすること。
(6) 幼児期は直接的な体験が重要であることを踏まえ，視聴覚教材やコンピュータなど情報機器を活用する際には，幼稚園生活では得難い体験を補完するなど，幼児の体験との関連を考慮すること。
(7) 幼児の主体的な活動を促すためには，教師が多様な関わりをもつことが重要であることを踏まえ，教師は，理解者，共同作業者など様々な役割を果たし，幼児の発達に必要な豊かな体験が得られるよう，活動の場面に応じて，適切な指導を行うようにすること。
(8) 幼児の行う活動は，個人，グループ，学級全体などで多様に展開されるものであることを踏まえ，幼稚園全体の教師による協力体制を作りながら，一人一人の幼児が興味や欲求を十分に満足させるよう適切な援助を行うようにすること。

4 幼児理解に基づいた評価の実施
幼児一人一人の発達の理解に基づいた評価の実施に当たっては，次の事項に配慮するものとする。
(1) 指導の過程を振り返りながら幼児の理解を進め，幼児一人一人のよさや可能性などを把握し，指導の改善に生かすようにすること。その際，他の幼児との比較や一定の基準に対する達成度についての評定によって捉えるものではないことに留意すること。
(2) 評価の妥当性や信頼性が高められるよう創意工夫を行い，組織的かつ計画的な取組を推進するとともに，次年度又は小学校等にその内容が適切に引き継がれるようにすること。

第5 特別な配慮を必要とする幼児への指導
1 障害のある幼児などへの指導

障害のある幼児などへの指導に当たっては，集団の中で生活することを通して全体的な発達を促していくことに配慮し，特別支援学校などの助言又は援助を活用しつつ，個々の幼児の障害の状態などに応じた指導内容や指導方法の工夫を組織的かつ計画的に行うものとする。また，家庭，地域及び医療や福祉，保健等の業務を行う関係機関との連携を図り，長期的な視点で幼児への教育的支援を行うために，個別の教育支援計画を作成し活用することに努めるとともに，個々の幼児の実態を的確に把握し，個別の指導計画を作成し活用することに努めるものとする。

2 海外から帰国した幼児や生活に必要な日本語の習得に困難のある幼児の幼稚園生活への適応海外から帰国した幼児や生活に必要な日本語の習得に困難のある幼児については，安心して自己を発揮できるよう配慮するなど個々の幼児の実態に応じ，指導内容や指導方法の工夫を組織的かつ計画的に行うものとする。

第6 幼稚園運営上の留意事項
1 各幼稚園においては，園長の方針の下に，園務分掌に基づき教職員が適切に役割を分担しつつ，相互に連携しながら，教育課程や指導の改善を図るものとする。また，各幼稚園が行う学校評価については，教育課程の編成，実施，改善が教育活動や幼稚園運営の中核となることを踏まえ，カリキュラム・マネジメントと関連付けながら実施するよう留意するものとする。

2 幼児の生活は，家庭を基盤として地域社会を通じて次第に広がりをもつものであることに留意し，家庭との連携を十分に図るなど，幼稚園における生活が家庭や地域社会と連続性を保ちつつ展開されるようにするものとする。
その際，地域の自然，高齢者や異年齢の子供などを含む人材，行事や公共施設などの地域の資源を積極的に活用し，幼児が豊かな生活体験を得られるように工夫するものとする。また，家庭との連携に当たっては，保護者との情報交換の機会を設けたり，保護者と幼児との活動の機会を設けたりなどすることを通じて，保護者の幼児期の教育に関する理解が深まるよう配慮するものとする。

3 地域や幼稚園の実態等により，幼稚園間に加え，保育所，幼保連携型認定こども園，小学校，中学校，高等学校及び特別支援学校などとの間の連携や交流

を図るものとする。特に，幼稚園教育と小学校教育の円滑な接続のため，幼稚園の幼児と小学校の児童との交流の機会を積極的に設けるようにするものとする。また，障害のある幼児児童生徒との交流及び共同学習の機会を設け，共に尊重し合いながら協働して生活していく態度を育むよう努めるものとする。

第7 教育課程に係る教育時間終了後等に行う教育活動など

幼稚園は，第3章に示す教育課程に係る教育時間の終了後等に行う教育活動について，学校教育法に規定する目的及び目標並びにこの章の第1に示す幼稚園教育の基本を踏まえ実施するものとする。また，幼稚園の目的の達成に資するため，幼児の生活全体が豊かなものとなるよう家庭や地域における幼児期の教育の支援に努めるものとする。

第2章 ねらい及び内容

この章に示すねらいは，幼稚園教育において育みたい資質・能力を幼児の生活する姿から捉えたものであり，内容は，ねらいを達成するために指導する事項である。各領域は，これらを幼児の発達の側面から，心身の健康に関する領域「健康」，人との関わりに関する領域「人間関係」，身近な環境との関わりに関する領域「環境」，言葉の獲得に関する領域「言葉」及び感性と表現に関する領域「表現」としてまとめ，示したものである。内容の取扱いは，幼児の発達を踏まえた指導を行うに当たって留意すべき事項である。

各領域に示すねらいは，幼稚園における生活の全体を通じ，幼児が様々な体験を積み重ねる中で相互に関連をもちながら次第に達成に向かうものであること，内容は，幼児が環境に関わって展開する具体的な活動を通して総合的に指導されるものであることに留意しなければならない。

また，「幼児期の終わりまでに育ってほしい姿」が，ねらい及び内容に基づく活動全体を通して資質・能力が育まれている幼児の幼稚園修了時の具体的な姿であることを踏まえ，指導を行う際に考慮するものとする。

なお，特に必要な場合には，各領域に示すねらいの趣旨に基づいて適切な，具体的な内容を工夫し，それを加えても差し支えないが，その場合には，それが第1章の第1に示す幼稚園教育の基本を逸脱しないよう慎重に配慮する必要がある。

健　康（省略）

人間関係（省略）

環　境
〔周囲の様々な環境に好奇心や探究心をもって関わり，それらを生活に取り入れていこうとする力を養う。〕

1　ねらい
(1) 身近な環境に親しみ，自然と触れ合う中で様々な事象に興味や関心をもつ。
(2) 身近な環境に自分から関わり，発見を楽しんだり，考えたりし，それを生活に取り入れようとする。
(3) 身近な事象を見たり，考えたり，扱ったりする中で，物の性質や数量，文字などに対する感覚を豊かにする。

2　内容
(1) 自然に触れて生活し，その大きさ，美しさ，不思議さなどに気付く。
(2) 生活の中で，様々な物に触れ，その性質や仕組みに興味や関心をもつ。
(3) 季節により自然や人間の生活に変化のあることに気付く。
(4) 自然などの身近な事象に関心をもち，取り入れて遊ぶ。
(5) 身近な動植物に親しみをもって接し，生命の尊さに気付き，いたわったり，大切にしたりする。
(6) 日常生活の中で，我が国や地域社会における様々な文化や伝統に親しむ。
(7) 身近な物を大切にする。
(8) 身近な物や遊具に興味をもって関わり，自分なりに比べたり，関連付けたりしながら考えたり，試したりして工夫して遊ぶ。
(9) 日常生活の中で数量や図形などに関心をもつ。
(10) 日常生活の中で簡単な標識や文字などに関心をもつ。
(11) 生活に関係の深い情報や施設などに興味や関心をもつ。
(12) 幼稚園内外の行事において国旗に親しむ。

3　内容の取扱い
上記の取扱いに当たっては，次の事項に留意する必要がある。
(1) 幼児が，遊びの中で周囲の環境と関わり，次第に周囲の世界に好奇心を抱き，その意味や操作の仕方に関心をもち，物事の法則性に気付き，自分なりに考えることができるようになる過程を大切にすること。また，他の幼児の考えなどに触れて新しい考えを生み出す喜びや楽しさを味わい，自分の考えをよりよいものにしようとする気持ちが

育つようにすること。
(2) 幼児期において自然のもつ意味は大きく，自然の大きさ，美しさ，不思議さなどに直接触れる体験を通して，幼児の心が安らぎ，豊かな感情，好奇心，思考力，表現力の基礎が培われることを踏まえ，幼児が自然との関わりを深めることができるよう工夫すること。
(3) 身近な事象や動植物に対する感動を伝え合い，共感し合うことなどを通して自分から関わろうとする意欲を育てるとともに，様々な関わり方を通してそれらに対する親しみや畏敬の念，生命を大切にする気持ち，公共心，探究心などが養われるようにすること。
(4) 文化や伝統に親しむ際には，正月や節句など我が国の伝統的な行事，国歌，唱歌，わらべうたや我が国の伝統的な遊びに親しんだり，異なる文化に触れる活動に親しんだりすることを通じて，社会とのつながりの意識や国際理解の意識の芽生えなどが養われるようにすること。
(5) 数量や文字などに関しては，日常生活の中で幼児自身の必要感に基づく体験を大切にし，数量や文字などに関する興味や関心，感覚が養われるようにすること。

言　葉　（省略）

表　現　（省略）

第3章　教育課程に係る教育時間の終了後等に行う教育活動などの留意事項

1　地域の実態や保護者の要請により，教育課程に係る教育時間の終了後等に希望する者を対象に行う教育活動については，幼児の心身の負担に配慮するものとする。また，次の点にも留意するものとする。
(1) 教育課程に基づく活動を考慮し，幼児期にふさわしい無理のないものとなるようにすること。その際，教育課程に基づく活動を担当する教師と緊密な連携を図るようにすること。
(2) 家庭や地域での幼児の生活も考慮し，教育課程に係る教育時間の終了後等に行う教育活動の計画を作成するようにすること。その際，地域の人々と連携するなど，地域の様々な資源を活用しつつ，多様な体験ができるようにすること。
(3) 家庭との緊密な連携を図るようにすること。その際，情報交換の機会を設けたりするなど，保護者が，幼稚園と共に幼児を育てるという意識が高まるようにすること。
(4) 地域の実態や保護者の事情とともに幼児の生活のリズムを踏まえつつ，例えば実施日数や時間などについて，弾力的な運用に配慮すること。
(5) 適切な責任体制と指導体制を整備した上で行うようにすること。

2　幼稚園の運営に当たっては，子育ての支援のために保護者や地域の人々に機能や施設を開放して，園内体制の整備や関係機関との連携及び協力に配慮しつつ，幼児期の教育に関する相談に応じたり，情報を提供したり，幼児と保護者との登園を受け入れたり，保護者同士の交流の機会を提供したりするなど，幼稚園と家庭が一体となって幼児と関わる取組を進め，地域における幼児期の教育のセンターとしての役割を果たすよう努めるものとする。その際，心理や保健の専門家，地域の子育て経験者等と連携・協働しながら取り組むよう配慮するものとする。

【著者】（五十音順）

伊神　大四郎
千葉大学名誉教授

小林　栄子
元山梨学院短期大学教授

下平　喜代子
元竹早教員保育士養成所専任教員

堀田　和弘
千葉敬愛短期大学名誉教授
NPO法人水環境研究所理事

八並　勝正
元玉川大学教授

山口　久恵
元鎌倉女子大学幼稚部園長

保育内容　環境の実際

2000年（平成12年）3月25日　初版発行
2020年（令和2年）11月20日　第18刷発行

著　者　　伊神大四郎ほか
発行者　　筑紫和男
発行所　　株式会社　建帛社　KENPAKUSHA

〒112-0011　東京都文京区千石4丁目2番15号
電話（03）3944-2611
FAX（03）3946-4377
ホームページ　https://www.kenpakusha.co.jp/

ISBN 978-4-7679-3162-3　C3045　　　教文堂／田部井手帳
©伊神大四郎ほか，2000. Printed in Japan.

本書の複製権・翻訳権・上映権・公衆送信権等は株式会社建帛社が保有します。
JCOPY〈出版者著作権管理機構　委託出版物〉
本書の無断複製は著作権法上での例外を除き禁じられています。複製される場合は，そのつど事前に，出版者著作権管理機構（TEL 03-5244-5088，FAX 03-5244-5089，e-mail : info@jcopy.or.jp）の許諾を得て下さい。